香港基本法第 23 條立法史論

《基本法研究叢書》學術顧問委員會
Academic Advisory Committee for the Series of the Basic Law Studies

主任
梁愛詩　　全國人民代表大會常務委員會香港基本法委員會前副主任

委員（按姓氏筆畫排序）

王振民　　清華大學法學院教授

王　禹　　澳門大學法學院教授、全國人民代表大會常務委員會澳門基本法委員會委員

王　磊　　北京大學法學院教授、中國憲法學研究會副會長

朱國斌　　香港城市大學法律學院教授

李浩然　　基本法基金會會長、太平紳士

何建宗　　香港一國兩制青年論壇召集人、全國港澳研究會理事

胡錦光　　中國人民大學法學院教授、中國憲法學研究會副會長

秦前紅　　武漢大學法學院教授、中國憲法學研究會副會長

陳弘毅　　香港大學法律學院教授、
　　　　　全國人民代表大會常務委員會香港基本法委員會委員

陳端洪　　北京大學法學院教授、
　　　　　全國人民代表大會常務委員會澳門基本法委員會委員

鄒平學　　深圳大學法學院教授

楊艾文　　香港大學法律學院教授

韓大元　　中國人民大學法學院教授、
　　　　　全國人民代表大會常務委員會香港基本法委員會委員

香港基本法第23條立法史論

朱國斌 馮柏林 張夢奇 著

香港城市大學出版社
City University of Hong Kong Press

本著作是香港城市大學研究項目「香港基本法實施研究——中國和比較憲法視角」
（項目書號：9220093）之研究成果之一。感謝該項研究贊助人！

感謝清華大學（香港）教育基金會胡寶星香港基本法專項基金之慷慨研究資助！

©2024 香港城市大學

本書版權受香港及國際知識版權法例保護。除獲香港城市大學書面允許外，
不得在任何地區，以任何方式，任何媒介或網絡，任何文字翻印、仿製、
數碼化或轉載、播送本書文字或圖表。

國際統一書號：978-962-937-696-3

出版

　　香港城市大學出版社
　　香港九龍達之路
　　香港城市大學
　　網址：www.cityu.edu.hk/upress
　　電郵：upress@cityu.edu.hk

©2024 City University of Hong Kong

**A Review of the Legislative History
of Article 23 of the Hong Kong Basic Law**

(in traditional Chinese characters)

ISBN: 978-962-937-696-3

Published by

　　City University of Hong Kong Press
　　Tat Chee Avenue
　　Kowloon, Hong Kong
　　Website: www.cityu.edu.hk/upress
　　E-mail: upress@cityu.edu.hk

Printed in Hong Kong

目錄

詳細目錄 vii

總序 朱國斌 xi

序言 梁愛詩 xv

序言 陳弘毅 xix

自序 朱國斌 xxi

縮略語表 xxvii

作者簡介 xxix

第一部分 《香港基本法》第23條立法史

第一章 港英政府時期的國家安全立法 3

第二章 《香港基本法》起草過程中對國家安全立法的處理 19

第三章 董建華時期第23條立法 27

第四章 曾蔭權時期第23條立法 75

第五章 梁振英時期第23條立法 81

第六章 林鄭月娥時期第23條立法 89

第二部分 《香港基本法》第23條立法專論

第七章 國家安全立法：自行立法與中央事權 103

第八章 23條立法禁止的「七類行為」 109

第九章　2003 年第 23 條立法失敗原因檢討 —————————— 113

第十章　第 23 條立法持續難產成因分析 ————————————— 123

附錄

附錄一　《基本法》第 23 條立法大事記 ————————————— 135

附錄二　保安局《實施基本法第二十三條諮詢文件》 ———— 141

附錄三　《國家安全（立法條文）條例草案》 ————————— 201

附錄四　立法會《國家安全（立法條文）條例草案》委員會文件
目錄 ————————————————————————————— 235

附錄五　英國御用大律師彭力克對 23 條立法諮詢文件的意見書 — 237

附錄六　《刑事罪行條例》第 I、II 部 ————————————— 243

詳細目錄

第一部分　《香港基本法》第23條立法史

第一章　港英政府時期的國家安全立法

一、華人抗爭，港英引入戒嚴法例 — 4

二、國共爭鬥，港英動用保安措施維穩 — 7

三、「六七暴動」期間港英政府制定大批嚴苛鎮壓性
法律 — 9

四、回歸前夕的「修法」角力：適應《人權條例》與
《香港基本法》第 23 條 — 11

五、《公安條例》和《社團條例》修訂不獲過渡得
重修 — 16

第二章　《香港基本法》起草過程中對國家安全立法的處理

一、《香港基本法》第 23 條立法的思想淵源 — 19

二、《香港基本法》第 23 條的條文梳理和演進脈絡 — 20

三、《基本法》第 23 條的規範闡釋 — 25

第三章　董建華時期第 23 條立法

一、回歸初期關於 23 條立法的爭論 — 27

二、港府擬就 23 條立法向中央諮詢意見 — 32

三、中央官員就 23 條立法初步表態   36

四、中聯辦官員就傳媒報道「台獨」言論發聲

再引爭議   37

五、焚燒領導人肖像和法輪功組織活動加速 23 條

立法啟動   41

六、新一屆政府成立，錢其琛要求就 23 條立法   44

七、特區政府發布《實施基本法第二十三條諮詢

文件》   46

八、支持立法建議的聲音   47

九、擔憂和反對的聲音   49

十、特區官員向社會講解立法的效果不佳   51

十一、社會各界就 23 條立法以行動表態   53

十二、《基本法》第 23 條立法諮詢階段結束   54

十三、立法會審議《國家安全（立法條文）

條例草案》   57

十四、《國家安全（立法條文）條例草案》準備恢復

二讀   67

十五、「七一」大遊行   69

十六、特區政府作出三項重大修改   71

十七、田北俊辭任行會，政府宣布撤回法案   71

第四章   曾蔭權時期第 23 條立法

一、曾蔭權競選及當選後的表態   75

二、《截取通訊及監察條例》風波   75

三、王振民：先立法，後普選   76

四、新一屆政府仍未明確 23 條立法時間表   78

五、澳門特區國家安全立法引發的討論   78

六、曾蔭權表示任期內不會啟動 23 條立法   79

第五章　梁振英時期第 23 條立法

一、　開宗明義：23 條立法不在施政計劃中 _____ 81

二、　內地學者指衝擊軍營事件暴露港國安立法缺失 _____ 82

三、　「佔中行動」引起 23 條立法討論 _____ 83

四、　吳秋北倡 23 條中央立法模式 _____ 84

五、　「港獨」思潮興起，旺角騷亂和宣誓事件
　　　再引討論 _____ 86

第六章　林鄭月娥時期第 23 條立法

一、　林鄭月娥首次表態：努力創造條件 _____ 89

二、　回歸二十周年習近平談「三條底線」 _____ 89

三、　2017 年：23 條立法仍然不在政府施政日程 _____ 90

四、　2018 年：戴耀廷言論及香港民族黨事件再次
　　　催生 23 條立法討論 _____ 91

五、　2019 年：「反修例風波」引發國家安全立法
　　　大討論 _____ 93

六、　全國人大制定香港國家安全法 _____ 95

七、　港府：正在進行準備工作，但本屆政府任期難以
　　　完成 _____ 96

第二部分　《香港基本法》第23條立法專論

第七章　國家安全立法：自行立法與中央事權

一、　特區「自行立法」是它的憲制責任 _____ 103

二、　推進 23 條立法的進路及各種意見 _____ 104

三、　《基本法》授權特區國安立法並不排除中央直接
　　　立法 _____ 106

第八章　23 條立法禁止的「七類行為」

第九章　2003 年第 23 條立法失敗原因檢討

一、制度層面反對理由及回應 ————————— 114

二、立法程序層面的反對理由 ————————— 116

三、內容層面的反對理由及回應 ———————— 117

第十章　第 23 條立法持續難產成因分析

一、23 條立法難的政治成因 ————————— 123

二、23 條立法難的法律成因 ————————— 126

附錄

一、《基本法》第 23 條立法大事記 ——————— 135

二、保安局《實施基本法第二十三條諮詢文件》 ——— 141

三、《國家安全（立法條文）條例草案》 ————— 201

四、立法會《國家安全（立法條文）條例草案》委員會文件
目錄 ————————————————— 235

五、英國御用大律師彭力克對第二十三條立法諮詢文件的
意見書 ——————————————— 237

六、《刑事罪行條例》第 I、II 部 ——————— 243

總序

一

　　1997 年 7 月 1 日，中華人民共和國恢復對香港行使主權，「實現了長期以來中國人民收回香港的共同願望」（參見《香港特別行政區基本法‧序言》）。同日，香港特別行政區成立，成為「中華人民共和國的一個享有高度自治權的地方行政區域」（第 12 條）；《香港特別行政區基本法》正式生效，「以保障國家對香港的基本方針政策的實施」（〈序言〉）。始自這日，香港的歷史翻開了嶄新的一頁。

　　香港回歸標誌着中國在國家統一之路上邁出了一大步。對於香港特區而言，在《基本法》載明的「一國兩制」、「港人治港」、「高度自治」這些根本性原則統率之下，回歸更意味着憲制秩序的轉換與重構，以及中央與地方關係制度再造。在特區之內，「不實行社會主義制度和政策，保持原有的資本主義制度和生活方式，五十年不變」。就政府管治制度而言，基本的立法、行政、司法制度得以延續。就此而言，香港回歸取得了巨大成就，達成了歷史使命。

　　彈指間，香港回歸祖國已經 20 年了。

二

　　常聽說：「香港是一本很難讀懂的大書。」對一些人而言，這本書依然晦澀難懂；而對另一些人來說，這本書寫到這般田地，不讀也罷。20 年後的今日，有人不斷地追問，東方之珠的「風采是否浪漫依然」？君不見，港英政府時代的制度瓶頸與問題，如貧富差距、地產霸權，今日仍揮之不去，赫然在目；特區政府又面臨着新的、尖銳的挑戰，有如北京 — 香港關係、行政 — 立法關係、管治低效、社會發展裏

足不前、本土主義與港獨思潮、普通法之延續，等等。這些，我們不可能視而不見。

然而，這又是一本必須去讀的書。之於內地讀者來說，很難理解在同文同種之下，為什麼兩地人民關係仍然顯得那麼生分，其程度甚至比回歸前更甚；為什麼祖國大家庭的小兄弟還是那麼「調皮」，時不時惹得父母生氣和懊惱。而對這本書的作者——香港人——來說，儘管「本是同根生」，但就是沒有那種親密無間的感覺。

這些年來，中國經濟發展突飛猛進，改革開放造就了「製造大國」。以經濟體量觀之，中國一躍而為世界第二大經濟體，這的確讓國人引以為傲，這就是「硬實力」。反觀香港，其 GDP 佔全國 GDP 的比重從 1997 年的 18.45%，下跌到 2016 年的 2.85%（《橙新聞》，2017 年 6 月 25 日），斷崖式下跌，今非昔比。

若僅以「硬實力」比拚，香港早就慘敗了。然而，在一國兩制下，香港人仍然有那份執着和「制度自信」，社會仍然繁榮昌盛。而且，客觀地觀察，香港也有自己的「軟實力」（soft power）。香港人自持的核心價值是法治、廉潔政府、自由，甚至還有有限的民主。

三

香港是一本必須讀懂的書。

在內地，以學術論文發表數量為衡量依據，香港研究曾一度成為「顯學」，時間大約是在《中英聯合聲明》簽署之後至《基本法》制定期間。及至香港九七回歸前後，也曾見研究興趣的再現。近兩三年來，在社會科學界，有關香港的研究又見興趣和出版高峰，這尤以法學界和政治學界為甚。

就《基本法》研究而言，學術成果猶如「雨後春筍，層出不窮」。理論的繁榮不一定表現在為成就唱讚歌，在客觀上，它反映了在實踐中存在並出現了很多新問題。今時今日，學術界首先面對的宏觀課題就是《基本法》理論的體系化、深度建設及研究的應用性。

從檢視現在的學術成果可以看到，學術界目前正關注的理論性、

實踐型問題包括：憲法與特區憲制秩序的形成、憲法與《基本法》的關係與互動、《基本法》變遷與政治發展之道、政治改革與中央權力、作為憲法原則的一國兩制、一國與兩制的關係、全面管治權與中央監督權之確立與行使、一國兩制與新型中央與地方關係模式、統一與多元之下中央與地方關係、特區管治與《基本法》、《基本法》之下權力分立模式、行政主導抑或三權分立、善治與行政─立法關係、《基本法》的「自足性」與全國人大常委會、《基本法》的「自足性」與香港普通法法庭、《基本法》下「雙軌制」釋法制度、本土主義及港獨思潮與《基本法》、《基本法》法理學，等等。

這些重大課題值得我們投入精力，一一闡發、澄清。

四

自 1996 年開始，我就在香港城市大學法律學院講授《香港基本法》及相關課程，對《基本法》研究略有心得，也希望為學術研究盡點綿薄之力。策劃出版本套「基本法研究叢書」的基本出發點及「初心」就是，多研究些問題，在理論與實踐間架設橋樑。進而言之，這也是為了學術，為了一國兩制繼續成功實踐，為了香港特區更好的未來。簡而言之，總結經驗，繼往開來。

「學術性」和「開放性」，是本叢書編輯出版所秉承的兩個基本原則。「學術性」不等於刻意追求著作的理論性、抽象性，不等於建造象牙之塔。不過，構造、解構與重構概念與理論是本叢書的使命之一。一部有質量的學術著作往往對實踐具有直接或間接的參考價值和指導意義。這樣的著作才有擔當，才能展現作者的使命感。至於「開放性」，具體而言，是指研究課題的開放性、研究方法的跨學科性，以及稿源的開放性。一切與《基本法》實施有關的課題都是本叢書關注的焦點，跨學科的著作尤為珍貴。叢書歡迎兩岸四地及海外作者不吝賜教、踴躍投稿，中英文著作兼收並蓄。

本叢書不敢好高騖遠，但還是志存高遠，希望為《基本法》研究提供一個共享平台，為學人搭建一個交流的園地。

最後，不能也不應該忘記的是，從策劃這套叢書的念頭一閃現開始，我就得到了來自香港和內地的傑出法律人和學者的至關重要的精神與道義支持。在此，我要特別記下對本叢書學術顧問委員會成員的真誠謝意，他們是：梁愛詩、王振民、王磊、何建宗、胡錦光、秦前紅、陳弘毅、楊艾文、韓大元。

五

香港城市大學位於九龍塘、獅子山下。在寫作本序言時，我情不自禁地想起那首耳熟能詳、由黃霑作詞、羅文演唱的名曲：《獅子山下》，不覺思緒萬千。《基本法》載明，一國兩制，「五十年不變」。20年轉瞬即逝了，往者不可諫，來者猶可追。在未來的 30 年，香港仍然會面對新的矛盾與挑戰，與此同時且重要的是，還有更多的發展機遇和更大的成功機會。香港人更應秉承獅子山精神，不斷適應變換中的新形勢、新環境，追求進步、繁榮、幸福。不忘初心，香港的前景必定是美好的。這也是我內心的深切願望。

行文至此，讓我引用一段《獅子山下》的歌詞為本序作結：

放開　彼此心中矛盾

理想　一起去追

同舟人　誓相隨

無畏　更無懼

同處　海角天邊

攜手　踏平崎嶇

我哋大家　用艱辛努力

寫下那　不朽香江名句

朱國斌

香港城市大學法律學院教授、法學博士

於九龍塘、獅子山下

2017 年 6 月 25 日子夜

序言

梁愛詩

　　香港城市大學朱國斌教授關於《基本法》第 23 條立法史的著作即將付梓。該書梳理了自港英時期至《香港國安法》頒布前香港地區關於《基本法》第 23 條的官方文件紀錄、媒體報道以及學界研究資料，向我們全面且清晰地呈現了《基本法》第 23 條漫長曲折的立法過程與大起大伏的脈絡。在熱忱祝賀之餘，我不免回憶起當年立法過程的艱辛與坎坷。作為《基本法》第 23 條立法工作的親歷者，我在擔任特區政府首任律政司司長期間，在前任行政長官董建華先生的領導下，與保安局、律政司同事們曾致力於完成《基本法》第 23 條的立法任務。

　　2002 年 9 月 24 日，特區政府發布了《實施基本法第二十三條諮詢文件》，《基本法》第 23 條立法工作正式啟動。特區政府秉承立法公開透明的基本原則，通過立法論證會、午餐會、專家座談等形式對《基本法》第 23 條立法工作進行了大面積的意見徵詢工作，收集到大量的寶貴意見，香港法律專家以及市民也通過報刊、會議等形式向起草小組表達意見，並最終彙編成《基本法》第 23 條立法諮詢文件意見書。特區政府於 2003 年 2 月 14 日正式公布《國家安全（立法條文）條例草案》並刊憲，隨後提交立法會辯論。在此過程中，特區政府積極回應立法會議員的質詢，努力消弭他們的顧慮，但 6 月份國際勢力的干預以及部分立法會議員的過度渲染，最終導致了反對立法的七一大遊行，行政長官董建華先生不得不押後二讀辯論，並在 9 月 5 日撤回立法草案。《基本法》第 23 條立法在遺憾中草草結束。儘管政府最終未能順利完成立法，但在此過程中，我們為闡明《基本法》第 23 條的內涵，向香港市民展開了大量的解釋工作，我本人也曾多次在學術論壇、午餐會、與市民和學生見面會上向各界人士闡明《基本法》第 23 條立法的必要性和現實性，努力打消社會各界及廣大市民對國家安全立法侵犯人權的擔憂和顧慮。

其實，香港國家安全立法是香港特區政府的憲制責任，是維護香港特區繁榮與穩定的必要手段，也是維護國家主權統一和領土完整的現實要求。《基本法》第 23 條將維護國家安全的立法任務交由香港特區「自行立法」（第 23 條），香港特區就應當積極承擔起這一憲制責任，切實履行維護國家安全的義務。但時至今日，這一立法任務尚未完成，實在遺憾。《基本法》第 23 條的立法建議，完全符合《基本法》和《公民權利和政治權利國際公約》所訂明的人權保障標準，也符合《約翰內斯堡原則》，立法並不當然減損香港市民的權利和自由。國家將《基本法》第 23 條的立法任務交由香港特區政府，也是檢驗「一國兩制」的重要實踐。《基本法》第 23 條立法不會引入內地法例或觀念，關於顛覆罪、叛國罪、竊取國家機密等罪行的規定與內地完全並不相同，而是根據普通法的原則和理念而制訂的，對於危害國家安全的行為也是依據香港本地的法律程序和司法程序，由法院依據既定法律原則和人權保障的規定作出裁決，這也符合香港的法治理念和法治精神。

2020 年 5 月 28 日，全國人大做出《關於建立健全香港特別行政區維護國家安全的法律制度和執行機制的決定》，隨後在 6 月 30 日，全國人大常委會頒布《中華人民共和國香港特別行政區維護國家安全法》，從國家層面推進香港維護國家安全立法工作。中央立法行為敦促香港特區政府儘快完成《基本法》第 23 條關於國家安全立法「自行立法」的憲制義務。如今，本屆政府決定繼續完成這一立法任務，行政長官李家超以及保安局局長鄧炳強等在重要場合多次重申《基本法》第 23 條立法的必要性和緊迫性。我也多次在接受採訪時表明態度，《香港國安法》仍未能涵蓋國家安全的全部範圍，特區政府仍需要加緊完成 23 條立法任務。

最後，我也想在此表達自己的幾點想法：一是要堅持自由、民主和法治等基本原則。香港是法治社會，香港的法治精神植根於廣大香港市民心中，被認為是香港社會的核心價值，《基本法》第 23 條立法要做好維護國家安全和保障人權之間的平衡，要符合《公民權利和政治權利國際公約》對人權保障的基本要求；二是要遵循、落實《基本法》憲

制要求。《中華人民共和國憲法》和《基本法》是香港特區的憲制基礎，《基本法》第 27 條和第 39 條規定了香港市民享有言論、新聞、出版、集會、遊行、示威等權利和自由，以及國際人權公約規定的權利，並不得作出相抵觸的限制。第 11 條還規定立法會通過的法例不得與《基本法》相抵觸，因此，23 條立法也應當做好充分的立法審查工作；三是做好與《香港國安法》以及香港本地法例的銜接工作。要做好與《香港國安法》的銜接工作，在內容上與制度設計上不得與其相抵觸或對抗。也要對本地《刑事罪行條例》、《官方機密條例》、《社團條例》等原有法例進行適應性修改，新法例不僅要在內容上覆蓋維護國家安全的各個方面，而且應儘可能尊重原來的法治與司法傳統；四是要充分做好立法諮詢、論證和解釋工作。《基本法》第 23 條立法是一項頗具挑戰的工作，特區政府以及律政司、保安局等需要做好充足的準備，廣泛徵詢法律專家學者、各界代表的意見和建議，還需要通過多種途徑和渠道向公眾做好解釋工作，使香港市民能够理性地看待和充分認識國家安全立法對維護香港繁榮穩定的必要性與重要性，並相信國家安全立法不會減損香港市民已經享有的權利和自由。最後，由於國際、國內和香港實際情況在過去二十年來的變遷，2003 年的《國家安全（立法條文）條例草案》不能被照搬採用，在必須充分考慮 2014 年中央政府的「總體國家安全觀」和香港的實際情況前提下，作出適當的修改。

我樂意看到本屆政府能够完成《基本法》第 23 條立法工作，履行香港特區維護國家安全的憲制義務。我也樂意見到國斌教授這本著作能够及時為特區立法提供參考意見。祝此書發行成功。

是為序。

梁愛詩

大紫荊勳賢，JP

香港特別行政區律政司首任司長

全國人大常委會香港基本法委員會前副主任

2023 年 8 月 22 日

序

陳弘毅

「一國兩制」在香港的實踐已超過四分之一個世紀，在「一國兩制」的憲制框架下，香港回歸了祖國的懷抱，維持了其原有的資本主義制度和法律制度，大致上保證了香港的繁榮和安定。因此，「一國兩制」在香港的實踐，總體來說可算是成功的。

但是，從憲制和法制的角度來看，涉及「一國兩制」的憲制性爭議，在回歸後不斷發生，甚至在某些時候危害到香港的繁榮安定以至「一國兩制」的可持續性。2014 年的「佔中」運動和 2019 年的「修例風波」便是這方面的例子。從學術的角度來看，我們有需要對「一國兩制」在香港的實踐作歷史性的研究分析。我認為除非我們能充分了解「一國兩制」的歷史演進過程，否則沒有可能明白近年來「一國兩制」政策在香港實施時的重大轉折，如 2020 年《香港國安法》的制定和 2021 年關於完善香港選舉制度的舉措。

現在看來，《基本法》在 1980 年代後期制定時，對於 1997 年後「一國兩制」在香港的實施情況的估計，顯然過於樂觀。例如，《基本法》第 23 條規定，香港特別行政區應自行立法，去禁止該條列出的各種危害國家安全的行為，但是，當特區政府在 2003 年推出第 23 條立法草案時，卻遇到「反對派」動員香港社會部分民眾的大力反對，特首董建華終於決定撤回第 23 條立法的草案。其後的歷任特首都沒有再嘗試重啟第 23 條立法的程序。

就是這樣，在國家安全立法真空的情況下，2019 年的「修例風波」愈演愈烈，變成大規模的動亂。中央不得不主動出手，在 2020 年制定《香港國安法》，實現了《基本法》第 23 條立法的部分要求。

本書是對於《基本法》第 23 條的國家安全立法和相關問題的歷史研究。作者從港英殖民統治時期保障英國在香港的統治的、屬於國家

安全類型的立法談起，然後討論《基本法》第 23 條對於國家安全立法的處理，進而敘述回歸前後關於第 23 條立法的討論和立法建議，包括用以實施第 23 條的《國家安全（立法條文）條例草案》在特首董建華任期內的推出、及其在 2003 年「七一大遊行」後的撤回，以至其後歷任特首對於第 23 條立法這個課題的取態和處理，直至 2020 年《香港國安法》的制定。

除了這不同階段的歷史的論述外，本書第二部分又對第 23 條立法問題的各方面作專題研究，包括對 2003 年第 23 條立法失敗的原因的檢討，和對其後第 23 條立法「持續難產」的成因的分析。

我相信本書對於任何關注「一國兩制」和《香港特別行政區基本法》的理論和實踐的人士，是必不可少的、必讀的著作。本書乃由三位學者合著，其中我最熟悉的是朱國斌教授。朱教授畢業於中國人民大學，後來到法國深造，取得博士學位。他長期任教於香港城市大學法律學院，桃李滿門，著作等身。朱教授的治學態度嚴謹，是香港最傑出的《基本法》和公法學者之一，我獲邀替他的這本最新的力作寫這篇序，是我莫大的榮幸。希望讀者和我一樣，通過閱讀本書，加深我們對「一國兩制」在香港的實踐的歷史真相的了解，並從中得到啟發。

陳弘毅

香港大學法律學院

鄭陳蘭如基金憲法學講座教授

2023 年 9 月 1 日

自序

朱國斌

本書寫作緣起

香港特區回歸以來，經歷過 1998 年亞洲金融危機、2003 年「非典」，以及 2019–2020 新冠肺炎特大社會經濟事件。同時，香港也發生過 2003 年《基本法》第 23 條立法失敗、2012 年「反國教」運動、2014 年「佔領中環」、2016 年「旺角暴動」和 2019 年「反修例」運動等社會政治運動；今日回顧，其情其境，歷歷在目。近十年來，香港的各種社會政治運動一波接一波，規模愈來愈大，影響愈來愈廣，其中 2019 年那次，其暴烈程度、時間之久、影響之深遠將在香港當代史上留下了深深的印記。

我是上述事件和運動的見證者、觀察者和研究者。我於 1995 年自法國來香港城市大學法律學院就職，先就任研究員職，後從事教職。1996–1997 學年間，我獲學院安排給研究生班（LLM）講授香港《基本法》。自此，我的學術與研究生涯與香港《基本法》發生了不解之緣。

説起來，自 1995 年以來，香港法律界發生和經歷的大辯論、大對立、大事件並不少，僅舉幾例如下：如回歸前關於《人權法案》凌駕性的論爭，回歸後有「大富翁」張子強案、風水師李玉輝案、胡仙案、「小人蛇」案（即吳嘉玲案、居港權案）及系列判決、第一次人大釋法、23 條立法、剛果案與人大釋法、一地兩檢，宣誓案與人大釋法，以及反修例運動後審結的案件如唐英傑案、黎智英案、呂世瑜案，等。其中，23 條立法及其失敗又是值得記憶、記錄與研究的重大事件。

研究《基本法》繞不開第 23 條。第 23 條規定：「香港特別行政區應自行立法禁止任何叛國、分裂國家、煽動叛亂、顛覆中央人民政府及竊取國家機密的行為，禁止外國的政治性組織或團體在香港特別行

政區進行政治活動，禁止香港特別行政區的政治性組織或團體與外國的政治性組織或團體建立聯繫。」從本條性質上看，《基本法》第 23 條是一授權條款。主權者（中央）基於對特區政府高度自治的尊重和對特區政府的高度信任，將維護國家安全之立法任務交由香港特區自行完成。本來，從學理和憲理觀之，維護國家安全屬中央事權，本應當由中央直接立法。應該說，23 條的立法原意體現了立法的原則性與靈活性。條文中的「應」（shall）字不僅表明特區政府立法之必要性，也是特區政府維護國家安全的憲制責任和立法義務。同時，「自行立法」充分體現中央對特區政府的信任和尊重，亦是踐行「一國兩制」原則之生動體現。

然而，當行政長官董建華領導的特區政府於 2002 年 9 月 2 日發布《實施基本法第二十三條諮詢文件》之後，社會上，特別是在野黨和法律界，立即發出了反對 23 條立法的強烈聲浪，部分市民也日漸投入運動反對立法。儘管特區政府做出了諸多努力，最終也未能倒轉乾坤。我們仍然記憶猶新的是，自由黨主席臨陣倒戈，特區政府飲恨立法會。23 條立法就此落幕。

23 條立法於 2003 年夭折並不等於徹底翻過了 23 條應該立法這一頁，因為特區為維護國家安全立法，是它的憲制責任和法定義務。然而，董建華之後各任特區政府（截止至林鄭月娥時期）都未能完成這一憲法使命。

23 條立法夭折給我們研究者留下了很多理論與實踐問題，這些問題不僅涉及到憲法與基本法有關方面，同時跨越兩種法制和兩個法域，例如它直接關涉香港普通法下的國家安全刑法和內地大陸法下的國家安全刑法，及二者的互動。

如何返回到 2002–2003 年之間的立法場景？如何儘可能地佔有更多的客觀的歷史資料？這是在教學與研究活動中，我們經常會面對的話題。二十年（2003–2023）飛逝，彈指一揮間。都說歷史是有記憶的，但是如果不把歷史先記錄保存下了，記憶是會愈來愈模糊、最後靠不

住的。記下這一歷史事件、記錄長達二十年的這一段歷史,就是本書寫作緣起。

本書主要內容與體例

本書以歷史為視角,通過對官方立法文件、新聞媒體報道和學界研究資料的系統梳理,以最大努力嘗試清晰且完整地呈現自港英時期至林鄭月娥時期有關《基本法》23 條的立法脈絡和軌跡。

港英政府時期,港英殖民者當局便制定了一系列具有「國家安全」性質的條例,其中如《社團條例》、《官方機密條例》等條例仍沿用至今,構成了香港國家安全立法的歷史淵源。《基本法》起草階段,中國當時的最高領導人鄧小平對《基本法》中規定「國家安全立法」一錘定音。第一任行政長官董建華正式開啟《基本法》23 條立法工作,然而政府與社會未達共識,功敗垂成。之後,歷經三任行政長官,《基本法》23 條仍然束之高閣。直到中央率先立法,本屆特區政府才決心重啟《基本法》第 23 條立法工作。

以史為鏡,可以知興替,對歷史的回溯與反思是為了更好地着眼未來。當前,特區政府正在推進《基本法》23 條立法工作,對《基本法》23 條立法工作進行全面性和整體性的回顧、系統梳理《基本法》23 條的立法史便顯得很有必要和價值,這是本書寫作的又一初衷和目的。本書不僅有利於香港市民正視歷史、消除憂慮、凝聚共識,亦期對當下特區政府順利推進《基本法》23 條立法工作提供些許啟發和幫助。

本書的體例很難定義,它既是一本歷史書,又是一本專題法律書,故可以說是專題法律史。說它是歷史書,它肯定不是通史或斷代史、編年史或紀傳體,又不是嚴格意義的專題史(因為它的第二部分)。它略微貌似以歷史事件為主的紀事本末體,「一書具一事之本末」(因為它的主體部分即第一部分),其內容部分屬政書範疇。第一第二部分合一,乃成這本有史有論的著作。

感謝及免責

本書的特點是，為真實反映歷史原貌，作者較多地引用新聞報道及社會各界人士的發言，以將該段立法史儘量「原汁原味」呈現給讀者。本書的不足在於，寫作主要依賴於圖書館研究（library research）和媒體信息，我們未能够進行當事人訪談。初步想法是，我們先推出這個基礎文本，然後有機會的話再修正文稿、補充資料、完善文本，並加入關鍵人物（特別是來自政府和立法會的立法當事人和法律界領袖）訪談內容，再出版一個更接近歷史真相的版本。

就引用圖書館和媒體資料而言，我們儘量做到窮盡來源。然而，依然是「文獻不足徵也」。本書一定可能疏忽了部分重要文獻，特別是政府部門內部文獻（未開放的檔案文件）。在文獻引註時，我們盡量做到規範、格式一致。若文獻及引註存有紕漏，敬請指出，並望海涵。在此，懇請讀者就本書內容、所徵用文獻、未引用文獻、引註疏漏失當以及格式等問題提出寶貴意見；若有機會修訂本書，我們將一併處理。同時歡迎讀者來函商榷學術觀點，辯證歷史事實。在此提前感謝你們。

本書具體寫作大約開始近三年前，這是我主持的「香港基本法實施研究——中國與比較憲法視角」研究項目（號碼9220093）內容之一。之後，我前後邀請到武漢大學法學院法學碩士研究生馮柏林先生、張夢奇先生來法律學院做研究助理，一起調查、研究、寫作。歷經兩年餘，前後經過幾輪寫作與修改，才有目前這本拙著。為此，我首先要感謝這二位年輕有為、基礎扎實、精力充沛的青年才俊。在本書定稿的最後階段，另一位研究助理、來自中國人民大學法學院的碩士研究生何佳怡小姐也提供了編輯協助，感謝。

最後，我一定要一併衷心感謝兩位聲望卓著、令人尊重與敬仰的撰序者，他們是香港特區政府首任律政司司長、全國人大常委會香港基本法委員會前副主任梁愛詩女士，以及香港大學法律學院鄭陳蘭如基金憲法學講座教授、全國人大常委會香港基本法委員會前委員陳弘毅先生。梁女士長期服務政府，貢獻社會，深得社會廣泛充分尊重；

陳教授是國際國內知名的憲法學家、公法學者,教書育人桃李天下,著作等身學貫中西。我有幸認識二位社會賢達兩旬之久,耳提面命,受益終生。借此機會,再申謝忱。

朱國斌

香港城市大學法律學院

2023 年 12 月 12 日

補記

2024 年 3 月 19 日,香港特區立法會三讀全票通過《維護國家安全條例》,終於為《基本法》第 23 條立法長達二十餘年的過程劃上了一個句號。這意味着香港特區落實了《基本法》規定的憲制責任,標誌着完善特區維護國家安全的法律制度和執行機制取得了重大進展。當然,特區完成立法程序並不等於維護國家安全任務的達成;事實上,特區政府任重而道遠。

本著作完成於《維護國家安全條例》制定通過之前,故其內容沒有涵蓋行政長官李家超任內發生的所有相關事件。事實上,本書策劃構思時就已決定將涵蓋的歷史時間截止於行政長官林鄭月娥時期。我們這樣選擇,一是因為當時李家超先生剛剛上任,一切還在謀篇布局之中,輿論也是紛紛攘攘;二是為了和歷史保持一段距離,保證寫作不過深地涉入到還在進行中的現實政治討論之中。

如果讀者需要且本書將來有機會得以修訂再版,我們樂意補充行政長官李家超這一時期,完成一部時間上圓滿的立法史。

朱國斌

2024 年 5 月 6 日

獅子山下九龍塘

縮略語表

（按筆劃序）

《基本法》、《香港基本法》	《香港特別行政區基本法》
《國安法》、《香港國安法》	《香港特別行政區維護國家安全法》
《國安條例》	《維護國家安全條例》
人大常委會、全國人大常委會	全國人民代表大會常務委員會
工盟、職工盟	香港職工會聯盟
工聯會	香港工會聯合會
中聯辦	中央人民政府駐香港特別行政區聯絡辦公室
支聯會、港支聯	香港市民支援愛國民主運動聯合會
民協	香港民主民生協進會
民建聯	民主建港協進聯盟
民陣	民間人權陣線
全國人大	全國人民代表大會
全國人大代表	全國人民代表大會代表
全國政協、政協全國委員會	中國人民政治協商會議全國委員會
「兩會」	全國人民代表大會和中國人民政治協商會議
法工委	全國人民代表大會常務委員會法制工作委員會
香港特區	香港特別行政區
特區政府	香港特別行政區政府
記協	香港記者協會
教協	香港教育專業人員協會
教聯	香港教育工作者聯會
港進聯	香港協進聯盟
港澳辦	國務院港澳事務辦公室

作者簡介

朱國斌，香港城市大學法律學院教授，公法與人權論壇主任；法學博士，HDR（Habilitation à Diriger des Recherches, France）；兼任山東大學客座教授、武漢大學法學院兼職教授；國際比較法學院（International Academy of Comparative Law）院士，香港基本法澳門基本法研究會常務理事，中國憲法學研究會理事，中華司法研究會理事，法國比較法學會會士；團結香港基金顧問，法律教育基金（香港）董事，廣東省本科高校法學類專業教學指導委員會副主任委員。近年主要著作包括：《當代中國政治與政府》（第三版，2015），《香港特區政治體制研究》（主編，2017），*Deference to the Administration in Judicial Review: Comparative Perspectives*（主編，2019），*Personal Data (Privacy) Law in Hong Kong – A Practical Guide on Compliance*（共同主編，第二版，2020），《建構「一國兩制」憲制——在動態中達至平衡》（2020），《香港國家安全法：法理與實踐》（共同主編，2021），《粵港澳大灣區法制建設——合作與創新》（主編，2022），《香港新選舉制度研究》（主編，2023），《〈香港國安法〉逐條釋義》（共同主編，2023）。

馮柏林，吉林大學法學院博士研究生；武漢大學法學碩士；曾擔任香港城市大學法律學院研究助理。研究方向為憲法基礎理論、香港基本法；在《南京航空航天大學學報（社會科學版）》、《現代法治研究》等刊物發表文章，著作章節收錄於《粵港澳大灣區法制建設：合作與創新》及《香港新選舉制度研究》。

張夢奇，武漢大學法學院碩士研究生；香港城市大學法律學院研究助理。曾在《蘇州大學學報（法學版）》、《人大研究》等期刊上發表論文數篇，參與國家社科基金青年項目、全國人大常委會香港基本法委員會項目、深圳市司法局委託項目研究工作。

第一部分

《香港基本法》第23條立法史

第一章

港英政府時期的國家安全立法

香港法制的發展經歷了一個漫長的過程，其進展是緩慢的。在殖民地時代的香港，「法制主要是維持和鞏固英國殖民統治及其威權主義（而非民主的）政治體制的工具」；「香港開埠以來的法制也是殖民地政府的統治工具，為大英帝國的殖民政策和利益服務。」[1]

自從英國 1841 年通過戰爭佔領香港開始，到 1997 年中國恢復行使主權為止，港英殖民當局制定了一大批具有「國家安全」性質的立法。其中影響深遠者，有《社團條例》（*Societies Ordinance*, 1911）、《煽動刊物條例》（*Seditious Publications Ordinance*, 1914）、《緊急情況規例條例》（*Emergency Regulations Ordinance*, 1922，亦被簡稱為《緊急法》）及其附屬立法、《印刷人及出版人條例》（*Printers and Publishers Ordinance*, 1927）、《公安條例》（*Public Order Ordinance*, 1948）、《刑事罪行條例》（*Crimes Ordinance*, 1971）第 I、II 部，等等。這些法律雖然在內容上有國家安全立法屬性，但旨在維護英國對香港的殖民統治，充作殖民當局打壓香港華人抗爭、維護殖民統治的工具，不能等同於主權國家維護自身國家安全的正當立法。

總體而言，這些立法授予港督和行政機關以近乎無限的權力，嚴重限制香港民眾的人身權、財產權和言論、出版、集會、結社自由，與英國自己標榜的權力分立、人權保障的法治原則背道而馳。其內容

---

1. 陳弘毅、文基賢、吳海傑，〈第十章 殖民地時代香港的法制與司法〉，王賡武主編，《香港史新編》（上冊），增訂版，香港：三聯書店，2017 年 1 月版，第 446、482 頁。

的嚴苛和寬泛，有時甚至引起了倫敦方面的關切和施壓。[2] 1967 年，約三萬人聯署，要求英國下議院建議女皇不通過由香港立法局通過的新《公安條例》。[3] 直到七十年代後期，隨着《公民權利和政治權利國際公約》（*International Covenant on Civil and Political Rights*, ICCPR）於 1976 年適用於香港，以及港英轉向較為寬和的施政模式，殖民統治的嚴酷程度才有所緩和，這些法律漸漸不再被動用。《香港人權法案條例》（*Hong Kong Bill of Rights Ordinance*, 1991）生效後，港英政府加速修訂有關法律，縮減行政機關獲得的授權，甚至打算提前替特區完成《香港基本法》第 23 條立法，為此引發了中英之間的角力。

一、華人抗爭，港英引入戒嚴法例

哪裏有壓迫，哪裏就有反抗。從英國佔領香港的第一天開始，中國人民的反抗就從未停止。為了打壓中國人民的抗爭，港英當局不斷試圖引入戒嚴性法律，以使港督和行政機關獲得包括立法權在內的廣泛處置權限。

1844 年 8 月，港英政府頒布《人口登記法例》（*Registration and Census Ordinance*, 1844），對華人徵收高額稅金，引發了全港性的大罷工。事件平息後，為了應對日後的大罷工，定例局（立法局的前身）於 1844 年 11 月 20 日通過《戒嚴法條例》（*Martial Law Ordinance*, 1844），規定港府可以無須經過立法局通過，隨時下令宣布戒嚴。總督有權在緊急狀況下取得行政局同意後發布法令，效力等同立法局通過的法例。

---

2. Wong, M. W. L., "Social control and political order: Decolonisation and the use of emergency regulations in Hong Kong", *Hong Kong L.J.* Vol. 41 (2011), No. 2.

3. Miners, N. J., "Disallowance and the administrative review of Hong Kong legislation by the colonial office, 1844–1947", *Hong Kong L.J.* Vol. 18 (1988), p. 218.

由於擔憂港督獲得過大職權，倫敦殖民地部於次年（1845）應總督提請廢除了這一法令。[4]

1857 年第二次鴉片戰爭期間，為了應對香港華人的反抗，港英制定了《維持治安條例》（Peace Preservation Ordinance, 1886）。該法授權政府可在沒有司法令狀的情況下，將其合理懷疑為英國敵人的任何人拘留或驅逐出境，甚至規定在宵禁期間可以射殺不服管制上街的華人。依照該條例實施的任何行為均不可在法院提起訴訟。[5]但倫敦方面再次推翻了這一法例。

1884 年中法戰爭期間，法國軍艦進入香港整修，華人船工不願幫助法國侵略者而發起罷工，與港英員警爆發了武力衝突。此即「香港反法大罷工」（The 1884 Strike of Hong Kong）。暴動平息後，立法局通過了一部新的《維持治安條例》。該法的殘酷程度較之前的兩部法案為弱，因此獲得了倫敦方面的允許得以持續生效。[6]同時，管制結社的法例也被引入。鑒於幫會在華人罷工中的作用，1887 年的《三合會及其他秘密會社條例》（Triad and Unlawful Societies Ordinance, 1887）宣布三合會及其他為非法目的成立的團體為非法社團。前述《社團條例》（1911）參照海峽殖民地法律，進一步設立了強制註冊制度。根據該《條例》，任何社團未經註冊及未獲得豁免，會被視為非法社團，參與非法社團可處罰款及監禁之刑罰。

一戰爆發後，英國樞密院於 1916 年授權各殖民地的總督得制定緊急法令審查傳媒、驅逐出境、管制交通、沒收財產及限制出入口。1922 年，香港海員要求英資公司加薪不遂，引發海員大罷工。立法局於 2 月 28 日僅用半天的時間便通過了《緊急情況規例條例》，賦權港督會同行政局權力就資訊審查、逮捕、拘留、交通和港口管制、貿易、出

---

4. Miners, N. J., "The use and abuse of emergency powers by the Hong Kong government", *Hong Kong L.J.* Vol. 26 (1996), p. 47.

5. 同上註。

6. 同上註。

入口、沒收財產、強制勞動、懲罰違反規例人士等事宜制定緊急規例（Regulations），違例者可處罰款一千元及監禁一年。前香港大學政治與公共行政學系教授邁樂士（Norman Miners）曾在比較過 1922 年《緊急法》與樞密院命令的內容後，發現《緊急法》下可訂立規例的各種主題類別基本上是對 1916 年 5 月 12 日樞密院令的複述。但是，港督制定緊急規例無須宣布緊急狀態，也無須在訂立後提交立法局審議，這與當時英國本土和其他殖民地的緊急法有很大區別。[7]

1925–1926 年，中國國民黨和中國共產黨領導香港勞工發動了轟轟烈烈的省港大罷工，嚴重挑戰了港英的殖民統治秩序。面對燎原之火的紅色工運，立法局於 1927 年又頒布了《非法罷工及閉廠條例》（Illegal Strikes and Lock-outs Ordinance, 1927），旨在抑制大型工潮，將任何與勞資糾紛無關，或意圖強迫政府就範的停工，列為違法行為。[8]

港英政府緊急立法權的確一方面是出於鎮壓華人反抗、維護殖民統治的需要，另一方面也與港督同倫敦方面爭奪權力有關。[9]港督一直試圖突破《英皇制誥》（Letters Patent）、《皇室訓令》（Royal Instructions）和倫敦的殖民地部施加的權力限制，將近乎不受約制的緊急立法權固定於本地法例之中，從而令之恒常化。事實上，在《緊急情況規例條例》生效後的半個多世紀間，在很多情況下港督動用緊急立法權與政權安全無關，而是處置一些經濟、民政方面的雜項問題，如：1925 年，打壓省港大罷工；1929 年，因香港旱災，全港制水；1932 年，因霍亂肆虐，禁止街邊賣雪糕和已切割水果；1935 年，真正的「狂犬病」（Rabies）影響馬匹，禁止新界馬匹進入市區；1949 年，為免共產黨滲透，收回靠近邊境的私人土地；1950 年，硬幣短缺，禁止市民囤積「神沙」（即小面額的硬幣）；1950 年，持有炸彈或武器者可被判處死刑

---

7. 同註 4。

8. 陳弘毅等編，《香港法概論（第三版修訂版）》，香港：三聯書店，2022 年版，第 576 頁。

9. 郭文德，〈緊急法源於港督爭權 殖民時期遺留惡法？〉，香港 01 網站，2019 年 9 月 3 日，www.hk01.com/article/370981?utm_source=01articlecopy&utm_medium=referral。

（因英國外交部認為嚴重違反人權，1955 年被迫取消）；1965 年，銀行擠提，禁止存戶提取每天超過一百元；1967 年，英鎊急貶，導致香港金融系統不穩，全港放假一天；以及 1973 年，石油危機，電力短缺，利用緊急法宣布實行夏令時間，等等。【10】

二、國共爭鬥，港英動用保安措施維穩

　　日本投降後，港英政府恢復對香港的統治，重建殖民統治的法律秩序，重點應對日趨強大的中國共產黨的影響。【11】1949 年，解放軍一路進軍至深圳河邊，給港英政府帶來了空前強大的政治和軍事壓力。這對香港的左派愛國力量是一個巨大的鼓舞。與此同時，不甘心退出大陸的國民黨政府試圖把香港作為反攻大陸的跳板。國共雙方激烈的「地下」角力時常演化為暴力鬥爭。港英政府對此如臨大敵，生怕兩派衝突的激化會威脅到自身的統治，甚至引來廣東的解放軍介入。

　　為了應對這種嚴峻的政治局面，港英當局在短期內制定了一大批嚴苛的立法。1949 年，立法局通過了新的《社團條例》，重新引入了在 1920 年一度取消的強制社團註冊制度，並禁止香港的社團與「外國政治團體」建立聯繫——這針對的便是中國共產黨。【12】《社團條例》甫一通過，港英警務處就宣布中國科學工作者協會港九分會等 38 個社團與「外國政治社團」有聯繫，下令取消其註冊。【13】立法局又修訂了《緊急情況規例條例》，增加了港督有權就拘捕審訊等主題訂立規例，並規定緊急規例相較其他法例具有凌駕性。同年底，港英政府依據新的緊急法頒布了《緊急措施（主體）規例》（*Emergency (Principal) Regulations*,

10. 參見 Wong, M. W. L.，同前註 2，第 133 頁；Miners, N. J.，同前註 4。

11. 參見 Wong, M. W. L.，同前註 2。

12. 香港前途研究計劃，〈封殺「香港民族黨」的社團條例，原先為誰而立〉，《端傳媒》，2018 年 9 月 26 日，https://theinitium.com/article/20180926-notes-societies-ordinance-hk/。

13. 張定興，《香港二十八總督》，北京：朝華出版社，2007 年版，第 270 頁。

1949），其內容包羅萬象，嚴苛程度無以復加。例如，藏有武器而未使用最高可以判處死刑。再如，無須司法程序，輔政司有權命令監禁任何人於任何地點，最長可達一年之久。這一措施針對的是有政治嫌疑但缺乏必要法律證據的人士。[14]

這一時期，港英政府還大規模地動用驅逐出境的手段打壓各類政治活動者。1949 年，港英政府制定了《驅逐不良分子條例》（*Expulsion of Undesirables Ordinance*, 1949）。條例規定十四類人員一經主管官員認定為「不良分子」，立即驅逐出境。港督覆核的驅逐出境命令是「最後與充分之裁定」（第 11 條），無法提起訴訟。這十四類人員的範圍寬泛，含義模糊，像「有疾病，殘廢、盲目、癡呆、癲癇，老弱而無以為生或因體格至阻礙其謀生者」、「有足以煽亂以擾害社會公共安寧嫌疑者」均在驅逐之列。左翼愛國力量首當其衝。1950 年 1 月 5 日，愛國學校香島中學創校校長盧動因為在學校懸掛五星紅旗，被港英政府依此條例驅逐出境。1946–1961 年間，港英政府累計頒發了 23,462 張驅逐出境令。[15]《驅逐不良分子條例》於 1961 年廢止後，港府繼續援引《驅逐外國人條例》（*Deportation of Aliens Ordinance*, 1950）行使此項權力。[16]

1956 年，香港爆發了由國民黨背景的右派工會和三合會發動的「雙十暴動」。港英政府立即援引《緊急情況規例條例》頒布《緊急（拘留令）規例》（*Emergency (Detention Orders) Regulations*, 1956），規定如果驅逐出境無法執行（中方當時不承認港英殖民當局命令的有效性，故不予配合），政府便可將該人士拘留，時長沒有上限。單在 1956–1960 年間，就有高達 32,258 人因無法驅逐出境而被拘留。[17]直到 1995 年，該規例才最終廢止。

---

14. Yep, R., "'Cultural revolution in Hong Kong': Emergency powers, administration of justice and the turbulent year of 1967", *Modern Asian Studies* Vol. 46, no. 4 (2012), pp. 1007–1032.

15. Jones, C., & Vagg, J., *Criminal Justice in Hong Kong*, London: Routledge, 2017, p. 317.

16. Wong, M. W. L.，同前註 2。

17. Jones, C., & Vagg, J.，同前註 15, p. 319。

　　當時，港英政治部（Special Branch）是負責監控和打擊左派人士及其他威脅港英統治者的情治機關。這一機構名義上隸屬香港警務處，實際上受倫敦的軍情五處領導，其人員、架構、工作內容等資訊均屬絕密。坐落在港島摩星嶺的域多利道扣押中心（俗稱「白屋」）是政治部的拘留所，大批政治嫌疑人士曾在此被長期拘留。1961 年，被供出是共產黨間諜的高級華人警官曾昭科被政治部在此扣查 58 日後，未經公開審訊被驅逐至中國內地。「六七暴動」期間，左派工會的領導人員也被拘禁於此。[18]

三、「六七暴動」期間港英政府制定大批嚴苛鎮壓性法律

　　1967 年，受內地文化大革命影響，香港的左派工會發動了大規模的反英暴動運動，導致平民傷亡，社會秩序強烈震動，史稱「六七暴動」。港英當局動用軍警，以高壓手段抓捕參與暴動的人員並快速判刑。據官方統計，「六七暴動」共有 2,077 人被判刑。[19]為了增加員警的執法權力，港督戴麟趾（David Clive Crosbie Trench）會同行政局於 1967 年內根據《緊急情況規例條例》頒布了 12 部緊急規例。[20]

　　針對左派文宣，1967 年 5 月 24 日訂立的《緊急（防止煽動性言論）規例》（*Emergency (Prevention of Inflammatory Speeches) Regulations*, 1967）規定，禁止進行煽動性廣播、發出煽動性文字或協助煽動者等，最高罰款為五萬元及監禁十年；6 月 1 日《緊急（防止煽動性標語）規例》（*Emergency (Prevention of Inflammatory Posters) Regulations*, 1967）則禁止張

---

18. 〈湯秉達 傳奇 石慧 唔放！〉，《工商晚報》，1968 年 7 月 12 日，第 1 版。

19. 葉健民，〈「六七暴動」的罪與罰：緊急法令與國家暴力〉，趙永佳、呂大樂、容世誠編，《胸懷祖國：香港「愛國左派」運動》，牛津大學出版社，2014 年版，第 23–24 頁。

20. Yep, R., 同前註 14。有學者統計為 9 部新的規例，參見 Chen, A. H. Y., "Emergency powers, constitutionalism and legal transplants: The East Asian experiences", in Ramraj, V. V., & Thiruvengadam, A. K. (eds.), *Emergency Powers in Asia: Exploring the Limits of Legality*, Cambridge University Press, 2010 , pp. 66–67.

貼煽動性標語，其內容可以激起暴亂或破壞法律、散播對政府的不忠及企圖損害警方或公務員的忠誠等，最高罰款五千元及監禁兩年。曾擔任特區政府民政事務局局長的曾德成當時因在就讀中學中散發反對殖民統治的傳單，便被以煽動罪判刑兩年。

同年 6 月 24 日訂立的《緊急（防止恐嚇）規例》（*Emergency (Prevention of Intimidation) Regulations*, 1967）規定一人以上的聚集，只要有人進行恐嚇，任何參與聚集的人都屬犯罪，最高可監禁五年。7 月 20 日一次發布九項緊急命令（Orders），內容包括：散播虛偽報告、檢查武器、進行不公開審訊、啟封或封閉樓宇、驅散集會及阻礙、集會和破壞等。稍後又修訂 1967 年《緊急（主體）規例》第 40 條條文，規定任何獲授權人員，不需持有搜查令，可進入樓宇、車輛或船舶等，搜查任何武器或軍火，同時可截查可疑人物，以及任何人如獲悉別人藏有攻擊性武器，須向警方檢舉。9 月 5 日，訂立《緊急（爆竹煙花）規例》（*Emergency (Firework) Regulations*, 1967），禁止市民擁有爆竹及煙花，以避免左派利用這些材料來製造炸彈。暴動平息後的 1969 年，港英政府廢除了一部分「六七暴動」期間制定的緊急規例。但對其認為有需要加以保留者，則納入《緊急情況（主體）規例》和《公安條例》內。

1967 年 11 月 17 日，立法局通過了新的《公安條例》，將《維持治安條例》、《簡易程序治罪條例》（*Summary Offences Ordinance*, 1845）、1948 年《公安條例》及普通法之中的相關規範統合於一起。[21]《公安條例》第三部分設立了公眾集會的規管制度，第四部分規定了非法集結相關罪行。其中第 19 條規定了如今知名的「暴動罪」（riot）：若任何參與非法集結的人破壞社會安寧，該集結即屬暴動，參與暴動者即犯暴動罪，最高可處十年監禁。1972 年，港英政府修訂《公安條例》第 30 條引入「假新聞罪」，一經定罪最高可處五年監禁。該條直到 1987 年才在市民的反對聲中廢除。

---

21. 立法會 LS21/00-01 號文件，《〈公安條例〉（第 245 章）內有關規管公眾集會及公眾遊行的條文資料摘述》，www.legco.gov.hk/yr00-01/chinese/panels/se/papers/ls21c.pdf。

四、回歸前夕的「修法」角力：適應《人權條例》與《香港基本法》第 23 條

1. 港英政府依《人權條例》檢視法律，遭預委會反對

在香港即將回歸、和北京發生「六四事件」的大環境下，1991 年港英立法局制定了《香港人權法案條例》（以下簡稱「人權條例」或「人權法」），將《公民權利和政治權利國際公約》轉化為本地法例。《人權條例》第 3 條規定，本法頒布前制定的所有先前法例凡與本法不符者，應視為廢除。港英政府此前為維護殖民統治而訂立的大批嚴苛法律，與人權法明顯不符。《人權條例》第 14 條列舉了六部暫時有效的法例，其中包括《刑事罪行條例》、《社團條例》，這說明港英政府已經認識到這些法律的問題並着手修改。1992 年《社團條例》的修訂廢除了原來的強制註冊制度，改為通知制度；[22]《刑事罪行條例》的修訂廢除了第 9 條第 3 款具有煽動意圖的推定，以合乎無罪推定原則。[23] 不過，《公安條例》一度被排除在港府的檢視範圍之外。政府一度表示，只有等法院裁決《公安條例》抵觸人權法之後才會考慮修改。[24]

在末任港督彭定康（Chris Patten）的任內，儘可能地提高香港憲制的自由程度是他的主要施政方針。為此，彭定康不顧中方的反對，不惜犧牲過渡期內的穩定和連續性，加快修訂有關法例。《公安條例》因而也被提上了被修訂的議程。1994 年，港英政府提出了《公安條例》的修訂草案，將遊行集會的申請制度改為通知制度。立法局審議時提出修正案，將對警務處處長決定的上訴對象從總督改為由法官擔任主席的上訴委員會。1995 年，《公安（修訂）條例》刊憲。1995 年 6 月，彭定康又宣布廢除《緊急情況規例條例》殘存的所有附屬規例（《如緊急情況

---

22. 《1992 年社團（修訂）條例》。

23. 《1992 年刑事罪行（第 2 號修訂）條例》。

24. 李卓人發言，立法局會議過程正式紀錄，1995 年 7 月 19 日。

（主體）規例》、《緊急情況（遞解出境及拘留）規例》和《緊急情況（徵用）規例》等）。

全國人大常委會成立的香港特別行政區籌備委員會預備工作委員會（簡稱「預委會」）【25】下設的法律專題小組對港英當局修訂《社團條例》、《公安條例》等法例表示了強烈的關注，認為這是英方削弱未來特區政府管治權力的手段，建議將來人大常委會予以廢止。有小組成員還聲稱要提請全國人大常委會採用被修改前的《緊急情況規例條例》及其附屬立法為特區法律，但預委會後來並未向人大常委會提出此建議。【26】

2. 港英政府試圖通過修法「提前完成」23條立法

1995年的最後一屆立法局選舉，泛民主政黨及人士（簡稱「泛民派」，pan-democrats）在新的選舉制度下首次獲得了多數席位。與此同時，內地發生的「魏京生顛覆國家政權案」審判再度加劇了泛民人士的恐懼。甫一上任，立法局第一大黨民主黨的主席李柱銘便率黨團拜訪港督彭定康，督促港府儘快按照人權法案修訂《官方機密條例》（*Official Secrets Ordinance*）和《刑事罪行條例》第I、II部。彭定康對李柱銘的要求給予了積極的回應。【27】不過，港英政府修訂這兩部法律的目的不僅僅是適應人權法案，還有提前替特區完成《基本法》23條立法的考慮。

---

25. 香港特別行政區籌備委員會預備工作委員會（簡稱香港特區籌委會預委會或預委會）是第八屆全國人民代表大會常務委員會（全國人大常委會）下設的工作委員會，根據《全國人民代表大會常務委員會關於設立全國人大常委會香港特別行政區籌備委員會預備工作委員會的決定》於1993年7月16日成立。預委會下設有秘書處及五個專題小組，分別為：政務專題小組、經濟專題小組、法律專題小組、文化專題小組以及社會及保安專題小組。預委會69名委員來自香港和中國大陸。從性質上來説，預委會是一個諮詢架構。1993年7月16日，預委會召開第一次全體會議。預委會一共召開了六次全體會議，而其轄下各小組也舉行了多次會議和研討會。最後一次全體會議於1995年12月舉行。預委會在香港特別行政區籌備委員會成立後結束。

26. 郭文德，〈緊急法源於港督爭權 殖民時期遺留惡法？〉，香港01網站，2019年9月3日，www.hk01.com/article/370981?utm_source=01articlecopy&utm_medium=referral。

27. Jonathan, D. 著，張弘遠、管中祥、林孟和等譯，《香港末代總督彭定康》，台灣：時報文化出版企業股份有限公司，1997年版，第411頁。

　　長期以來，英國本土的《官方機密法令》(*Official Secrets Act*) 通過英國法律適用機制在香港生效。該法針對的主要是間諜和未經授權披露官方秘密的行為，其內容相當嚴格，在英國國內曾引起不少的反對聲浪。1996 年 12 月，港英政府向立法會提交了《官方機密條例（草案）》，旨在將原英國機密法的內容予以當地語系化。[28]新法保護的對象涵蓋保安及情報、防務、國際關係、犯罪及特別調查等六類資料。考慮到官方機密法涉及到《基本法》第 23 條禁止「竊取國家機密」的內容，該草案是與中英聯合聯絡小組[29]中方代表詳細討論後，獲得中方同意的。在審議過程中，泛民派議員提出了公眾利益和事前披露免責辯護的修正案，但未獲通過。[30]《官方機密條例》最終於 1997 年 6 月通過並刊憲。

　　與《官方機密條例》獲中方同意不同，《刑事罪行條例》第 I、II 部的修訂遭到了中方的強烈反對。《刑事罪行條例》第 I、II 部規定的分別是叛逆和煽動叛亂的罪行。第 2 條將意圖傷害英王身體、向英王發動戰爭、幫助與英王交戰之敵等叛逆行為設置了最高終身監禁的刑罰。第 9、10 條將下列具有「煽動意圖」的行為定為犯罪：引起憎恨或藐視英王或香港政府，或激起對其離叛；激起香港居民企圖不循合法途徑促致改變其他在香港的依法制定的事項；引起對香港司法的憎恨、藐視或激起對其離叛；引起香港居民間的不滿或離叛；引起或加深香港不同階層居民間的惡感及敵意；煽惑他人使用暴力；慫使他人不守法或不服從合法命令。第一次定罪可處第 2 級罰款及監禁 2 年，其後定罪可處監禁 3 年。同時，該罪設立了對批評政府行為的豁免：指出香港政

---

28. 立法局 LS70/96-97 號文件，《官方機密條例草案法律本地化法律事務部報告》，https://legco. primo.exlibrisgroup.com/discovery/delivery/852LEGCO_INST:LEGCO/1225103800006976。

29. 中英聯合聯絡小組（Sino-British Joint Liaison Group）成立於 1985 年 5 月 27 日，是因應中英兩國政府磋商香港主權交接有關的事宜而成立的聯絡機構。該機構是根據《中英聯合聲明》及其附件二的規定而成立。聯合聯絡小組只是聯絡機構而不是權力機構，負責就《聯合聲明》實施進行磋商，討論政權交接事宜，並就有關事項交換情況並進行磋商。聯合聯絡小組的工作到 2000 年 1 月 1 日為止。在此期間，小組一共舉行了 47 次全體會議，分別在香港、倫敦和北京舉行。

30. 立法局會議過程正式紀錄，1997 年 6 月 4 日。

府、香港憲制或法例、司法的錯誤或缺點，而目的在於矯正該等錯誤或缺點，以及鼓動他人循合法途徑促使改變香港依法制定的事項，不構成煽動意圖罪。

儘管存在以上豁免，但對煽動意圖寬泛的定義仍令人懷疑是否合乎人權法案對表達自由的高標準保障。上世紀五六十年代，港英政府經常動用煽動意圖罪打擊左派報刊並屢屢成功定罪。1952 年，《大公報》因轉載了《人民日報》聲討港英政府在「三一事件」中鎮壓人民的社論，報社人員便被依煽動意圖罪審訊定罪。法院強調普通法下的煽動罪須證明被告「有意煽動暴力或公共騷亂，以擾亂法定權威」，但該標準並不適用於香港。[31]「六七暴動」期間，《香港夜報》、《田豐日報》和《新午報》三家左派報刊的成員被依據該罪判刑三年，北京還因此發生了火燒英國代辦處的重大外交事件。到七十年代後，煽動意圖罪便沒有再動用過。[32]

早在《基本法》起草過程中，港英政府已意識到，可以通過改動《刑事罪行條例》來完成 23 條立法。1989 年，英方法律顧問曾向中方法律顧問邵天任表示，《基本法》草案 23 條所指的「煽動」、「顛覆」的字眼，其實在既有《刑事罪行條例》第 9、10 條已有所規定及體現。但英方法律顧問卻同時注意到，中方可能不滿足於《刑事罪行條例》對煽動意圖罪設立的最高三年的刑罰。[33]

1995 年 7 月，港英政府向中英聯合聯絡小組中方代表提交了《刑事罪行（修訂）條例草案》的草擬本，其中涵蓋叛國、煽動叛亂、分裂國家及顛覆國家等概念。但中方認為，採納香港現行法例作為香港特別行政區的法例，以及由香港特別行政區自行根據《基本法》第 23 條

31. *Fei Yi Ming and Lee Tsung Ying v R* (1952) 36 HKLR 133 and 156.

32. Chau, C., "Explainer: Hong Kong's Sedition Law — A colonial relic revived after half a century", *Hong Kong Free Press*, https://hongkongfp.com/2022/7/30/explainer-hong-kongs-sedition-law-a-colonial-relic-revived-after-half-a-century/.

33. 1989 FCO 40/2672 Relations between Hong Kong and China: Chinese Charges of Subversion in Hong Kong.（轉引自關鍵評論網站：www.thenewslens.com/article/133283/fullpage。）

訂立法例，兩者有明顯的分別。「他們〔中方〕清楚指出，他們不認為我們應在現階段，對《刑事罪行條例》進行重大修訂，使其符合《基本法》。」【34】

儘管如此，港英政府仍於 1996 年 12 月向立法會提交了《1996 年刑事罪行（修訂）（第 2 號）條例草案》，內容主要有兩項：一是加入本地法例沒有的分裂國家和顛覆政府罪行，其中「武力」為必要元素；二是修改有關煽動叛亂活動的定義，加入必須有意圖造成暴力、擾亂公共秩序或製造騷亂，以符合人權法的要求。【35】全國人大設立的香港特別行政區籌備委員會（簡稱香港特區籌委會或籌委會）【36】當即通過了《關於基本法第 23 條立法問題的決定》回應，指出港英當局宣布修改《刑事罪行條例》的第 I、II 部的行為，明顯違反《基本法》第 23 條香港特區自行立法維護國家安全的規定，嚴重侵犯香港特區的立法權，建議全國人大常委會在適當時候根據《基本法》第 160 條的規定，宣布港英當局對《刑事罪行條例》第 I、II 部的修訂與《基本法》第 23 條的規定相抵觸，不採用為香港特別行政區法律。

在立法局審議《刑事罪行（修訂）條例草案》的過程中，民主建港協進聯盟（簡稱「民建聯」）和自由黨的議員根據中方的立場全程缺席了審議。而泛民派議員對港英政府提出的法案仍很不滿意，認為現有法律已足夠保障公共秩序，提出修正案將有關分裂國家和顛覆政府的

---

34. 保安司司長黎慶寧發言，立法局會議過程正式紀錄，1996 年 12 月 4 日。

35. 同上註。

36. 香港特別行政區籌備委員會（簡稱香港特區籌委會或籌委會）是全國人民代表大會下設的工作委員會，根據 1990 年 4 月 4 日第七屆全國人大第三次會議《全國人民代表大會關於香港特別行政區第一屆政府和立法會產生辦法的決定》，於 1996 年 1 月 26 日成立舉行第一次全體會議。籌委會共有 150 名委員，94 位來自香港，56 位來自中國大陸。籌委會 1997 年 7 月 11 日結束工作，期間共召開了 10 次全體會議。籌委會負責籌備成立香港特別行政區的有關事宜，主要包括訂定香港特別行政區第一屆政府和立法會的產生辦法、籌組由 400 人組成的香港特別行政區第一屆政府推選委員會，由推選委員會選出香港特別行政區第一任行政長官。

條文全數刪除。[37] 泛民派議員對國家安全立法持極端負面的態度，也為回歸後 23 條立法所遭遇的巨大困難埋下了伏筆。最終，《刑事罪行（修訂）條例》於 1997 年 6 月 27 日由港督彭定康簽署並刊憲。然而，條例第 1 條將生效日期授權予保安司長宣布，而保安司（局）長從未行使此項權力，故這一修訂從未生效。

五、《公安條例》和《社團條例》修訂不獲過渡得重修

1997 年 2 月 23 日，全國人大常委會通過了《關於根據〈中華人民共和國香港特別行政區基本法〉第 160 條處理香港原有法律的決定》。根據籌委會的建議，決定將絕大部分香港原有法律採用為香港特別行政區法律，同時宣布《香港人權法案條例》第 3 條和第 4 條的凌駕性條款、《公安條例》1995 年以來的重大修訂、《社團條例》1992 年以來的重大修訂抵觸《基本法》，不予採用。理由是：港英於過渡時期制定的《人權條例》中「有專門條款規定該條例對香港其他法律具有凌駕地位，這就等於架空《基本法》，從而抵觸《基本法》」，該條款應予廢止。同時，「英方根據該條例的凌駕地位，單方面對香港原有法律作出大面積、大幅度的修改，違反了中英聯合聲明及《基本法》中關於『現行的法律基本不變』的規定」[38]。不過，「現行的法律基本不變」是《中英聯合聲明》第 3 條第 3 項的中方聲明內容，《基本法》並無此規定。擔任籌委會委員的自由黨主席李鵬飛向《南華早報》評論稱，「我又讀了一遍《基本法》，但看不到（這些法案）有什麼違背之處。」[39]

---

37. 1996 年刑事罪行（修訂）（第 2 號）條例草案委員會會議紀要，www.legco.gov.hk/yr96-97/chinese/bc/bc56/papers/cbc56ppr.htm#minutes。

38. 錢其琛，《全國人民代表大會香港特別行政區籌備委員會工作報告》，1997 年 3 月 10 日，在第八屆全國人民代表大會第五次會議上。

39. 同註 27，第 411 頁。

　　1997 年 6 月，臨時立法會【40】通過了《公安條例》和《社團條例》的修訂。《公安條例（1995 年）》中的公眾集會事前通知制度被廢除，改為了不反對通知書制度。《社團條例（1992 年）》中的通知制度則被改回強制註冊制度，並依據《基本法》第 23 條加入了拒絕與外國政治性組織或台灣政治性組織有聯繫的政治性團體註冊的規定。同時，兩部法案都引入了新的「國家安全」概念作為政府拒絕集會申請和禁止社團運作的依據。「國家安全」的概念在條例中被定義為「保衛中華人民共和國的領土完整及獨立自主」。重修的《公安條例》和《社團條例》於 1997 年 7 月 1 日在香港生效，實施至今。

---

40. 臨時立法會（The Provisional Legislative Council，又稱臨立會）是香港在第一屆立法會成立之前、香港主權移交之後的立法機關。它是中英雙方由於對彭定康政改方案的意見分歧，而中國政府單方面成立的立法機關。臨立會任期由 1997 年 1 月 25 日至 1998 年 6 月 30 日。1997 年 7 月 1 日前，臨立會在深圳開會。

第二章

《香港基本法》起草過程中對國家安全立法的處理

≈≈≈≈≈≈≈≈≈≈≈≈

一、《香港基本法》第 23 條立法的思想淵源

鄧小平同志作為「一國兩制」的總設計師，其國家安全思想在《基本法》起草和制定過程中，特別是在《基本法》第 23 條的產生和修訂過程中發揮了至關重要的作用。再讀鄧小平相關著作和講話，我們可以感受到一代偉人的高瞻遠矚和智慧。

首先，在中英政府就香港問題談判時期，鄧小平強調了中央駐軍香港的必要性和重要性，從中體現其對香港維護國家安全的思想觀。鄧小平綜合判斷國內外安全形勢，清晰準確地預測到在「過渡時期」及「回歸後」會有來自香港內部和國際上的破壞力量和動亂因素，「某種動亂的因素，搗亂的因素，不安定的因素，是會有的。老實說，這樣的因素不會來自北京，卻不能排除存在於香港內部，也不能排除來自某種國際力量。」[1]因此，鄧小平對中央在香港駐軍問題的立場上態度鮮明，他認為駐軍一方面是中央對香港行使主權的體現，另一方面可以防止動亂。中央在香港駐軍不僅可以震懾國內外反動勢力，即使發生動亂，也能及時解決。

---

1. 鄧小平，《保持香港的繁榮和穩定 —— 鄧小平會見港澳同胞國慶觀禮團時談話的要點》，中央政府駐港聯絡辦，1983 年 10 月 3 日，www.locpg.hk/jsdt/1983-10/03/c_125955742.htm。

　　其次，鄧小平全程指導《基本法》的起草和制定過程，《基本法》第23 條是他關於國家安全思想的集中體現。鄧小平在 1987 年 4 月 16 日會見香港特別行政區基本法起草委員會委員時指出，「中央的政策是不損害香港的利益，也希望香港不會出現損害國家利益和香港利益的事情。」[2] 依照羅賓遜（Thomas Robinson）對國家利益的劃分，國家安全是國家利益中的核心利益（core interests）。[3] 因此，當香港出現了損害國家安全的行為時，中央政府就必須干預。此外，鄧小平當時便注意到了維護國家安全與公民表達自由之間的平衡問題，他舉例說明如下：「1997 年後香港有人罵中國共產黨，罵中國，我們還是允許他罵，但是如果變成行動，要把香港變成一個在『民主』的幌子下反對大陸的基地，怎麼辦？那就非干預不行。」[4] 質言之，中央政府遵循「一國兩制」、「高度自治」的基本原則，並充分尊重香港市民的言論自由，但如果這種言論演變為行動，中央政府為了維護國家安全依然保留進行干預的權力和能力。也正是在鄧小平維護國家安全的思想下，《基本法》中寫進了第 23 條的「反顛覆」條款。[5]

二、《香港基本法》第 23 條的條文梳理和演進脈絡

　　《基本法》起草工作大致經過了四個階段：（1）1985 年 7 月到 1986 年 4 月，主要是起草委員會運作機制的建立和《基本法》結構的形成；（2）1986 年 5 月到 1988 年 4 月，主要是《基本法（草案）徵求意見稿》的形成；（3）1988 年 5 月到 1989 年 2 月，《基本法（草案）》的擬

---

2. 鄧小平，〈會見香港特別行政區基本法起草委員會委員時的講話〉，《鄧小平文選（第三卷）》，北京：人民出版社，1993 年版，第 221 頁。

3. Thomas R., "National interests", in Rosenau, James N., *International Politics and Foreign Policy: A Reader in Research and Theory*. New York: Free Press, 1969, pp. 184–185.

4. 同上註 2。

5. 李綱，〈鄧小平與香港問題的成功解決 —— 外交部原副部長周南訪談錄〉，《黨的文獻》，2007 年第 4 期，第 31 頁。

定；（4）從 1989 年 2 月到 1990 年 2 月，《基本法（草案）》的修改和完善。[6]具體到《基本法》關於國家安全立法的規範表述，也經歷了較大的變動。第一稿第 12 條規定：「香港特別行政區應以法律禁止任何導致國家分裂和顛覆中央人民政府的活動。」[7]第二稿將「導致國家分裂」改為了「破壞國家統一」，具體表述為「香港特別行政區應以法律禁止任何破壞國家統一和顛覆中央人民政府的行為」。[8]第三稿至第六稿的規範表述沒有改變，但條文的位置由第 12 條變動為第 22 條。

　　1988 年 4 月，基本法起草委員會向社會公布《中華人民共和國香港特別行政區基本法（草案）徵求意見稿》。其中第 22 條規定：「香港特別行政區應以法律禁止任何破壞國家統一和顛覆中央人民政府的行為。」香港法律界和社會人士針對此條文主要有四個方面的看法：一是制定主體問題。由於內地和香港特區實行不同的法律制度，因此，有人便質疑此條文中的「法律」究竟是指香港特別行政區的法律還是中央人民政府的法律？1997 年以後由誰制定此等法律？根據《基本法》第 17 條，全國人大常委會可制定任何有關「國家統一」的法律，由國務院指令香港政府公布實施，因此該條文極易被濫用。也正因此，有些人建議此條文應以本港的法律為本；也有人建議條文中寫明案件在港審判，並以兩個國際公約為原則。[9]二是內容明確性問題。香港原有法律並沒有分裂國家和顛覆的概念，諸多意見質疑該條文範圍太廣、含義過於空泛、用詞頗為模糊，將會賦予當權者無限大的權力，會嚴重影響和剝奪香港市民的權利和自由，特別是言論自由和新聞自由，比如批評中央政府的言論算不算是「顛覆中央人民政府」的行為？有人建

---

6. 周南、宗道一等，〈鄧小平關注香港《基本法》的起草〉，《黨史博覽》，2009 年第 3 期，第 24 頁。

7. 〈中央與香港特別行政區的關係專題小組工作報告〉，《中華人民共和國香港特別行政區基本法起草委員會第四次全體會議文件彙編》，1987 年 4 月 13 日。

8. 〈中央與香港特別行政區的關係專題小組工作報告〉，《中華人民共和國香港特別行政區基本法起草委員會第五次全體會議文件彙編》，1987 年 8 月 22 日。

9. 基本法諮詢委員會，〈中華人民共和國香港特別行政區基本法（草案）徵求意見稿諮詢報告第五冊〉，1988 年 10 月，第 99–102 頁。

議應列明何種行為觸犯此條文，也有人建議此條文應列明由特別行政區立法會界定的具體行為。[10] 有人建議「國家統一」應刪去，同時澄清什麼行為構成顛覆中央人民政府。[11] 三是目的性問題。香港社會批評此條文政治性太強，質疑此條文的真正意義只是保證統治者不受反對，特別是「顛覆中央人民政府」的規定，在部分香港市民看來，在民主制度下，「當政府不能代表人民利益時，人民要把它推翻是天公地道之事」。此條文說明中央人民政府極度不信任特別行政區和香港市民，更是沒有自信心的表現。四是必要性問題。有意見指出，香港完全沒有獨立的條件，所以沒有可能顛覆中央人民政府，此條文沒有實際必要。

基本法起草委員會在酌情考慮這些意見後，在 1989 年 2 月公布了《中華人民共和國香港特別行政區基本法（草案）》，其中第 23 條規定：香港特別行政區應自行立法禁止任何叛國、分裂國家、煽動叛亂及竊取國家機密的行為。草案將「任何破壞國家統一和顛覆中央人民政府的行為」具體化為「任何叛國、分裂國家、煽動叛亂及竊取國家機密的行為」，同時刪去了「顛覆中央人民政府」的表述，增加了「自行立法」的表述。該種表述是在充分接受和吸納香港市民意見和建議的基礎上修改後的結果，能夠體現出《基本法》立法的民主性。

對《基本法（草案）》第 23 條的規定，反對意見仍然很多。一是立法內容重複問題，有人提出「分裂國家」、「煽動叛亂」都可以歸於「叛國」，因此可以刪去；有人說「煽動」在香港普通法中已經存在，也可以不用重複規定。二是對「自行立法」的看法，有人認為自行立法的規定沒有必要，因為《基本法》已經保證五十年不變；有人認為應該將「應」改為「須」，因為「應」可能被認為是可做可不做；有人建議此條

---

10. 同註 9。

11. 1988 年 8 月基本法起草委員會秘書處，《香港各界人士對〈香港特別行政區基本法（草案）徵求意見稿〉的意見彙集（一）》，第 12–13 頁。

款應當參照自由民主的國家立法，而不應自行立法；也有人認為要充分認識到此條款中「自行」立法規定的重要性。[12]

　　八九天安門事件成為改變《基本法》立法走向的關鍵轉折點。[13] 1989 年春天發生的天安門事件使得《基本法》的起草工作暫緩。在事件不斷發酵的過程中，1989 年 5 月 21 日，香港百萬市民在中環舉行大遊行，支持北京學生的民主運動。同日，香港市民支持愛國民主運動聯合會（簡稱「支聯會」）成立，由司徒華擔任首屆主席。在天安門事件之後，支聯會發起了「黃雀運動」，秘密協助天安門事件中的部分學生領袖逃亡到海外國家。天安門事件中香港人士的秘密援救行動令中央政府更擔憂香港，部分委員擔心香港與境外其他組織勾結，成為顛覆中央政府的基地。因此，在《基本法》未正式頒布之前，基本法起草委員會再次修改了《基本法》第 23 條。這次修改的重點有兩個：第一是增加了禁止顛覆中央人民政府的內容，第二是增加了禁止香港政治性團體與外國政治性團體建立聯繫的內容。

　　要求在《基本法》中重新加入禁止顛覆中央人民政府的內容是內地各界人士的意見。[14] 有人指出，叛國的概念不足以涵蓋顛覆，「顛覆和叛國不同，勾結外國勢力企圖推翻中央和社會主義制度，否定共產黨的領導就是顛覆，投靠外國做賣國賊就是叛國，故必須並列。」[15] 在 1989 年 12 月 12–13 日舉行的起草委員會中央與特區關係小組會議上，

---

12. 基本法諮詢委員會，《中華人民共和國香港特別行政區基本法（草案）徵求意見稿諮詢報告第三冊——條文總報告》，1989 年 11 月，第 61–63 頁。

13. Carole J. Petersen 教授認為，基本法起草委員會在「六四風波」中暫停了會議，當再次重啟會議時，來自大陸的代表表現得更加缺乏容忍態度，並堅持加強第 23 條措辭，並重新加入「顛覆」，增加「國外政治性組織或團體」。See Peterson, C. J., "Hong Kong's spring of discontent: The rise and fall of the National Security Bill in 2003", in Fu, H. L., Carole J. P., & Simon N. M. Y., *National Security and Fundamental Freedoms: Hong Kong's Article 23 Under Security*, Hong Kong University Press, 2005, p.13.

14. 基本法起草委員會秘書處，《內地各界人士對〈中華人民共和國香港特別行政區基本法（草案）〉的意見彙集》，1989 年 11 月 30 日，第 11 頁。

15. 同註 12，第 63 頁。

委員們對此提出了四種可能的修正方案：第一種是明確指出香港不允許成為反共基地；第二種是不允許香港干涉大陸的社會主義制度和政策；第三種是香港應禁止顛覆中央人民政府和社會主義制度；第四種是香港應禁止顛覆中央人民政府。最終第四種方案獲得採納。【16】這次小組會議還增加了禁止香港政治性團體與外國政治性團體建立聯繫的規定。小組中方成員邵天任指出，這樣規定與《社團條例》(Societies Ordinance) 的現行做法是一致的。小組港方成員譚惠珠稱，這項規定旨在保證香港在 1997 年後保持政治中立和穩定，不與國際政治力量產生關聯。【17】在該次會議上，港方成員「不情願」地接納了對 23 條更加嚴格的修訂。作為「交換」，第 18 條第 4 款有關全國人大常委會宣布香港進入緊急狀態的情形從「香港特別行政區不能控制的動亂」改為「香港特別行政區政府不能控制的危及國家統一或安全的動亂」。【18】

基本法起草委員會於 1990 年 1 月 24 日以 45 票對 2 票通過了提請全國人大會議審議的《基本法》23 條的最終版本。1990 年 4 月頒布《中華人民共和國香港特別行政區基本法》最終呈現出的條文表述為：「第 23 條 香港特別行政區應自行立法禁止任何叛國、分裂國家、煽動叛亂、顛覆中央人民政府及竊取國家機密的行為，禁止外國的政治性組織或團體在香港特別行政區進行政治活動，禁止香港特別行政區政治性組織或團體與外國的政治性組織或團體建立聯繫。」

可以説，《基本法》第 23 條的具體內容和規範表述受到多重因素的影響，最終呈現在我們面前的第 23 條既是基本法起草委員會結合立法目的和法律明確性反覆商討完善的結果，也是歷史進程中重大政治事件的直接塑造。這一條文在起草之初的合理性和必要性就備受質疑，在起草過程中各方代表對條文的規範表述也始終存在分歧，加之草案

---

16. Fu, H. L., Cullen, R., & Choy, P., "Curbing the enemies of the state in Hong Kong — What does Article 23 require?", 5 *J Chinese of Comp L*, 2002, p. 45.

17. Yeung, C., "Clampdown on groups", *SCMP*, 13 Dec 1989.

18. Yeung, C., "Drafters agree to 'subversive' clause", *SCMP*, 12 Dec 1989.

在最後時刻突然進行重大修改，而這樣的修改似乎更是中央政府和內地專家的意見，沒有顧及到香港人士對此條文可能會影響個人權利的擔憂。也正因如此，「自 1990 年 4 月 1 日通過以來，關心香港人權、自由和原有生活方式的人一直沒有放鬆過對這項條文的戒心。」[19]這種種因素也為《基本法》第 23 條日後引發本地立法的巨大爭議埋下了定時炸彈。

三、《基本法》第 23 條的規範闡釋

《基本法》第 23 條不僅是授權條款，更是義務條款。縱觀世界各國，國家安全立法權都是由主權者或主權機關行使。在理論上，國家安全立法涉及到國家的統一與安全，原本應由中央集中統一行使立法權力，但是考慮到中央授予了香港高度自治權和立法權，為了不干涉香港的立法權能，在兩制框架下最大限度尊重香港的高度自治權。中央將國家安全的立法權授予特別行政區行使，授權由香港自行制定維護國家主權安定統一的法律法規，香港自行行使國家安全立法權，這既是中央的授權，也是香港應該承擔的義務。[20]從《基本法》的條文上看，這項立法屬香港特區在《憲法》法律上的義務，香港特區在進行有關立法時，必須滿足此條文的要求。[21]或曰，為《基本法》第 23 條進行當地語系化立法，這是香港特別行政區的憲制責任或法律義務。《基本法》最重要的基本原則就是維護國家主權，何時啟動這項立法工作，需要特區政府作出判斷選擇。[22]

---

19. 吳靄儀，《23 條立法日誌》，香港：壹出版有限公司，2004 年版，第 4 頁。

20. 董立坤，《中央管治權與香港高度自治權》，香港：中華書局，2015 年版，第 82 頁。

21. 陳弘毅等編，《香港法概論（第三版修訂版）》，香港：三聯書店，2022 年版，第 158 頁。

22. 郝鐵川，〈不要把《基本法》第 23 條妖魔化〉，《香港基本法爭議問題述評》，香港：中華書局，2013 年版，第 109-113 頁。

第 23 條被編在《基本法》第二章，屬「中央與香港特別行政區的關係」的範疇，因而「應自行立法」的規定具有強制性。鑒於香港原有法律和法制與內地制度不同，故《基本法》要求特區「自行」完成立法過程，雖然表達了中央政府對特區原來制度的尊重和對「高度自治」原則的深度貫徹，但它並沒有因此給予特區政府便宜行事權，即可立可不立的空間。總之，該條文的這種措辭表明為第 23 條立法是肯定的、必須的，但何時立、如何立則可以由特區政府自行斟酌。[23] 也有學者專門論述「自行立法」的含義：第 23 條立法是特區的義務，中央有權力督促、推進並監督特區的第 23 條立法，尤其在立法內容上，第 23 條立法應當符合授權的目的 —— 維護國家主權安全。也就説，「自行立法」之「自行」是一種形式上的自行立法，在立法方式和手段上香港可以自行選擇，但是立法內容應當符合授權目的。[24] 「香港特別行政區應自行立法禁止 ⋯⋯」根據學理解釋，規定中「應」是國家主權行使的體現，即香港特區有義務制定維護國家安全的法規，這是「一國」基礎上主權統一的必然要求，「自行」是對人權的尊重與保障，香港特區「特別」在其擁有高度的自治權，這是在「兩制」的框架下切實尊重香港獨特地位，不干涉香港立法權能，最大限度實現符合香港特色的人權保障的要求。[25]

---

23. 朱國斌，《香江法政縱橫 —— 香港基本法學緒論》，北京：法律出版社，2010 年版，第 145-172 頁。

24. 劉誠、徐書咏，〈中央保留原則下的《香港基本法》第 23 條立法〉，《當代港澳研究》第 10 輯，第 134-135 頁。

25. 劉劍鋒、張懷，〈朱全育人權關係的認識誤區及立法衡平 —— 對《香港基本法》第 23 條立法困境的思考〉，《黑龍江省政法管理幹部學院學報》，2011 年第 3 期，第 7 頁。

第三章

董建華時期第23條立法

一、回歸初期關於 23 條立法的爭論

　　1997 年 7 月 1 日，中國正式對香港恢復行使主權，董建華當選香港特別行政區首屆特區行政長官。在回歸初期，中央政府對香港特區奉行「不干預政策」，「馬照跑，舞照跳」是當時中央對港政策的真實寫照。但由於《基本法》第 23 條在制定過程中始終沒有解決條文含義空泛模糊、可能侵犯人權自由等問題，在回歸後，泛民派便提出通過修改《基本法》廢除《基本法》第 23 條，民主黨將廢除第 23 條作為其成員競選立法會議員的綱領。「前線」召集人劉慧卿聲稱，若果其成員進入首屆立法會後，將會全力推動重新制訂《基本法》，作大刀闊斧的修改，其中就包括全面廢除《基本法》第 23 條的規定。[1] 這樣的想法看起來十分不切實際，因為《基本法》不僅是香港特區的憲制性法律，也是作為全國性法律在香港實施，只有全國人大擁有對《基本法》的修改權。但作為一種政治綱領，在贏得選民支持方面還是能發揮一定的作用。

　　香港記者協會和國際言論組織第十九條（Article 19）在發布的關於新聞自由的年度報告中也表達了對《基本法》第 23 條的擔憂。該報告對《基本法》第 23 條提出抗議，認為反叛國、煽動、顛覆和分裂國家的法

---

1. 〈「前線」為何要廢除基本法第廿三條？〉，《文匯報》，1998 年 4 月 23 日。（本新聞可通過慧科搜索數據庫獲取。）

律不適合香港。[2]Diane Stormont 也表示，傳媒自由面臨的最大威脅，可能是《基本法》第 23 條即將立法。[3]

針對外界的質疑和擔憂，特區政府進行了及時回應。時任律政司司長梁愛詩表示，有關《基本法》中第 23 條有關叛國、分裂國家等罪行的立法問題，並沒有具體的時間表，特區政府一向的立場是不需要急於行事，最重要的是時機成熟。[4]前保安局局長葉劉淑儀稱，政府當局的原則是會廣泛諮詢民意，但形式及時間表則未有定案。[5]前《大公報》總編輯、特區政府中央政策組顧問曾德成表示，《基本法》第 27 條明確表示香港居民享有言論、新聞、出版的自由。因此，《基本法》既有條文保障新聞自由，亦有條文禁止顛覆國家，兩者是沒有衝突的。[6]

1999 年「吳嘉玲案」後人大常委會釋法[7]，引發了香港市民對中央政府的不信任。他們將此次「人大釋法」與《基本法》第 23 條立法聯繫起來。前嶺南大學政治及社會學系助理教授李彭廣與時事評論員劉銳紹均認為，繼香港終審法院判決引起中港司法爭議後，未來特區政府就《基本法》23 條即防止顛覆中央政府的條文立法時，兩地的司法爭議必然會再起。[8]也有媒體認為居港權爭議只是開始，更大的風波還在後頭，《基本法》第 23 條有關禁止叛國、顛覆、分裂國家等如何化為具體

---

2. "Ad coinciding with Jiang's arrival seeks Gao Yu's release", *The Standard*, 29 June 1998, p. A04.

3. "Pressed to find gloom", *The Standard*, 1 July 1998, p. A11.

4. 〈分裂國家罪何時立法 梁愛詩指尚無時間表〉，《文匯報》，1998 年 7 月 8 日。(本新聞可通過慧科搜索數據庫獲取。)

5. 〈出掌保安局首日履新迎接挑戰 葉劉淑儀留意罰案變化〉，《香港商報》，1998 年 9 月 1 日，第 B06 版。

6. 〈新聞自由與禁止顛覆國家並無衝突 曾德成反駁張敏儀〉，《大公報》，1999 年 1 月 27 日，第 A11 版。

7. 關於「吳嘉玲案」與人大常委會釋法，學術界一般和專門的理論研究成果和出版物甚多。例如，佳日思、陳文敏、傅華伶主編，《居港權引發的憲法爭論》，香港：香港大學出版社，2000 年版；白晟著，《基本法釋法問題探究：從法理學角度剖析》，香港：商務印書館，2015 年版；鄧達奇著，《香港基本法解釋權研究》，香港：三聯書店，2021 年版。

8. 〈免兩地對司法再起爭端 中港宜定期開憲法會議〉，《星島日報》，1999 年 2 月 15 日，第 A15 版。

法律，將會引發新的一輪風暴。[9]劉慧卿亦表示，今次解釋《基本法》22
條，下次就不排除有可能解釋23條。[10]

與之相反，港區人大代表則認為應當儘快就《基本法》第23條立
法。港區全國人大代表李鵬飛認為這是香港特區政府不敢作為，他指
出，特區政府遲遲未能就《基本法》23條要求特區就禁止顛覆國家、煽
動叛亂等活動而自行立法，造成了無法可依的現象，也予人特區政府
不敢立法的感覺，他建議特區政府應儘快開展有關的立法程序。[11]簡福
飴、馬力等港區人大代表也指出，23條立法是《基本法》的要求，政府
有必要考慮儘快完成立法。[12]

但在立法時間上，香港諸多學者及法律界人士則認為《基本法》
23條立法不宜操之過急。前中文大學亞太研究所副所長劉兆佳指出，
《基本法》第23條的制定是中央擔憂香港變成顛覆基地，香港回歸後至
今，這個憂慮已減少，並不急於為此立法。立法會法律界代表吳靄儀
不同意李鵬飛「無法可依」的說法。她指出，現行的《刑事罪行條例》
（*Crimes Ordinance*）、《公安（修訂）條例》（*Public Order Ordinance*）已有
就叛國、禁止與外國政治團體建立聯繫等作出規定，特區政府大可無
須就《基本法》第23條重新訂立一則新法例，反之以修訂現行法例中
一些古舊的條文，或作補充立法便可。民主黨立法會議員張文光亦表
示，不論從法律現實或社會現實觀之，均沒有就23條另行立法的需
要。[13]

針對「人大釋法」關於《基本法》23條的討論，前特區政府新聞統
籌專員林瑞麟在每週簡報會上表示，政府就《基本法》第23條立法的研

---

9. 〈終審庭風波衝特首而來〉，《明報》，1999年2月22日，第B10版。

10. 〈立會否決反對釋法議案 民主派恐「顛覆罪」在劫難逃〉，《星島日報》，1999年5月27日，第
　　A16版。

11. 〈禁止叛國顛覆中央等行為 李鵬飛要求儘速立法〉，《星島日報》，1999年4月13日，第A12版。

12. 〈回歸兩年未立「叛國」法 港區人大不滿 將向港府反映〉，《香港經濟日報》，1999年4月13日，
　　第A21版。

13. 〈李鵬飛：顛覆罪應儘快立法〉，《明報》，1999年4月13日，第A16版。

究工作正在進行中，暫未列出具體的法例內容，政府並不急於立即草擬法例，稍後將諮詢公眾才正式立法。[14] 這是特區政府首次提及《基本法》23條本地立法工作的實質研究進展。

1999年7月，時任台灣領導人李登輝在接受「德國之聲」（Deutsche Welle）記者採訪時，公然向世人宣稱台灣當局已將海峽兩岸關係定位為「國家與國家的關係，至少是特殊的國家與國家的關係」。這種謬論即是「兩國論」。同年7月27日，李登輝又解釋說，由於「多年來兩岸關係的定位過於模糊」，所以他要把兩岸關係的「實質內涵」定為「特殊的國家與國家的關係」。以此來徹底否定一個中國原則。李登輝「兩國論」的談論引起軒然大波。

時任台灣駐港代表鄭安國在香港電台的節目《香港家書》發表支持「兩國論」的內容，他表示「兩個中國」的事實自1949年以後便出現，不是現在才製造出來。這番言論再次引發香港社會各界人士的討論。討論的焦點問題主要有兩個：一是鄭安國的言論有沒有違反《基本法》23條，二是是否應當就《基本法》23條進行本地立法。

港區人大代表馬力及吳清輝均批評，台灣駐港代表鄭安國在港發表支持「兩國論」的言論不恰當。[15] 前國務院副總理錢其琛表示：「當然違反、不應該，一國中原則嘛，在香港也不能夠宣揚這種東西（「兩國論」）。」[16] 錢副總理明確一國兩制原則作為前提，言論自由的前提是承認「一國」；並使用「宣揚」，意在表明鄭安國的言論可能違反《基本法》23條有關「煽動叛亂」的規定。

社會界人士給出了不同視角的回答。葉國華的回答比較模糊，他表示，既然特區份屬中華人民共和國的地方，一切言論須符合《基本法》，以及時任國家主席江澤民的「江八條」和國務院副總理錢其琛的

---

14. 〈顛覆叛國立例研究工作 稍後將向公眾諮詢意見〉，《成報》，1999年4月16日，第A16版。

15. 〈港區人大下周討論兩國論 鄭安國言論再成眾矢之的〉，《明報》，1999年8月6日，第A07版。

16. 〈錢其琛：港不應宣揚兩國論 新聞團體表關注 民主黨指損言論自由〉，《成報》，1999年8月20日，第A06版。

「錢七條」。[17] 而劉兆佳則指出，在特區還未就《基本法》23 條進行本地立法前，鄭氏的言論沒有觸犯本港任何法律。[18] 質言之，正是因為《基本法》23 條未進行本地立法，導致此種言論無法被定罪，所以劉兆佳特指鄭安國的言論沒有觸犯的是「本港任何法律」，此番評價也指出了香港法律體系對國家安全立法的法律漏洞。民主派人士陳昊質疑道，《基本法》23 條明確以「行為」作為規範對象，如今鄭安國當天在港台上的言論，哪一句屬「行為」？難道只要有任何講解台灣立場的聲音，在香港的大氣中迴旋，便屬分裂祖國行為了？[19] 他的質疑從《基本法》23 條的規範對象出發，區分言論與行為，如果只是發表自己的觀點而並未付諸行動，是不違背《基本法》23 條的。香港電台則是基於新聞自由立場指出，本港傳媒根據「一國兩制」及《基本法》第 27 條，堅守新聞自由、言論自由的原則，不應限制任何人發表言論，並希望提出批評的人士明白，即使不同意別人的意見，亦應支持別人發言的自由。雖然香港仍未就《基本法》23 條立法，但各人都理解，「報道」與「鼓吹」、「煽動」是有分別的。[20]

　　針對《基本法》23 條是否立法的問題，港區人大代表馬力認為，現在是適當時候探討立法實施《基本法》23 條。但另一名港區人大代表鄭耀棠則認為，現時不宜討論《基本法》23 條的立法問題。民主黨張文光重申，民主黨認為本港已有《公安條例》防止任何會引致社會不安的行為，沒有需要就《基本法》23 條進行本地立法，該條文應予廢除或永久凍結。[21] 兩位人大代表浮於表面地討論何時是《基本法》23 條本地立法的「合適時機」並不具有現實意義，而張文光也忽視了本地條例的規定沒有及時修改以及未完全涵蓋國家安全立法事宜的問題。香港《鏡報》

---

17. 〈葉國華促請李登輝順應和平統一願望〉，《成報》，1999 年 7 月 21 日，第 A02 版。

18. 〈葉國華：談兩國論要守基本法〉，《明報》，1999 年 7 月 21 日，第 A06 版。

19. 〈陳昊：左派言論扼殺兩岸溝通〉，《明報》，1999 年 8 月 5 日，第 B13 版。

20. 〈《香港家書》解釋兩國論起風波 鄭安國：沒有分裂含意〉，《星島日報》，1999 年 7 月 29 日，第 A17 版。

21. 〈港區人大下周討論兩國論 鄭安國言論再成眾矢之的〉，《明報》，1999 年 8 月 6 日，第 A07 版。

月刊總編徐四民對這一問題的看法比較理性，他先是指出了現時的問題，一是現時立法會的不成熟，由於立法會只運作了兩年，在很多事情上以及如何落實「一國兩制」都是不成熟的，應當待立法會運作穩定些，大家心平氣和去討論。而且第二屆立法會選舉即將展開，應該等第二屆立法會選舉完畢後再討論這個問題也不遲。[22]他甚至認為「最適當的時間相信是到第三、第四屆立法會」[23]；二是黨派制度的不成熟，他列舉民主黨是「逢中必反」，在處理居留權問題上沒有考慮港人的顧慮；而自由黨和民建聯也是為了選票才討好選民。他形容他們都是「做騷」。[24]基於以上兩點理由，他認為特區政府並不急於進行《基本法》23條本地立法工作。

二、港府擬就 23 條立法向中央諮詢意見

目前特區政府已經有《官方機密條例》（*Official Secrets Act*）防止政府機密文件外泄，但由於有關條例保護的主體並不包括駐港解放軍部隊、外交部駐港特派員公署及中央政府駐特區聯絡辦公室等中央機構，所以香港特區仍未有法例保護中央機構的機密文件。為防止涉及國防、外交等國家機密外泄，特區政府將在「一國兩制」的原則下，結合《基本法》23 條，考慮制訂相關法律，達到保護國家機密的目的。[25]根據報道，特區政府有意研究立法禁止盜竊中央政府機密文件。但對「機密文件」的具體界定存在極大爭議，且由於涉及到中央機構，所以

---

22. 〈徐四民：政黨發展欠成熟 對基本法第 23 條立法時機未到〉，《成報》，1999 年 8 月 13 日，第 A11 版。

23. 〈徐四民：顛覆罪立法未是時候 留待第三、四屆立法會〉，《明報》，1999 年 8 月 13 日，第 A06 版。

24. 〈指政黨不成熟 為選票討好選民 徐四民謂暫緩為 23 條立法〉，《蘋果日報》，1999 年 8 月 13 日，第 A20 版。

25. 〈防止有人竊取國家機密 香港擬訂相關法律〉，《南方日報（全國版）》，2000 年 3 月 6 日。（本新聞可通過慧科搜索數據庫獲取。）

政府希望諮詢中央意見。但此舉遭到了部分民主派人士的極大反對，香港職工會聯盟（簡稱「工盟」）立法會議員李卓人強烈反對另行立法阻止洩漏國家機密，他指出國內對國家機密定義十分廣泛，若政黨披露有關消息，不但政黨犯法，連報道的媒體亦犯法，嚴重扼殺言論及新聞自由，損害公眾利益。「前綫」劉慧卿及民主黨何俊仁亦認為，若特區要就國家機構另立保密法，難免要將國內對保密法定義引入香港，破壞「一國兩制」，影響特區高度自治。[26]

由於對中央機構機密文件保護的法律制定涉及到《基本法》23條，所以特區政府亦希望借此機會啟動《基本法》23條立法，因此有意就《基本法》23條立法諮詢中央意見。此舉遭到民主派議員的強烈反對，民主黨李永達質疑，如果政府就《基本法》23條制訂法例前諮詢中央政府意見，一些不為中央接受的條文便肯定不會出現在草案文本上，那便等於「中央代香港立法會立法」，不符《基本法》所指的「自行立法」原則。[27]吳靄儀議員也認為特區政府如果收到中央政府的意見，恐怕只能遵循中央政府的意旨進行立法，她擔心「諮詢」等如「請示」，中央的意見也就成了「聖旨」。[28]這種聲音隨即遭到建制派的回應，港區人大代表及香港特區基本法委員會委員鄔維庸贊同先向中央「摸底」的做法，並斥責民主黨議員的心態令香港「沒有前途」。[29]港區人大代表馬力也認為此舉既符合中央底線，又為港人接受。譚惠珠強調既然該條文旨在保護國家，涉及中央與地區關係，故特區政府就此與中央溝通

---

26. 〈港府擬立例禁洩駐軍機密　部分政黨反對　恐引國內法則〉，《蘋果日報》，2000年3月5日，第A04版。

27. 〈《基本法》第23條諮詢中央　議員質疑「中央代港立法」〉，《明報》，2000年3月14日，第A12版。

28. 〈顛覆罪「詢」中央　憂變請示　議員建議由法改會研究　再詢公眾〉，《香港經濟日報》，2000年4月11日，第A23版；〈吳靄儀恐港府「預設立場」顛覆罪　盼交法改會研究〉，《星島日報》，2000年4月11日，第A16版。

29. 〈不滿抗拒基本法23條詢中央意見　鄔維庸斥立會議員「冇腦」〉，《蘋果日報》，2000年3月6日，第A16版。

也是合情合理。[30]喬曉陽亦表達了相似的觀點,他認為《基本法》23 條的內容涉及的是國家的主權和領土完整,如果特區要向中央徵求一些意見,也完全是情理之中、無可非議的事情,是很合情合理的。[31]特區行政會議召集人梁振英指出,由於有關《基本法》第 23 條立法禁止顛覆罪涉及整個國家的問題,故當局有必要就此與中央交換意見。[32]保安局在致立法會議員的信中指出,本港行之有效的做法是就主要立法建議諮詢可能受該法例影響的有關方面意見,而落實《基本法》第 23 條的工作牽涉國家主權、統一及領土完整,所以港府預計須與中央政府有關部門交換意見。特區政府不認為 23 條的條文,在諮詢安排上應有地域上的限制,又表示與中央人民政府交換意見,也絕不等同中央替特區立法,當 23 條初步立法建議後,就會進行廣泛公眾諮詢。[33]

雖然《基本法》23 條立法規定香港特區自行立法,但由於該條文涉及維護國家安全的事務,中央自然有權過問,特區政府主動諮詢中央意見是合理且恰當的行為。《基本法》23 條立法的核心問題是如何處理維護國家安全與保障人權自由之間存在的張力。《基本法》第 62 條第 (4) 款規定了特區政府的法案擬定權和提案權,作為《基本法》23 條立法的擬定和提案主體,法案在提交立法會前需要向公眾諮詢,特區政府機構的長官無論是律政司司長還是保安局局長,都承諾過《基本法》23 條立法的草案在發出之前一定會向公眾諮詢,這是基於保障香港市民的人權自由的角度考慮,那麼如果從維護國家安全的角度出發,在《基本法》23 條立法諮詢中央的意見,充分了解中央對香港維護國家安全的底線和態度,也是必要的做法。

---

30. 〈譚惠珠贊成訂顛覆法〉,《新報》,2000 年 3 月 6 日,第 A02 版。

31. 〈喬曉陽闡釋基本法第廿三條規定 香港有責立法禁叛國〉,《大公報》,2000 年 3 月 12 日,第 A01 版。

32. 〈基本法 23 條涉國家問題 當局會與中央交換意見〉,《文匯報》,2000 年 4 月 16 日。(本新聞可通過慧科搜索數據庫獲取。)

33. 〈保安局:涉國家主權 須交換意見 顛覆罪詢中央 非替港立法〉,《香港經濟日報》,2000 年 4 月 20 日,第 A27 版。

　　自由黨前主席兼港區人大代表李鵬飛則表達了不同的看法，他認為特區政府不應主動展開徵詢中央意見的程序，因這會給外界留下中央介入香港立法程序的印象。他更側重於通過私下協商的方式交換意見，中央即使對特區政府提出的立法草案有意見，也不會公開發表，而是會私下將意見傳達給特區政府，從而他認為特區政府此舉沒有必要。[34] 李鵬飛的觀點根本上其實仍是支持特區政府與中央交換意見，只是認為特區政府向中央諮詢意見的方式過於主動。但這種觀點是站不住腳的，首先，在政府擬訂和向立法會提案過程中，如果特區政府不在擬定階段主動諮詢意見，中央政府將完全不知曉草案具體內容，無法提出具體意見；其次，即使中央已經知曉特區政府正在進行《基本法》23 條立法工作，中央政府主動提供立法意見的做法只會更加讓中央干預香港立法的印象加深，無助於維護香港獨立立法的形象；再者，中央私下給予香港政府立法意見，這種做法無異於掩耳盜鈴，背離了香港公開透明的立法程序原則。

　　在此期間召開的第九屆全國人大第三次會議上，時任全國人大法律委員會副主任委員喬曉陽和律政司司長梁愛詩也就《基本法》23 條立法工作闡明立場。喬曉陽闡明了特區政府在立法過程中的憲制責任與自由限度：「首先，特區必須進行立法，因為這是執行《基本法》；第二，立法有個過程，何時立法應由特區政府決定。特區有這個義務和責任。」[35] 質言之，對《基本法》23 條立法，香港特區政府只能決定在何時完成，但不能決定是否完成，在是否立法這件事情上沒有選擇的空間。

---

34. 〈李鵬飛反對就立法詢中央〉，《新報》，2000 年 3 月 12 日，第 A04 版。

35. 〈喬曉陽說，香港基本法目前不需要修改〉，中國新聞網，2000 年 3 月 11 日，www.chinanews.com.cn/2000-3-11/26/21596.html。

三、中央官員就 23 條立法初步表態

　　雖然特區政府一再向外界重申《基本法》23 條立法正在研究中，並沒有立法時間表，但這種「拖延戰術」並不會讓香港社會及市民安心，特別是在一些媒體的輿論造勢下，刻意製造《基本法》23 條與香港人權自由的對立關係。加之回歸初期，中央與特區的關係在實踐中仍處於探索階段，中央政府一旦過問香港事務就會被扣上「干擾特區高度自治」的帽子，這使得特區政府在處理《基本法》23 條立法時十分小心謹慎。但國家安全關涉國家主權和國家利益，如果特區政府仍以消極拖延的態度處理之，中央政府就必須適當干預。2000 年《基本法》頒布已經十周年，全國人大法律委員會副主任喬曉陽親自赴港，出席為紀念《基本法》頒布十周年而舉行的大型研討會，其中有消息透露，「北京方面將借此機會再度催促特區政府加快進行《基本法》第 23 條的立法程序。」[36] 在《基本法》頒布十周年研討會上，喬曉陽用「瓜熟蒂落，水到渠成」[37] 來形容《基本法》23 條立法時間問題，以此來暗示《基本法》23 條立法時機已經成熟，特區政府應當有所作為。喬曉陽的發言是中央政府官員首次在正式場合敦促特區政府就《基本法》23 條立法。

　　中央政府在當時催促特區政府儘快立法具備一定的合理性。香港特區在二十一世紀初面臨着複雜的國際和國內形勢，確有必要就《基本法》23 條啟動立法程序。國際方面，香港在回歸之初經歷亞洲金融危機後經濟發展滯緩，國外投資者也持觀望心態，特區政府當時決定暫時押後立法，以避免給外國投資者帶來不必要的擔憂，但如今經濟已復蘇，是時候開始重提 23 條立法問題；國內層面，陳水扁在台灣地區總統選舉勝出，他台獨的政治主張使得台灣問題再次緊張，台灣總統選舉是中央政府催促特區政府儘快立法的一個重要原因。因此有人就

---

36. 〈喬曉陽下月來港 紀念基本法十年 中央再促加快顛覆罪立法〉，《蘋果日報》，2000 年 3 月 24 日，第 A21 版；〈喬曉陽下周來港 談港顛覆叛國罪立法〉，《新報》，2000 年 3 月 25 日，第 A08 版。
37. 〈《基本法》23 條 禁顛覆國家 喬曉陽謂瓜熟蒂落時立法〉，《蘋果日報》，2000 年 4 月 2 日，第 A07 版。

建議為了禁止香港政團與台灣政團建立聯繫,應加快就《基本法》23條有關顛覆、分裂國家的立法;[38] 但這一說法被時任中央駐香港特區聯絡辦主任姜恩柱否認,他指出陳水扁當選與特區立法並無關係。梁愛詩也重申政府現正進行法律研究,當考慮過所有因素後便會推出諮詢文件,而特區政府會按部就班,不會因陳水扁上台等個別事件匆匆忙忙立法。[39] 並且在當時,法輪功組織在內地已經被定性為邪教組織,但香港現無法例可對法輪功採取任何行動,因此為23條立法顯得更有需要。[40]

四、中聯辦官員就傳媒報道「台獨」言論發聲再引爭議

2000年台灣大選中,呂秀蓮成功當選台灣地區的副總統。隨後,她不斷發表台獨言論,而香港媒體對這些台獨言論進行了大篇幅報道。時任全國政協常委徐四民最先對香港傳媒提出批評意見。他對香港有線電視播放候任台灣副總統呂秀蓮的台獨言論的行為作出批評,指出本港傳媒在處理與國家主權有關的問題時要小心和自律,避免電視台和報紙淪為台獨分子傳播台獨謬論的工具。[41] 中央政府駐港聯絡辦副主任王鳳超也在港區政協開會時指出,香港傳媒在回歸後有責任和義務維護祖國統一領土完整,不能散布或鼓吹「兩國論」或台獨言論。他又提醒傳媒從專業角度來選擇報道對象時,無論主觀意圖如何,客觀效果是有傾向性的。而台灣問題是國策問題,所以不能當作一般新聞報道去處理,不能當作一般的不同聲音。而有關國策問題不是一般

---

38. 〈禁港台政團聯繫 喬曉陽表示關注〉,《新報》,2000年4月1日,第A06版。

39. 〈姜恩柱梁愛詩解讀「水到渠成」顛覆罪立法按部就班〉,《星島日報》,2000年4月4日,第A12版;〈姜恩柱:23條立法與陳水扁無關〉,《明報》,2000年4月4日,第A07版。

40. 〈北京催促立法禁叛國顛覆 料針對法輪功及民運信息中心〉,《蘋果日報》,2000年4月1日,第A12版。

41. 〈播呂秀蓮台獨言論 徐四民指「過界」有線遭質疑 抵觸基本法〉,《香港經濟日報》,2000年4月12日,第A03版。

小問題，亦不涉及新聞自由，國家統一是最高利益，所以傳媒應慎重行事。【42】

王鳳超的發言隨即遭到香港部分人士的批評，他們一方面降低事情的嚴重性，強調台獨言論只是「不同政見、不同思想的言論」，如果連此種言論都不允許被報道，這就是「以言入罪」。【43】新聞行政人員協會主席張健波認為這是意圖向香港傳媒發出警告，要傳媒自我審查。他表示，傳媒是以被訪者有否新聞價值來衡量，力求準確、客觀及公正去報道事件，這才是對國家最有利的。【44】另一方面，他們強調香港的新聞自由，如陳方安生指出，本港對新聞自由的立場十分清晰，《基本法》已明確保證新聞自由，香港傳媒可按法律自由報道及作出評論。【45】還有部分人士認為此番評論會危害「一國兩制」制度，影響香港的高度自治。如香港記者協會主席麥燕庭表示，不能接受王鳳超的看法，她認為王的說話已經構成干預香港內部事務。民主黨主席李柱銘則指中聯辦高調抨擊香港新聞界運作，會危害「一國兩制」的運作，因為香港的新聞界並非內地的新聞界。立法會議員劉慧卿亦表示不能接受，她認為香港新聞界在報道涉及「一國兩制」的事件時應該有維護國家統一的傾向，但是在採訪報道上仍然應該以普通的自由報道為主。【46】

香港基本法委員會港方委員、香港大學法律學院院長陳弘毅就此對《基本法》23 條立法作出客觀中立的評價，他認為，由於《基本法》第 39 條保障新聞及言論自由，港府日後就《基本法》23 條禁止顛覆、

---

42. 〈京官粗暴恐嚇傳媒〉，《蘋果日報》，2000 年 4 月 13 日，第 A01 版；〈回歸後中方首指示 台獨言論非一般報道 王鳳超：新聞處理 顧國家利益〉，《香港經濟日報》，2000 年 4 月 13 日，第 A04 版。

43. 〈鄭家富民主黨立法會議員：訪呂秀蓮顯新聞自由〉，《明報》，2000 年 4 月 13 日，第 F04 版。

44. 〈議員傳媒提出異議 指干預港事務危害一國兩制〉，《天天日報》，2000 年 4 月 13 日，第 A11 版。

45. 〈王鳳超警告勿報道台獨 陳太：基本法保障新聞自由〉，《新報》，2000 年 4 月 13 日，第 A07 版。

46. 〈議員傳媒提出異議 指干預港事務危害一國兩制〉，《天天日報》，2000 年 4 月 13 日，第 A11 版。

分裂國家行為制訂的本地法例，內容不會太嚴苛，傳媒報道有關台獨的言論應該不會受到禁制。【47】

但事件並沒有因此而平息。中央駐香港特區聯絡辦副主任高祀仁力挺王鳳超，認為王鳳超的講話是符合《基本法》和「一國兩制」方針，也是符合中央的精神，所以不會對香港產生負面影響。而行政會議召集人梁振英與港區全國人大代表譚惠珠均希望傳媒報道可以在國家統一政策與言論自由之間取得平衡。【48】隨後，香港大學、香港中文大學和香港城市大學三間院校的十多名學生代表遊行到灣仔中聯辦抗議，要求他向全港市民作出澄清及道歉。他們認為，香港市民「有理智、非愚民」，絕不會受一、兩篇台獨的報道所影響，不要再干預香港區內事務和言論自由，港大學生代表更是要求港府刪除第23條中有關禁止顛覆中央人民政府的條文。【49】不僅如此，浸大新聞系助理教授杜耀明在出席港台節目政黨論壇時也表示，新聞界對國策範圍必須跟從北京意旨，若非主流觀點便不能報道，這些不單是口頭警告，也是行動先聲。【50】

隨後於2000年4月16日，香港教育專業人員協會（「教協」）、香港社區組織協會、四五行動、民主黨、香港市民支援愛國民主運動聯合會（「支聯會」）、香港記者協會（「記協」）、職工盟、香港人權聯委會、國際特赦組織香港分會及多個天主教與基督徒團體等舉行示威遊行，他們一行約四十人自下午二時半起，由灣仔伊利沙伯體育館遊行往一街之隔的中聯辦，並聯署去信國家主席江澤民。【51】記協聲稱也會在

---

47. 〈陳弘毅預料 顛覆法不會禁台獨言論〉，《明報》，2000年4月14日，第A14版。

48. 〈高祀仁：王鳳超講話符合基本法 梁振英譚惠珠盼在國家政策與言論自由取平衡〉，《文匯報》，2000年4月16日，第A10版。

49. 〈打壓新聞自由 破壞一國兩制 大專生遊行促王鳳超道歉〉，《蘋果日報》，2000年4月16日，第A07版。

50. 〈學者謂王氏就傳媒忠告 是定新聞界「死線」先聲〉，《成報》，2000年4月16日，第A11版。

51. 〈25團體抗議王鳳超言論 工團憂訂叛亂法失生存空間〉，《新報》，2000年4月17日，第A06版；〈不滿王鳳超踐踏新聞自由 團體函江總抗議〉，《星島日報》，2000年4月17日，第A11版。

業界發起廿四小時簽名運動一天，收集同業的簽名，向中央政府官員說明香港新聞工作者反對把傳媒變成配合國家政策的工具，以及堅持編輯獨立自主。而記協稍後亦會約見特區政府官員，表達新聞工作者對《基本法》23條立法的憂慮和關注。[52]

2000年5月，香港城市大學舉辦《基本法》頒布十周年座談會，由香港大學法律學院院長陳弘毅及專門研究憲法問題的宋小莊任主講嘉賓。兩人談了《基本法》的實施與香港和內地法制的互動，並就《基本法》23條的立法問題談了個人看法。有關《基本法》第23條具體立法問題，陳弘毅認為叛國或分裂國家包含範圍廣泛，同時香港亦有言論自由的保障，故重要的是如何平衡國家整體利益的問題。同時有憲法專家指出，言論是行為的一種，以言論煽動叛亂已是違法，因此在報道時必須要作平衡處理，不能單向處理。宋小莊指出，叛國、分裂國家、煽動叛亂、顛覆中央人民政府及竊取國家機密，上述五項犯罪行為，在刑法學上稱為危害國家安全的行為，世界絕大多數國家都有相應的立法嚴厲禁止。這種立法活動，各國也無不由中央的立法機構進行。他認為，《基本法》第23條直接授予香港特區有關的立法權，這是全國人大對香港特區的信任，是香港特區享有高度自治權的體現。香港特區應當儘早立法，不能任由有關法律長期空缺。[53]

透過香港傳媒報道呂秀蓮台獨言論以及中聯辦副主任王鳳超對此事的評價，我們可以看出，一方面，香港社會及市民十分珍視香港的新聞自由，但此事件也反映出香港自回歸以來「人心未歸」、「缺乏國家認同感」的現實困境。世界上從來沒有絕對的自由，新聞自由也應該有新聞底線，對於關涉國家主權等方面的報道，香港新聞媒體也應當承當起維護國家統一、捍衛國家主權的公共責任。客觀中立的新聞報道自然不會被禁止，但一旦此類報道成為煽動分裂國家的言論，就需要

---

52. 〈向中央表態反對作宣傳工具　記協今發動業內簽名〉，《新報》，2000年4月18日，第A06版。

53. 〈陳弘毅宋小莊談第廿三條立法問題　言論屬行為 報道須平衡〉，《大公報》，2000年5月7日，第A08版。

國家安全立法予以禁止，這就需要香港傳媒明確新聞自由和煽動之間的界限。另一方面，香港社會及市民認為《基本法》23條立法會損害香港言論自由和新聞自由。雖然特區政府官員一直強調《基本法》23條立法無損言論自由，並會在立法前充分諮詢市民意見，但這並不足以消解香港市民心中的擔憂。

2000年10月16日，律政司司長梁愛詩透露，律政司已就《基本法》第23條的立法草擬及訂定法例提交建議給予保安局，包括比較《基本法》23條和香港現行《刑事罪行條例》。[54]這是香港特區政府首次正式透露《基本法》23條立法的實質性進展。立法會法律界代表吳靄儀要求律政司將給予保安局有關《基本法》第23條的相關法律意見提交立法會參考及討論。[55]梁愛詩承諾會考慮，但她擔心目前「時機未成熟，公開資料，會引起不成熟的爭論」。[56]

五、焚燒領導人肖像和法輪功組織活動加速23條立法啟動

四五行動自創始起就一直遵循泛民主派路線，他們也經常組織街頭遊行示威表達政治訴求。2000年10月28日，四五行動成員連同一批市民約十多人，由香港公園出發遊行到中國外交部駐香港特別行政區特派員公署抗議。這本是一場普通的遊行示威活動，但期間四五行動成員劉山青燒毀了時任國家主席江澤民的剪報相片，更以「垃圾」來形容江澤民。[57]這一舉動引發爭議。港區人大代表溫嘉旋說，如果《基本

---

54. 〈草擬顛覆罪法例建議 律政司已提交保安局〉，《成報》，2000年10月17日，第A11版；〈梁愛詩談廿三條立法 已向保安局提法律意見但未臻公開討論階段〉，《大公報》，2000年10月17日，第A07版。

55. 〈議員窮追顛覆罪立法事〉，《明報》，2000年10月17日，第A08版。

56. 〈顛覆罪資料提交保安局 議員促公開討論 梁愛詩憂惹爭拗〉，《蘋果日報》，2000年10月17日，第A20版。

57. 〈不滿威嚇傳媒遞交聲明遭拒 長毛燒江澤民相片抗議〉，《太陽報》，2000年10月29日。（本新聞可通過慧科搜索數據庫獲取。）

法》23 條已完成立法，這種行為已經觸犯了法例，他希望同類事件不會再發生。立法會議員朱幼麟亦表示，焚燒國家元首肖像的行為，在西方國家也不能接受的，由此事可見，《基本法》23 條應儘快立法，禁止這類行為。[58] 港府也表示四五行動的行為是極不恰當和不敬的。[59] 但由於《基本法》23 條並未完成立法，焚燒國家主席肖像的行為在香港現行法律中並無規定，因此對此行為也只能進行批評卻不能定罪。

此事件和「焚燒國旗案」[60] 的性質如出一轍，都是在遊行示威活動中作出的過激行為。該案涉及到法律對表達自由的保障以及表達自由底線的界定問題，這種行為究竟是否受到法律保護，至少從「焚燒國旗案」的判決來看，國旗和區旗都受到香港法律保護。[61] 但國家主席的肖像是否與國旗一樣作為國家的象徵而不允許被破壞和焚燒，仍有待法律澄清。但不可否認的是，此種行為潛移默化地加劇中港關係的矛盾。

隨後，行政長官董建華第一次在正式場合就《基本法》23 條立法事宜表態。當有記者問到什麼時候立法落實 23 條的問題，董建華表示：「我們作為中國人，看到現在國家這些年來的發展，大家都會感到很高興。我們不會讓香港變成顛覆國家的基地，關於《基本法》23 條，我們在適當時候會去做。」[62] 法輪功於 1996 年在香港註冊為「香港法輪大法協會」。法輪功組織雖然在中國內地被定義為非法組織，但在香港有合法的註冊登記，屬合法組織。雖然香港一直崇尚宗教信仰自由，但由於中央已經對法輪功的邪教性質有了明確定性，特區政府也採取了一

---

58. 〈譴責個別人士做法過分 對國家領導人不敬 各界痛斥毀元首照行為〉，《香港商報》，2000 年 10 月 30 日，第 A02 版；〈對焚毀國家主席江澤民照片 聯絡辦強烈譴責 各界指責焚領導人相片 促政府加快基本法廿三條立法〉，《大公報》，2000 年 10 月 30 日，第 A01 版。

59. 〈江澤民肖像燒不得？〉，《香港商報》，2000 年 10 月 31 日，第 A10 版。

60. 在此指發生在 1998 年的「香港特別行政區訴吳恭劭及利建潤」（FACC 4/1999；原本案件編號：HCMA 563/1998）一案。

61. *HKSAR v Ng Kung Siu & Another* (1999) 2 HKCFAR 442.

62. 〈行政長官見新聞界發言全文〉，香港政府新聞網，2000 年 12 月 20 日；〈江主席對港澳有很大期望 董建華稱香港落實「一國兩制」獲肯定 特首選委會依法辦事 基本法 23 條適時落實〉，《文匯報》，2000 年 12 月 21 日，第 A04 版。

定程度的限制手段。2001 年 1 月，台灣地區 13 名持有香港入境簽證的法輪功學員遭特區政府拒絕入境。雖然香港入境事務處否認拒絕原因和法輪功有關，但法輪功學員認為，入境事務處官員拒絕他們入境，是因為北京政府提供了一份黑名單。2001 年 1 月 14 日星期天，香港法輪功組織在香港大會堂舉行修煉心得交流會，大約有一千多名來自世界各地的學員參加了聚會。[63] 而值得注意是，此次香港政府租借大會堂供法輪功學院舉辦活動，是時任政務司司長陳方安生拍板決定的，[64] 此事也是行政長官董建華和政務司司長陳方安生的矛盾之一。董建華曾經在立法會上對法輪功的性質明確表態：「毫無疑問，法輪功是一個邪教，它的組織很嚴密，財源很豐富，以及是一個有政治性的組織。它在內地傷害了很多家庭，我們在香港的確要密切注意法輪功，不要讓它危害香港社會的安定，亦更加不可以讓它危害內地社會的安寧。」[65]法輪功的活動使得第 23 條立法又成為關注焦點。[66] 香港法輪功協會在香港地區頻繁活動引發中央和親中人士的不滿，他們希望香港能夠儘快完成《基本法》23 條立法，以限制法輪功在香港的活動。

　　2001 年 2 月，律政司針對限制法輪功的立法事宜作出回應，「律政司已完成法例上的技術研究，確定在現行法例中已有條文，可用以『對付』在港法輪功組織，但何時及如何動手，則是一個政治性決定，已交由港府高層作研究。」[67] 律政司司長梁愛詩亦表示，並無因為近期法輪功組織在香港的活動，而收到任何指示，要加快《基本法》第 23 條有

63. 〈法輪功在香港舉行交流會〉，BBC 中文網，2001 年 1 月 14 日，http://news.bbc.co.uk/chinese/simp/hi/newsid_1110000/newsid_1117100/1117187.stm。

64. 〈陳方安生准法輪功租會場埋下辭職導火線〉，《大紀元時報》，2001 年 1 月 12 日。

65. 〈行政長官立法會答問大會發言全文〉，香港政府新聞網，2001 年 6 月 14 日，www.info.gov.hk/gia/general/200106/14/0614118.htm。

66. 吳靄儀，《23 條立法日誌》，香港：壹出版有限公司，2004 年版，第 14 頁。

67. 〈律政司完成研究 交高層決定怎動手 港府有條文 可「對付」法輪功〉，《香港經濟日報》，2001 年 2 月 8 日，第 A28 版。

關顛覆叛亂條文的立法工作。【68】事實上，如果不進行《基本法》23 條立法，法輪功在香港特區開展活動將不會受到法律限制，法輪功組織將會繼續在香港傳播「反共」思想和理念，危及香港地區的穩定，這對於中央政府而言是絕對不允許的，這也是中央政府催促香港特區政府加快《基本法》23 條立法的另一種可能的原因。【69】

六、新一屆政府成立，錢其琛要求就 23 條立法

2002 年香港特區第二屆政府組建完成，董建華依然擔任特區首長。此時，需要他站出來積極履行《基本法》23 條立法的憲制責任，當時 23 條立法的呼聲愈來愈高，中央政府也積極敦促香港特區儘快完成立法。這是香港特區完成《基本法》23 條立法的最佳時間，也能解釋為何董建華要在第二屆政府開始之初便提出立法。在第一屆政府任期內，由於香港剛剛回歸祖國，香港社會各個方面都尚未穩定，而《基本法》23 條立法自《基本法》頒布之後便一直存有爭議，如果強行推進立法計劃很可能導致失敗。董建華為避免在競選連任前引起社會巨大爭拗以及國際關注，故一直傾向延至下一屆任期才落實《基本法》23 條的本地立法工作。【70】而現在，董建華開啟第二屆政府，於是《基本法》23 條立法工作便順理成章提到了議事日程。

《基本法》23 條立法的討論愈來愈熱烈。在這個階段，中央政府率先發聲，時任國務院副總理錢其琛在接受電視台訪問時表示，香港已回歸五周年，港府有必要就《基本法》第 23 條立法。他還特別指明「顛覆活動」的界定應當由香港法律界及各界人士探討，最終新法例能被絕

---

68. 〈基本法 23 條立法程序無加快 梁愛詩稱研究有結果後會廣泛諮詢公眾〉，《文匯報》，2001 年 2 月 12 日，第 A14 版。

69. Wong, Y., "'Super paradox' or 'Leninist integration': The politics of legislation Article 23 of Hong Kong's Basic Law", *Asian Perspective*, Vol. 30, No. 2, 2006, pp. 65–95.

70. 〈顛覆罪資料提交保安局 議員促公開討論 梁愛詩憂惹爭拗〉，《蘋果日報》，2000 年 10 月 17 日，第 A20 版。

大多數港人所接受。基本法委員會成員陳弘毅及大律師公會前主席湯家驊均表示贊成，他們認為應該由港府自行釐定「顛覆」定義的鬆緊；自由黨及民建聯亦表示支持立法。[71] 而反對者便是民主黨，民主黨主席李柱銘認為，這是特區內部的事務，不必中央政府指指點點，錢其琛的說法是嚴重破壞「一國兩制」。[72] 大律師公會就《基本法》第 23 條立法發表意見書，意見書認為香港現行法律體系基本已經涵蓋《基本法》第 23 條所列舉罪行，香港特區政府可以以此次立法為契機，全面檢討和修改有關的現行法例，而無必要再訂立新的法例。[73]

有消息透露政府擬公布《基本法》第 23 條立法的諮詢文件。在 2002 年 9 月初，律政司司長梁愛詩與代表法律界的立法會議員吳靄儀以及無黨派議員、前大律師公會主席余若薇午宴，就《基本法》23 條有關顛覆中央、分裂國家等行為立法，預先講解諮詢文件之取向。[74] 隨後，保安局署理常任秘書長盧古嘉利正式表明，港府正就《基本法》23 條立法草擬諮詢文件，稍後會進行諮詢，但現時未有立法時間表。中聯辦主任高祀仁在出席中聯辦舉行的一個酒會後向記者表示，香港社會有言論自由的傳統，中央政府已經表明，香港回歸後的生活方式不變，並繼續享有新聞、言論等自由。[75] 在 9 月 19 日，十多個民間團體的代表到政府總部請願，反對就《基本法》23 條立法。保安局局長葉劉淑儀表示，在《基本法》23 條諮詢文件未公布前，希望外界不要反應過敏，等文件內容公布後，再以冷靜客觀的態度，給予意見。[76] 吳靄儀議

71. 〈董新政府須就基本法 23 條立法 錢其琛：顛覆定義 中央不插手〉,《香港經濟日報》, 2002 年 6 月 26 日，第 A32 版。

72. 〈李柱銘指錢其琛破壞一國兩制〉,《香港經濟日報》, 2002 年 6 月 27 日，第 A28 版。

73. 立法會 CB(2)2640/01-02(01) 號文件：《香港大律師公會就〈基本法〉第 23 條立法的意見書》, www.legco.gov.hk/yr00-01/chinese/panels/se/papers/ajlsse0926cb2-2640-1c.pdf。

74. 〈梁愛詩與法律界先「解畫」顛覆罪立法取向已呈中央〉,《香港經濟日報》, 2002 年 9 月 10 日，第 A32 版。

75. 〈高祀仁：就基本法 23 條立法不影響香港的言論自由〉,《中國新聞社港澳新聞》, 2002 年 9 月 17 日，第 A26 版。

76. 〈街頭劇〉,《都市日報》, 2002 年 9 月 20 日，第 P03 版。

員則希望政府當局應當將法律起草工作交由法律改革委員會研究檢討現時法例及《基本法》23條事宜，她同時希望政府能夠儘快推出諮詢文件，否則會讓人質疑過多與中央政府接觸後，「自行立法」還會剩下多少空間。[77]

七、特區政府發布《實施基本法第二十三條諮詢文件》

2002年9月24日，特區政府發布《實施基本法第二十三條諮詢文件》，正式拉開了《基本法》23條立法的帷幕。香港特區行政會議在9月24日通過了《基本法》23條立法的諮詢文件，行政長官董建華在行政會議結束後向記者表示，諮詢文件是港府經過長時間研究，集思廣益而制訂的，符合《基本法》、《香港人權法案》及兩個國際公約（即《公民權利和政治權利國際公約》和《經濟、社會與文化權利的國際公約》），立法絕對不會減少香港市民現時的自由及人權，亦不會影響現有的生活方式。隨後，特區政府保安局局長葉劉淑儀、法律政策專員區義國等在政府合署舉行記者會，公布有關《基本法》第23條的諮詢文件，[78]並稱港府諮詢公眾3個月後，至12月24日，預計2003年初向立法會提交條例草案，就危害國家安全的七宗罪擬定草案。[79]針對政界及法律界均要求政府應以白紙條例草案、用具體條文再諮詢公眾的建議，保安局署理常任秘書長湯顯明表示，當局暫無計劃推出白紙草案。[80]

保安局局長葉劉淑儀在9月26日透露，特區政府與中央就《基本法》23條立法時間表達成共識，希望2003年7月立法會休會前，完成

---

77. 吳靄儀，《23條立法日誌》，香港：壹出版有限公司，2004年版，第14頁。

78. 〈董建華：《基本法》23條立法不會影響港人的人權自由〉，中國新聞網，2002年9月25日，www.chinanews.com.cn/2002-09-25/26/226272.html。

79. 〈明年初提草案 大律師公會稱符普通法 危害國家罪 不用內地一套〉，《香港經濟日報》，2002年9月25日，第A04版。

80. 同上註。

三讀立法程序。如此,《基本法》23 條立法時間表已經大致明確,政府會在 2002 年 12 月 24 日完成諮詢,如果順利,在 2003 年 7 月份完成立法。在這次講話中,葉劉淑儀也說明了此前引發爭論的關於向中央諮詢意見的問題。她坦言,這次立法工作的確曾向中央政府諮詢意見,有些概念例如領土完整、統一、國家安全,都要請教中央政府。但這種諮詢是原則性的,而技術性、法律性、概念性、執行性的問題,都是由特區政府自行解決的。【81】

八、支持立法建議的聲音

在諮詢文件發布之後,香港社會各界都發表了自己的看法。香港大學法學教授陳弘毅最先在接受《明報》採訪中發聲,他表示,《諮詢文件》整體上比現有內地及香港法律寬鬆。首先,《諮詢文件》是符合「一國兩制」的,內地法律不容許成立政黨,也不容許發表支持台獨的言論,但《諮詢文件》並沒有引用內地的法律原則,因此是符合「一國兩制」的;其次,從具體罪行來看,建議中對「叛國」、「分裂國家」和「竊取國家機密」的規定也都比較合理,「煽動叛亂」雖然比《約翰內斯堡原則》(全稱《約翰內斯堡關於國家安全、言論自由和獲取信息自由原則》,*The Johannesburg Principles on National Security, Freedom of Expression and Access to Information, Freedom of Expression and Access to Information*)【82】中「極可能煽動即時發生暴力事件」和美國的「明顯而即刻的危險」的規定嚴苛,但並非所有國家都接受《約翰內斯堡原則》。他建議未來立法時必須將煽動叛亂者必須有「動機」這一點清楚列出。陳弘毅還從法律解釋權的角度打消香港市民的擔憂,由於《基本法》第 23 條立法是香港

---

81. 〈中港共識 23 條明年 7 月立法 梁愛詩擬功成身退 還看特首〉,《香港經濟日報》,2002 年 9 月 27 日,第 A34 版;〈葉太:23 條歸法庭審 立法時間磋商中央明年七月完成〉,《太陽報》,2002 年 9 月 27 日,第 A08 版。

82. www.article19.org/wp-content/uploads/2018/02/joburg-principles.pdf.

自行立法，在完成立法後制定的國家安全立法屬香港本地法律，因此將來有案件涉及有關法例，只有香港法院可以作出解釋，因此，「解釋權並不在人大常委會，而是在香港的終審法院。」【83】

長和系（長江和記實業有限公司）主席李嘉誠表示，特區政府已成立五年，現時是適當時候就《基本法》第23條進行立法，他又認為，立法亦不會影響本港的投資環境。【84】民建聯認為，就《基本法》第23條自行立法，是中央人民政府賦予特區政府的權利，也是特區政府必須履行的責任。香港青年社團聯盟認為，香港回歸已經五年多了，「一國兩制」、「港人治港」、高度自治方針政策在港得到落實，香港社會穩定，就實施《基本法》第23條進行立法是一個好時機。香港新界社團聯會認為，《基本法》賦予香港特區「自行立法」的權力，這是中央政府對香港特區的最大信任和支持。香港作為國家的一個行政區域，無論是基於維護國家的安全統一，還是保證香港社會的繁榮穩定，就實施《基本法》23條進行立法，是責無旁貸的義務和責任。香港各界人士紛紛表示，為維護國家安全立法在世界各地已是通例，香港特區有必要就實施《基本法》第23條進行立法，可沿用行之有效的普通法精神，作為有關立法的基礎，以保持香港法制的連貫。【85】

2002年10月24日，英國知名人權法學者、律師彭力克（David Pannick）受律政司委託，提供了《基本法》第23條立法建議與《基本法》第27條和第39條以及《公民權利和政治權利國際公約》所保障的權利是否相符的意見書。他認為，立法建議在內容上符合人權，但在具體落實執行時則須針對個案的具體情況。他認為，《基本法》第27條和第39條及《公民權利和政治權利國際公約》所賦予的權利不是絕對的，法

83. 〈較現行寬部分較美國嚴，訪基本法委員會成員、港大法律系教授陳弘毅〉，《明報》，2002年9月25日，第A25版。

84. 〈李嘉誠支持23條立法〉，《都市日報》，2002年9月24日，第P01版。

85. 〈香港各界人士表示支持實施基本法第23條〉，《CCTV新聞》，2002年9月25日，第A04版。

院應力求「在維護社會整體利益與保障人基本權利之間取得合理的平衡」。但衡量是否取得合理的平衡，需要由法院考慮個案的具體事實。

他也對《諮詢文件》提出了三點具體建議：一是對外國政治性組織的禁制，必須要「保安局局長必須合理地相信禁制該組織是維護國家安全、公共安全和公共秩序所必需」，若果保安局局長應用錯誤的驗證標準，或達至明顯不合理的結論，則可以進行司法覆核作出補救；二是嚴格限制分裂國家行為中的「嚴重非法手段」，界定為「嚴重干擾或嚴重擾亂基要服務、設施和系統」，三是消解對《基本法》第 23 條凌駕於第 27 條和第 39 條的擔憂，他認為沒有證據顯示這樣的說法，無須擔心。【86】

九、擔憂和反對的聲音

與此同時，反對立法建議的意見也隨之而來。社會上對諮詢文件的批評首先集中於形式上，即政府諮詢文件是以藍紙草案而非白紙草案發布。這裏需要介紹香港政府的立法諮詢程序。港英時期至特區成立之初，政府就立法建議進行諮詢時，如若涉及重大公共利益，不時會發表法例草案的擬稿，以白色紙張印發，俗稱「白紙草案」。「白紙草案」經公眾討論後形成正式條例草案，以藍色紙張印發，提交立法會審議，俗稱「藍紙草案」。資料顯示，1986–1997 年間，港府共在廢除死刑、人權法案等立法上 15 次發布「白紙草案」。1999–2000 年間，特區政府三次發布了「白紙草案」。【87】

民主黨主席李柱銘於 9 月 29 日在港台《給香港的信》電台節目中，批評政府就《基本法》23 條立法時，否決以白紙草案諮詢，使公眾及有

---

86. Opinion of David Pannick QC, 24 October 2002, www.basiclaw23.gov.hk/sc/resources/pannick/pannick3.htm.

87. 吳靄儀，《拱心石下：從政十八年》，香港：牛津大學出版社，2018 年版，第 143 頁。

關人士沒機會去完全理解法案內容，亦不尊重公眾的意見。[88]陳方安生於 10 月 2 日在美國華盛頓發表演說，認為政府宜先發表「白紙草案」，充分諮詢公眾意見，然後才交予立法會審議法例。[89]律政司司長梁愛詩10 月 5 日表示，用什麼草案形式進行《基本法》23 條的立法工作，最終是由保安局決定。她贊成不需要以白紙草案進行公眾諮詢。[90]立法會議員吳靄儀也在 10 月 7 日要求律政司司長梁愛詩以白紙草案公開諮詢 23條立法；但梁愛詩及保安局局長葉劉淑儀不約而同強調，沒有需要發表白紙草案。[91]前大律師公會主席湯家驊認為，若果港府保證藍紙草案（正式立法文件）公布後，有至少 3、4 個月的充足時間討論具體條文，便可以接受不以白紙草案諮詢。[92]

大律師公會對《實施基本法第二十三條諮詢文件》的態度，也由日前溫和取態突然轉為憂慮。公會主席梁家傑批評，文件字眼措詞較含糊，灰色地帶又多，更憂慮警權過大，沒有其他制衡。[93]香港人權監察總幹事羅沃啟表示，諮詢文件對民間團體最大的威脅是建議香港如有組織「從屬被中央機關根據國家安全理由取締的內地組織」，或對這些被取締的內地組織作支持，均可被特區政府宣布為非法組織。法輪功香港區發言人簡鴻章強調，香港的法輪功團體和世界上任何一個法輪功組織也沒有從屬關係，法例即使通過，港府也不能取締香港法輪功團體。他批評特區政府為《基本法》23 條立法是將「江澤民集團」在內地打壓人權、自由之手透過法律做包裝伸延到香港。香港記者協會主席麥燕庭擔心一些前線記者日後會怕觸犯法例而自我約束，形成變相

---

88. 〈李柱銘指港府棄高度自治〉，《香港經濟日報》，2002 年 9 月 30 日，第 A34 版。

89. 〈陳方安生指 23 條應提白紙草案〉，《都市日報》，2002 年 10 月 4 日，第 P02 版。

90. 〈梁愛詩指 23 條立法無須白紙草案 草案形式保安局決定〉，《香港商報》，2002 年 10 月 6 日，第 A02 版。

91. 〈港府堅持 23 條無須白紙草案〉，《香港經濟日報》，2002 年 10 月 8 日，第 A22 版。

92. 〈湯家驊：23 條諮詢期足 白紙草案可免〉，《香港經濟日報》，2002 年 10 月 9 日，第 A24 版。

93. 〈港府望有關基本法 23 條條例草案明年初提交立法會〉，中國新聞網，2002 年 9 月 25 日，www.chinanews.com.cn/2002-09-25/26/226270.html。

限制新聞自由。記協對特區政府此刻就 23 條立法進行諮詢表示遺憾，認為言論必須刻意、直接、即時引發暴力，並確實危害國安才應受罰。浸會大學新聞系助理教授杜耀明認為，法例沒給予記者在發表資料後，以公眾利益作合理辯護理由，未能平衡政府利益和公眾利益。立法會法律界議員吳靄儀批評，諮詢文件中，如意圖、煽動等概念有不少灰色地帶，她認為政府應延長諮詢期，讓社會有足夠時間討論。【94】

　　10 月 16 日，大學圖書館長聯席會表示，已準備向保安局提交意見書，表達憂慮，稱立法將嚴重影響學術自由。【95】適值國家主席江澤民訪美期間，44 名外國學者透過《華爾街日報》網站，刊發一封致江澤民的公開信，指 23 條立法將嚴重影響香港自由。【96】以中大社工系副教授馮可立為首的學者，已草擬一封聯署信，預計有 200 名學者會參與聯署，要求政府以白紙草案諮詢。【97】

十、特區官員向社會講解立法的效果不佳

　　2002 年 10 月 17 日，律政司司長梁愛詩在出席香港報社業工會午餐會上就諮詢文件關於新聞自由等進行了長時間答問。有記者問到，如何處理《基本法》第 23 條涉及意識形態問題的條款對香港市民的影響。他緊接舉例，教師在教授學生時是否涉及煽動，圖書管理員害怕收藏兩本法輪功創始人李洪志的書籍會被捕，記者採訪呂秀蓮是否被捕，報社新聞部或者報館被懷疑藏有國家機密被捕等等。梁愛詩司長

---

94. 〈法輪功恐取締　新聞界怕干擾新聞自由　團體憂北京「封殺」變有法可依〉，《香港經濟日報》，2002 年 9 月 25 日，第 A05 版。

95. 〈8 大學圖書館憂警查藏書　葉太：學術研究應可構成合理辯解〉，《香港經濟日報》，2002 年 10 月 16 日，第 A28 版；〈政府稱 23 條不影響學術自由〉，《都市日報》，2002 年 10 月 16 日，第 P02 版。

96. 〈葉太：已開始草擬指引　何俊仁質疑 23 條「假諮詢」〉，《香港經濟日報》，2002 年 10 月 24 日，第 A28 版。

97. 〈學者聯署促白紙諮詢 23 條〉，《香港經濟日報》，2002 年 10 月 30 日，第 A29 版。

回答,其實一張刀已在你的頭頂之上(在此指 1996 年訂立的《官方機密條例》),引起輿論嘩然。

還有記者就有關國家機密問題進行提問,他認為內地保密系統和香港保密系統是不同的,香港記者不清楚以內地標準何種文件是機密文件,不清楚機密的界限,是否符合香港新聞運作的標準,並以梁慧和席揚事件[98]舉例。梁愛詩司長回答,未經授權下取得或者未得到批准取回來的便構成犯法,其次,至於是否定罪,也是香港法院按照普通法制度去決定有沒有「損害性」。

有記者提問,特區政府在擬定前已經諮詢中央政府意見,實際還有多少可以修改的空間。梁愛詩司長回答,我們這次建議並不是引進內地法律或者內地法律原則,看不到「言論入罪」或者「思想入罪」的因素。同時她提醒,要珍惜中央給予香港特區自行完成國家安全立法的權力。[99]

《基本法》23 條立法諮詢期尚有兩個月,但保安局局長葉劉淑儀在 10 月 23 日透露,港府已進行草擬法例的指引;此舉立刻引起民主派議員批評,民主黨何俊仁直指港府此舉是「假諮詢」,法律界立法會議員吳靄儀質疑當局,「是否當以後的諮詢無到?」[100]

葉劉淑儀在 10 月 25 日應邀到香港中文大學演講時,會後有學生諷刺政府借 23 條立法,打壓人權及削弱結社自由,送給葉劉淑儀一把紙制刀。[101]葉劉淑儀出席香港城市大學討論《基本法》23 條立法的論壇

---

98. 1992 年《快報》記者梁慧報道中共總書記即將在黨代表大會上發表的政治報告,1993 年《明報》記者席揚報道中國計劃提高利率的消息,涉嫌「泄露國家秘密」,分別被內地公安或司法機關處理。參見:www.rfa.org/cantonese/features/hottopic/china_journalist-20050601.html。

99. 〈律政司司長在 2002 年 10 月 17 日出席香港報業公會午餐會問答全文〉,香港政府新聞網,2002 年 10 月 17 日,www.info.gov.hk/gia/general/200210/17/1017254.htm。

100. 〈葉太:已開始草擬指引 何俊仁質疑 23 條「假諮詢」〉,《香港經濟日報》,2002 年 10 月 24 日,第 A28 版。

101. 〈被諷「打壓人權屢立大功」葉太訓斥大學生 拒接「紙刀」〉,《香港經濟日報》,2002 年 10 月 26 日,第 A24 版。

時，稱現時收到很多意見，大部分支持政府就《基本法》23條立法，隨即遭學生大喝倒彩。[102]

十一、社會各界就 23 條立法以行動表態

對《基本法》第 23 條立法的支持和反對陣營分明，爭論愈演愈烈，並通過多種形式表現，包括提交意見書、聯名信、遊行示威以及行動抵制。

2002 年 10 月 27 日，30 多個民間團體組成的「民間人權陣線」在旺角發起簽名運動，反對為《基本法》23 條立法。[103] 與之相對，來自香港社會各界的 78 個團體聯署聲明，全力支持特區政府就《基本法》第 23 條進行立法。[104]

2002 年 11 月，由李柱銘、吳靄儀等十名大律師、學者及立法會議員組成的《基本法》23 條關注小組，批評政府提出的《基本法》23 條立法諮詢文件不清晰，因此特別印製一系列小冊子，向公眾解釋文件中不同範疇的建議。[105] 12 月 15 日，6 萬名反對 23 條立法的市民，由維園遊行至中區政府總部，是香港近年來最龐大的一次抗議遊行。[106]

12 月 22 日，由 27 個社會團體及商會組成的「支持立法保障國家安全大聯盟」成立。由「大聯盟」組織的大型集會同日在港島維多利亞公園舉行。大聯盟的 27 個發起團體、1500 多個聯署團體代表以及 4 萬多

---

102. 〈葉太釋 23 條 400 大學生喝倒彩〉，《都市日報》，2002 年 10 月 29 日，第 P01 版；〈葉太被城大生 10 秒內「噓」兩次〉，《香港經濟日報》，2002 年 10 月 29 日，第 A30 版。

103. 〈反 23 條簽名運動〉，《都市日報》，2002 年 10 月 28 日，第 P02 版。

104. 〈香港社會各界 78 個團體聯署支持基本法 23 條立法〉，《長江日報》，2002 年 10 月 29 日。（本新聞可通過慧科搜索數據庫獲取。）

105. 〈律師學者印小冊子釋 23 條〉，《都市日報》，2002 年 11 月 16 日，第 P02 版；〈法律界印小冊子揭 23 條漏洞〉，《香港經濟日報》，2002 年 11 月 16 日，第 A29 版。

106. 〈6 萬市民遊行反 23 條立法〉，《都市日報》，2002 年 12 月 16 日，第 P01 版。

名市民參加了集會。[107]當日印發的《基本法二十三條立法 70 問》小冊子，由民建聯邀請有關法律專家撰寫。採用問答的形式，以通俗易懂的語言和大量事實、法理材料，對特區政府 9 月 24 日發表的《實施基本法第二十三條諮詢文件》中所提各項立法建議，按九大部分共七十個問題，逐一作了深入淺出的說明。[108]

十二、《基本法》第 23 條立法諮詢階段結束

2002 年 12 月 24 日，《基本法》第 23 條立法諮詢階段結束。在結束日之前，繼英、美表示關注港府就《基本法》23 條立法後，加拿大駐港領事館亦提交意見書。[109]有報道披露，在總共收到的九萬多份意見書中，絕大多數支持就《基本法》23 條立法。[110]

行政長官董建華在 2003 年 1 月 8 日發表第二屆特區政府的首份施政報告。[111]董建華在施政報告中指出，有關落實《基本法》第 23 條的立法目的是保障國家安全；這完全無礙於保持香港開放多元的國際都會的特質，不會影響到市民的基本權利和享有的各種自由，不會影響到香港一貫遵循國際公認的行為準則。這是整個立法的根本原則。[112]保安局局長葉劉淑儀表示，政府一直有聽取市民意見，在發表條例草案前

---

107. 〈港四萬人集會挺廿三條立法〉，《正報》，2002 年 12 月 23 日，第 P04 版；〈4 萬多港人集會支持就基本法第 23 條立法〉，《四川日報》，2002 年 12 月 23 日。(本新聞可通過慧科搜索數據庫獲取。)

108. 〈問答形式 深入淺出 解惑釋疑《基本法 23 條立法 70 問》發行〉，《文匯報》，2002 年 12 月 23 日，第 A12 版。

109. 〈加拿大表示關注 23 條立法〉，《都市日報》，2002 年 12 月 24 日，第 P01 版。

110. 〈香港特區政府實施基本法第 23 條諮詢圓滿結束〉，《浙江日報》，2002 年 12 月 25 日。(本新聞可通過慧科搜索數據庫獲取。)

111. 《2003 年施政報告》，2003 年 1 月 10 日，www.policyaddress.gov.hk/pa03/chi/index.htm。

112. 《2003 年施政報告》，同上。

亦一樣，繼續與有興趣人士商談，但就不會有第二輪公開諮詢。[113]這是葉劉淑儀對社會爭論的是否進行第二輪諮詢作出的官方回答。

隨後，社會對政府不推出白紙草案以及不進行第二輪公開諮詢的做法進行批評。英國劍橋大學前校長 David Williams 勳爵和時任法律學院院長 Jack Beatson 教授指出，倉卒訂立有關國家安全的法例，可能會侵犯人權；用不成熟的法例檢控市民，再送交法院定奪，更可能令法官政治化。[114]英國外交部專責中港事務的政務次官韋明浩（Bill Rammell）表示，他與特區官員會面之後得到的回應是，有關《基本法》第23條的草案提交立法會之前，不排除再諮詢公眾的意見。[115]但他不贊同政府不推出白紙草案，並稱此做法「The devil is in the details（魔鬼在細節中）！」[116]

香港大律師公會主席梁家傑在 2003 年 1 月 13 日出席一年一度的法律年度開啟禮，一反傳統不在演辭中提公會路向，改而猛烈批評港府自回歸以來「視法律為政治工具」，並以居港權事件、《公安條例》和《基本法》第23條立法為例，作出三項呼籲。政府應保證不尋求人大釋法，以及確定只能由法院決定是否人大釋法；政府應就《公安條例》廣泛諮詢，修改條例，讓警務人員不會因執行命令而被批評為甘作政治迫害的工具；以及呼籲政府宣布以法律條文進行第二輪諮詢。[117]

律政司司長梁愛詩對於梁家傑的言論表示驚奇。她表示，法律在保障個人權利和自由以外，亦要維持社會秩序，不受約束的個人自由會導致社會混亂。對於梁家傑指警員已被用作「政治迫害工具」的言論，實在令人遺憾。美國商會會長詹康信表示，該會支持以白紙條例草案為《基本法》23條立法，並已將有關意見提交特區政府。[118]國務院

113. 〈23條立法不作第二輪諮詢〉，《都市日報》，2003 年 1 月 10 日，第 P02 版。

114. 〈劍橋法律專家：倉卒立法損人權〉，《都市日報》，2003 年 1 月 10 日，第 P02 版。

115. 〈英外次促港府 23 條立法前廣泛諮詢〉，《信報》，2003 年 1 月 17 日，第 P07 版。

116. 〈英外次評 23 條：魔鬼在細節中〉，《蘋果日報》，2003 年 1 月 17 日，第 A02 版。

117. 〈梁家傑卸任前狂轟港府：視法律為政治工具〉，《明報》，2003 年 1 月 14 日，第 A03 版。

118. 〈廿三條立法再擦出火花 梁家傑梁愛詩爆舌戰〉，《星島日報》，2003 年 1 月 14 日，第 A18 版。

副總理錢其琛在 1 月 24 日回應記者提問，表示香港就《基本法》23 條立法不會造成很大分化，並相信慢慢會達成一致。[119] 與此同時，澳門特區政府展開《基本法》23 條立法工作。澳門特區政府行政法務司司長陳麗敏稱，特區政府必須就 23 條立法，當局亦已經展開《基本法》23 條立法工作，正在起草有關法律文本。[120] 特區行政會議在 2003 年 1 月 28 日審閱並通過了有關《基本法》23 條的立法意見彙編，[121] 發布《基本法二十三條立法諮詢文件意見書彙編》。這冊意見書彙編發布後引發了巨大爭議，無數社會團體紛紛批評政府在處理諮詢意見的分類做法不合理，且隱瞞了大量反對意見。《基本法》23 條關注組認為，港府處理諮詢意見的分類不合理，製造了假象。《香港大學民意研究計劃》主任鍾庭耀以個人身分發表聲明，提出政府就《基本法》23 條立法諮詢結果彙編分類方法的「五大疑點」，又指若以簽名計算，反對立法的意見佔總數的六成，支持的僅三成七。[122]

葉劉淑儀隨後向社會澄清，政府只會把按指定途徑收到的有關 23 條立法的意見書納入意見彙編之內。而公眾在其他場合發表的意見，政府都會聽取，但不會寫入意見彙編。[123] 這看似是合理的解釋，但隨着愈來愈多反對第 23 條立法的人士指出政府並未將自己的意見書彙編，這種解釋反而造成了政府更大的信任危機。比如天主教香港教區主教陳日君樞機表示，保安局編制的 23 條意見彙編之中並沒有收錄他的意見在內，他批評因為沒有寫書面意見而不把他的意見收錄做法「離譜」。[124]

---

119. 〈錢其琛不認為 23 條造成分化〉，《都市日報》，2003 年 1 月 24 日，第 P02 版。

120. 〈澳開展基本法 23 條立法〉，《文匯報》，2003 年 1 月 25 日，第 A05 版。

121. 〈行政會議今審閱 23 條意見彙編〉，《都市日報》，2003 年 1 月 28 日，第 P02 版。

122. 〈法律界人士批評 23 條彙編為造勢〉，《都市日報》，2003 年 1 月 30 日，第 P02 版；〈鍾庭耀：計算簽名有疑點 法律界：諮詢過程是假象〉，《明報》，2003 年 1 月 30 日，第 A05 版。

123. 〈葉劉指彙編只納指定途徑意見書〉，《都市日報》，2003 年 2 月 5 日，第 P02 版。

124. 〈陳日君批評彙編沒有收錄其意見〉，《都市日報》，2003 年 2 月 6 日，第 P02 版。

　　隨後，葉劉淑儀在 2 月 6 日的立法會保安及司法事務聯席會議上，就政府發表有關《基本法》23 條意見彙編，將部分意見書錯誤分類，表示遺憾及向有關組織致歉。[125] 保安局局長葉劉淑儀承認，有部分就「實施《基本法》第二十三條諮詢文件」提交的意見書被錯誤分類及遺留歸納，為此她向有關的人士和團體表示遺憾及歉意。但葉劉淑儀強調，有關的失誤只是無心之失或電腦系統失誤，絕非特區政府蓄意造成。[126]

十三、立法會審議《國家安全（立法條文）條例草案》

　　2003 年 2 月 14 日，特區政府發布《國家安全（立法條文）條例草案》，並刊登憲報。條例草案於 2 月 26 日提交立法會。條例草案分為五部，第一部為總體介紹；第二部通過修訂刑事罪行條例第 I、II 部，引入了《基本法》23 條規定的叛國、顛覆、分裂國家、煽動叛亂罪行，同時刪除了原有的叛逆、煽動意圖等罪行；第三部落實「禁止竊取國家秘密」對《官方機密條例》進行了幾項修正，包括將「中央管理的香港事務」納入機密保護範圍；第四部修訂了《社團條例》，加入了保安局局長取締危害國家安全的組織的規定；第五部針對本法通過對其餘若干現有法例的改變作了規定。[127]

　　2003 年 3 月 6 日，立法會舉行《國家安全（立法條文）條例草案》委員會會議，葉國謙議員以 30 票對 14 票的過半數票當選主席，劉漢銓議員以 27 票對 13 票的過半數票當選副主席，二人均屬建制派。[128] 此後，立法會針對《國家安全（立法條文）條例草案》一共召開了 27 次會議。

---

125. 〈葉劉淑儀就 23 條彙編錯漏致歉〉，《都市日報》，2003 年 2 月 7 日，第 P01 版。

126. 〈葉劉淑儀公開道歉強調只是無心之失　政府承認「23 條意見書彙編」出錯〉，《大公報》，2003 年 2 月 7 日，第 A05 版。

127. 《國家安全（立法條文）條例草案》，www.elegislation.gov.hk/hk/2003/02/14/supp3/2!zh-Hant-HK。

128. 立法會 CB(2)1612/02-03 號文件，〈《國家安全（立法條文）條例草案》委員會會議紀要〉，www.legco.gov.hk/yr02-03/chinese/bc/bc55/minutes/bc550306.pdf。

2003 年 3 月 25 日，立法會舉行《國家安全（立法條文）條例草案》委員會會議，法案委員會與政府當局進行商議工作，要求政府當局提交文件，解釋各項條例中「女皇陛下」等詞語如不作出適應化修改，將具有何種法律效力；要求立法會秘書處搜集兩項資料，一是法案委員會與政府當局舉行會議是否慣常做法，二是法案委員會對法律適應化修改範圍是否非常狹窄及超出範圍後果。會間，涂謹申議員建議押後就條例草案進行討論，13 票贊成 17 票反對被駁回；涂謹申議員建議 3 個月公眾諮詢，13 票贊成 18 票反對被駁回。【129】

就有關法律適應化計劃的事項，保安局回應採取如下措施處理：一是對「女皇殿下」、「英軍」、「總督」等詞語應當按照要求作出修訂，對沒有進行適應化修訂的詞語，應當按照《全國人民代表大會常務委員會關於根據〈中華人民共和國香港特別行政區基本法〉第一百六十條處理香港原有法律的決定》以及《香港回歸條例》、《法律適應化修改（釋義條例）條例》所確立的釋義原則進行解釋；二是對香港法例中對軍方的提述將會另行 一併作適應化修改。【130】

2003 年 3 月 27 日舉行《國家安全（立法條文）條例草案》委員會會議，法案委員會要求政府當局就以下兩個問題作出回應。第一個問題是，《國家安全（立法條文）條例草案》在《刑事罪行條例》擬議第 18A 條、《官方機密條例》擬議第 12A 條和《社團條例》擬議第 2A 條都寫明該條例的部分或者全部條文「都須以符合《基本法》第 39 條的方式而解釋、適用及執行」：（a）要求解釋該條文的效力，會否對第 23 條與第 39 條的關係尋求人大常委會解釋以及為何沒有提起《基本法》其他條文；（b）解釋《基本法》第 39 條所提述的國際公約中並未訂定為本地法例條文的規定，是否並不適用於香港；（c）解釋條例草案是否與各項國際公約的有關條文一致；（d）提供資料，說明在冼有明案及莊豐源案中，

---

129. 立法會 CB(2)1780/02-03 號文件，〈《國家安全（立法條文）條例草案》委員會會議紀要〉，www.legco.gov.hk/yr02-03/chinese/bc/bc55/minutes/bc550325.pdf。

130. 《國家安全（立法條文）條例草案》：有關法律適應化的事項（28 號文件）。

法庭對《基本法》第 39 條所做詮釋有何意見；(e) 就《基本法》第 84 條「其他普通法適用地區的司法判例可作參考」的規定，解釋是否回歸前的案例對本地法庭有約束力而回歸後的案例對本地法庭無約束力；(f) 解釋《官方機密條例》第 3 (2) 條是否受到《基本法》第 39 條規限，以及該條文是否違反人權及有關無罪推定的普通法原則。第二個問題是關於「叛國」的定義，《刑事罪行條例》擬議的第 2 (1) (b) 條的叛國罪與擬議的第 9A (1) (a) 條煽動叛亂罪有何區別。[131]

　　律政司在向立法會提交的材料中釋明了以上質疑：第一，釋義條文的適用範圍，依據文義，該釋義條文適用的範圍是《刑事罪行條例》第 I、II 部、《官方機密條例》第 III 部和整條《社團條例》，其他部分由於內容不適用或者沒有作出修訂而無需說明；第二，該釋義條文的效力，律政司指出了兩點效用：(1) 假設條例內任何條文與《基本法》第 39 條相抵觸，為保留條文效力，法院必須以符合《基本法》第 39 條的方式詮釋條文；[132] (2) 澄清了條例與第 23 條的關係，即實施第 23 條的法例也必須在《基本法》第 39 條框架內行使，條例內容不得抵觸《基本法》第 39 條；第二，關於全國人大常委會《基本法》解釋權的說明，律政司認為全國人大常委依據《基本法》第 158 條行使解釋權，但在香港完成本地立法後，法例在適用和執行時須要解釋的是本地法例，並不會直接溯及《基本法》第 23 條，因此對全國人大常委會可能會通過解釋《基本法》第 23 條進而侵犯基本人權的擔憂是不必要的；第三，澄清條例與《基本法》第三章關於人權的其他條文的關係，律政司認為，《基本法》第 11 條規定香港特區立法機關制定的任何法律都不得抵觸《基本法》，因此該條例也不能且不會抵觸《基本法》。[133]

---

131. 立法會 CB(2)1781/02-03 號文件：〈《國家安全 (立法條文) 條例草案》委員會會議紀要〉，www.legco.gov.hk/yr02-03/chinese/bc/bc55/minutes/bc550327.pdf。

132. 此處可以將此條文視作法院在作出「補救性解釋」時的規範依據。

133. 《國家安全 (立法條文) 條例草案》：解釋、適用及執行 (16 號文件)。

保安局對《刑事罪行條例》擬議的第 2 (1)(b) 條的叛國罪與擬議的第 9A (1)(a) 條煽動叛亂罪的區別回應道：對於煽動和叛亂的區別，叛國只適應於中國公民，而顛覆適用於在香港的任何國籍的人，香港永久性居民亦可能在境外干犯顛覆罪。【134】

2003 年 4 月 1 日舉行《國家安全（立法條文）條例草案》委員會會議，法案委員會要求政府當局書面回應與《刑事罪行條例》擬議的第 2 (1)(b) 和 2 (1)(c) 條相關的問題。對《刑事罪行條例》擬議第 2 (1)(b) 條的建議包括：(a) 刪除「鼓動」(instigate) 並以「煽惑」(incite) 代替；(b) 刪除「中華人民共和國」(the People's Republic of China) 並以「中華人民共和國的領土」(the territory of the People's Republic of China) 代替；(c)「外來武裝部隊」是否意味着不包括鼓動台灣武裝部隊入侵內地；(d) 把台灣納入美國導彈防禦系統保護範圍或者邀請外來武裝部隊進入及保衛台灣是否構成擬議條文所訂罪行。對《刑事罪行條例》第 2 (1)(c) 的建議包括：(a) 建議在擬議條文中明確規定發表反戰意見及提供人道主義援助並不構成叛國行為；(b) 要求舉例解釋向交戰公敵提供的主動或被動協助為何，哪些類別的協助會構成該條文所訂罪行？(c) 修改擬議條文的草擬方式使得中英文本一致並對「形勢」一詞作出修改。在其他方面，要求說明《刑事罪行條例》第 2 (1)(a) 和 2 (1)(c) 中「意圖」的含義，並提供新加坡有關法例是否訂有協助公敵交戰罪行和 *Re Schaefer* 一案的資料，並解釋協助公敵離開本國是否構成第 2 (1)(c) 條所訂罪行。【135】

律政司對「中華人民共和國」作出回應：《釋義及通則條例》(*Interpretation and General Clauses Ordinance*)（第 1 章）第 3 條訂明，「中華人民共和國」包括台灣、香港及澳門，因此在擬議條例草案沒有特殊

---

134. 《國家安全（立法條文）條例草案》：外來武裝部隊干犯顛覆罪？（32 號文件）。

135. 立法會 CB(2)1815/02-03 號文件：〈《國家安全（立法條文）條例草案》委員會會議紀要〉，www. legco.gov.hk/yr02-03/chinese/bc/bc55/minutes/bc550401.pdf。

說明的情況下，應當按照該定義適用；【136】對《刑事罪行條例》第2（1）（b）提出的「外來武裝部隊」及「台灣」相關問題，保安局作出回應，對「外來武裝部隊」是否意味着不包括鼓動台灣武裝部隊入侵內地，保護局認為台灣是中華人民共和國的一部分，台灣的武裝部隊不屬外來部隊，因此此行為不會干犯此罪行。對把台灣納入美國導彈防禦系統保護範圍或者邀請外來武裝部隊進入及保衛台灣是否構成擬議條文所訂罪行，保安局回應，此條文嚴格限定必須是懷有敵意的武力入侵，且對象限於「外來武裝部隊」，而被鼓動者實際上是外來管理部隊的發號施令者，這一點是該命名與一般表達自由的區別，但具體定罪仍需要法院根據情況和實施作出裁決。【137】律政司對《刑事罪行條例》第2（1）（a）和2（1）（c）中「意圖」的含義作出回應，律政司對第2（1）（c）條中「協助公敵」嚴格定義為不僅懷有意圖且必須「作出任何行為」，這裏的行為應當做嚴謹解釋，不包括不作為；其次對第2（1）（c）條中「懷有意圖」限定為「最終意圖」，並說明叛國罪的構成要件：（i）證明某人意圖協助敵人；（ii）證明該人提供協助的目的或者該人知道行為的必然後果；（iii）該人作出行為的動機。【138】

　　4月8日舉行《國家安全（立法條文）條例草案》委員會會議，圍繞着「叛國罪」和「煽動罪」兩個罪名展開討論，委員會建議政府：（1）對第2（1）（a）條和2（1）（c）條是要求將「……外來武裝部隊或作為其中一份子」改稱「外來武裝部隊仍然作為其中一份子」，並刪除《刑事罪行條例》第2（1）（b）中「鼓動（instigates）」並以「鼓勵（encourages）」、「激使（provokes）」取代；（2）對第2（4）（a）（iii）解釋「亦」的含義，及清楚訂明所指對象是受中華人民共和國領土以外的某個組織指示或控制的武裝部隊；（3）說明法庭對《刑事訴訟程序條例》第91條中「代價」

---

136. 《國家安全（立法條文）條例草案》：「中華人民共和國」（35號文件）。

137. 《國家安全（立法條文）條例草案》：「鼓動外來武裝部隊以武力入侵」（43號文件）。

138. 《國家安全（立法條文）條例草案》：「懷有損害中華人民共和國在戰爭中的形勢的意圖而作出任何作為」（17號文件）；《國家安全（立法條文）條例草案》：「協助公敵」（76號文件）。

一詞的詮釋；（4）關於國籍問題：說明《中華人民共和國國籍法》對已在海外定居的中國公民的適用情況，說明有關叛國罪的內地刑法對不屬香港特別行政區永久性居民的中國公民的域外效力，香港永久性居民失去中國國籍會否喪失香港永久性居民身分，沒有作出擁有外國國籍聲明的中國籍香港永久性居民會否被視作中國公民，香港永久性居民取得外國國籍的中國公民，在戰時向外國國家納稅或被徵召入伍會否觸犯擬議叛國罪。對顛覆罪，明確規定中華人民共和國根本制度是中國《憲法》第 1、2 條所提述的根本制度，訂明「中央人民政府」定義。【139】

　　對《刑事罪行條例》第 2（1）（b）中「鼓動（instigates）」是否以「煽惑（incites）」、「鼓勵（encourages）」、「激使（provokes）」取代，律政司作出回應。首先，律政司指出在現行香港法例中有諸如《刑事罪行（酷刑）條例》（第 427 章，*Crimes (Torture) Ordinance*）、《反對劫持人質國際公約》（第 503H 章附表 2，*Hostages Convention*）等 12 處使用了「鼓動（instigates）」，用以證明「鼓動（instigates）」一詞並不罕見；其次，「鼓動（instigates）」比「煽惑（incites）」縮小了罪行的涵蓋範圍，因為「鼓動（instigates）」還要求造成實質影響的結果。【140】保安局對「代價」一詞作出解釋，指出在法律上，為換取承諾而付出的代價，而非為得到合約而付出的代價，才是關鍵所在。因此，若某人是出於喜愛他人而不披露有關人士檢控或者定罪的資料並不構成犯罪。【141】對永久性公民及域外效力問題，保安局作出回應具體回應，列舉了四種類型香港永久性居民喪失身分的情形：（1）申請更改國籍或者申請退出中國國籍；（2）不通常居於香港且連續 36 個月及以上不在香港；（3）按照《入境條例》附表 1 第 2（e）段取得身分，除非獲入境處處長批准，否則在年滿 21 歲時喪

---

139. 立法會 CB(2)1894/02-03 號文件，〈《國家安全（立法條文）條例草案》委員會會議紀要〉，www.legco.gov.hk/yr02-03/chinese/bc/bc55/minutes/bc550408.pdf。

140. 《國家安全（立法條文）條例草案》：「鼓動」或「煽惑」武裝入侵（54 號文件）。

141. 《國家安全（立法條文）條例草案》：「代價」一詞的意義及釋義（23 號文件）。

失；（4）取得香港以外任何地方居留權及不通常居於香港且連續36個月及以上不在香港。[142]

　　4月12日舉行《國家安全（立法條文）條例草案》委員會會議，法案委員會與團體代表和個別人士會晤。[143]這是立法會首次就《國家安全（立法條文）條例草案》與公眾進行討論。大律師公會就國家安全條例草案遞交意見書，主席陳景生重申，政府根本無須急於立法。[144]陳弘毅認為作為實施《基本法》第23條的立法措施，《草案》的整體設計和基本原則是恰當的；一方面儘量照顧人權和「兩制」的考慮，不把內地的概念和做法搬到香港，另一方面肯定了「一國」的原則和維護國家主權、安全和領土完整的重要性。這次立法的諮詢過程中出現的大辯論也是健康的，它充分體現了香港的思想自由、言論自由、新聞自由，更充分反映出香港的公民社會的活力。[145]

　　4月15日委員會會議主要圍繞對「中華人民共和國根本制度」的理解，如「社會主義制度」是否包括經濟、政治及法律制度，為何有需要保障中國的根本制度，《刑事罪行條例》第2A（1）（a）中「廢止」的含義及涵蓋範圍，解釋何種作為會構成廢止根本制度的行為，是否考慮以「推翻」代替「廢止」一詞，是否在「嚴重危害中華人民共和國穩定」前加入「即將發生（imminence）」限定元素，香港或台灣的穩定是否是「中華人民共和國的穩定」的一部分以及香港或台灣達到不穩定的何種程度會影響中國的穩定，支持內地進行的運動會否構成顛覆行為，考慮擬議第2A（1）（a）條是否超越《基本法》第23條施加的規定。[146]

---

142. 《國家安全（立法條文）條例草案》：中國國籍及香港特區永久性居民的身分（25號文件）。

143. 立法會 CB(2)1944/02-03 號文件，〈《國家安全（立法條文）條例草案》委員會會議紀要〉，www.legco.gov.hk/yr02-03/chinese/bc/bc55/minutes/bc550412.pdf。

144. 〈陳景生重申無須急於立法〉，《都市日報》，2003 年 4 月 12 日，第 P02 版。

145. 〈基本法 23 條實施對香港法律的影響〉，《文匯報》，2003 年 4 月 22 日，第 A18 版。

146. 立法會 CB(2)1945/02-03 號文件，〈《國家安全（立法條文）條例草案》委員會會議紀要〉，www.legco.gov.hk/yr02-03/chinese/bc/bc55/minutes/bc550415.pdf。

律政司對「中華人民共和國的穩定」進行了解釋，在香港或台灣使用武力或嚴重犯罪手段是否影響中國的穩定將視情況而定。[147]對顛覆罪及「廢止」作出的解釋，可以參考《2014加拿大保安情報機關法令》（*Canadian Security Intelligence Service Act 1984*），是指「旨在以隱秘的非法行為破壞，或旨在使用暴力最終達到摧毀或推翻，加拿大憲法所確立的政府制度的活動」。廢止中華人民共和國根本制度即中央人民政府的性質及職能會受到根本的顛覆，再不能根據《憲法》規定的模式運作。恐嚇中央人民政府是指有人使用武力或嚴重犯罪手段，或發動戰爭強迫中央人民政府採取某些政策或措施，則中央人民政府履行其職責的功能無疑會被嚴重削弱。[148]保安局闡釋「中華人民共和國根本制度」同樣依據《憲法》第1條和第2條，並認為應當作整體性理解，給法院適當的彈性空間判定。[149]

4月22日，法案委員會要求政府當局作出回應：香港大律師公會提交的意見書（53號意見書）第53段所述作為會否構成顛覆行為；關於煽動叛亂，香港法例中是否訂有任何條文，訂明煽惑他人犯罪並非罪行。[150]

4月29日，法案委員會要求政府當局作出回應：電子郵件或書信是否構成煽動叛亂，以及考慮在《刑事罪行條例》擬議第9A（1）（b）條訂定條文，規定在有關的煽惑行動與公眾暴亂之間須存在直接及即時的聯繫，或有關的煽惑行動導致公眾暴亂的可能性；考慮保留或延長現時就有關煽動叛亂的罪行和叛國罪提出檢控的時限。[151]保安局解釋了現行檢控叛國罪及煽動罪時限及廢除的理據，他們以加拿大為例，認

---

147. 《國家安全（立法條文）條例草案》：嚴重危害中華人民共和國的穩定（30號文件）。

148. 《國家安全（立法條文）條例草案》：顛覆罪定義 (a) 及 (c) 項的理據（31號文件）。

149. 《國家安全（立法條文）條例草案》：中華人民共和國根本制度（71號文件）。

150. 立法會 CB(2)2017/02-03 號文件，〈《國家安全（立法條文）條例草案》委員會會議紀要〉，www.legco.gov.hk/yr02-03/chinese/bc/bc55/minutes/bc550422.pdf。

151. 立法會 CB(2)2061/02-03 號文件，〈《國家安全（立法條文）條例草案》委員會會議紀要〉，www.legco.gov.hk/yr02-03/chinese/bc/bc55/minutes/bc550429.pdf。

為加拿大《刑事法典》（*Criminal Code*）設置檢控時限的目的是避免證人因時間太長在回憶煽動性言辭時出現困難，但隨着技術的進步，可以通過錄音等技術手段解決；從制定來看，普通法沒有就公訴罪行訂定檢控時限，香港法例訂定檢控時限的法例也極少。【152】

5 月 10 日，法案委員會會議討論了煽動叛亂和「調查權力」。針對煽動叛亂，委員會建議在 9A（1）「任何人」後加上「明知（knowingly）」、「蓄意（intentionally）」或者「故意（wilfully）」，刪除 9C 條「處理煽動刊物」。【153】

5 月 20 日，法案委員會要求政府當局作出回應：對《官方機密條例》的修訂的有關事宜，即加入「公共利益」作為抗辯理由，取締本地組織是否符合保障人權規定，關於「國家安全」的定義背景，有關根據《社團條例》新訂第 8E（3）（a）及（b）條訂立的規則會否抵觸《基本法》第 35 條一事作出回應。【154】

5 月 24 日舉行《國家安全（立法條文）條例草案》委員會會議，法案委員會要求政府當局作出回應：對《官方機密條例》的修訂的有關事宜，是否涵蓋駐港部隊國家安全部的工作或者活動的資料，「官方文件」的定義；有關於取締本地組織的事宜，如何處理被取締組織的資產，是否與「中央」有關，從屬「澳門」被取締組織的本地組織，《社團條例》取締本地組織是否符合人權規定。【155】律政司從非註冊公司、根據

152. 《國家安全（立法條文）條例草案》：建議廢除檢控時限（66 號文件）。

153. 立法會 CB(2)2179/02-03 號文件，〈《國家安全（立法條文）條例草案》委員會會議紀要〉，www.legco.gov.hk/yr02-03/chinese/bc/bc55/minutes/bc550510.pdf。

154. 立法會 CB(2)2428/02-03 號文件 2《國家安全（立法條文）條例草案》委員會會議紀要〉，www.legco.gov.hk/yr02-03/chinese/bc/bc55/minutes/bc550520.pdf。

155. 立法會 CB(2)2429/02-03 號文件，〈《國家安全（立法條文）條例草案》委員會會議紀要〉，www.legco.gov.hk/yr02-03/chinese/bc/bc55/minutes/bc550524.pdf。

第 32 章註冊的公司及根據其他條例註冊的組織三個方面具體闡釋了資產清盤問題。[156]

2003 年 5 月 27 日舉行《國家安全（立法條文）條例草案》委員會會議，法案委員會要求政府當局作出回應：調查權力，取締本地組織中「中央」的定義，縮窄 8A（5）（h）「從屬」的定義，考慮擴大 8A（2）（c）的涵蓋範圍。[157]

2003 年 5 月 31 日舉行《國家安全（立法條文）條例草案》委員會會議，法案委員會要求政府當局作出回應：取締本地組織，解釋《社團條例》8E（4）（a）及（b）所述「法律執業者」，刪除 8A（1）「國家安全利益」代以「國家安全」。[158]

2003 年 6 月 3 日舉行《國家安全（立法條文）條例草案》委員會會議，特區政府向立法會國家安全（立法條文）條例草案委員會提出審議階段的修正案，包括 6 條共 13 項修訂。保安局局長葉劉淑儀指出，政府在聽取各界意見後，作出了連串修訂，相信已經在維護國家安全和保障人權之間取得平衡。[159]但外界最擔心的禁制組織可閉門聆訊和煽動叛亂起訴期限，政府並無讓步。[160]保安局局長表示，政府當局希望法案委員會可在隨後兩個星期內完成條例草案的審議工作，以便可於 2003 年 7 月 9 日立法會會議席上恢復條例草案的二讀辯論。[161]

---

156. 《國家安全（立法條文）條例草案》：受取締組織的資產（73 號文件）。該文件所引用的是舊《公司條例》（第 32 章）。新《公司條例》（第 622 章）於 2014 年 3 月 3 日生效後，香港法例第 32 章《公司條例》內影響公司運作的大部分條文已被廢除。

157. 立法會 CB(2)2461/02-03 號文件，〈《國家安全（立法條文）條例草案》委員會會議紀要〉，www.legco.gov.hk/yr02-03/chinese/bc/bc55/minutes/bc550527.pdf。

158. 立法會 CB(2)2509/02-03 號文件，〈《國家安全（立法條文）條例草案》委員會會議紀要〉，www.legco.gov.hk/yr02-03/chinese/bc/bc55/minutes/bc550531.pdf。

159. 〈廣詢民意 23 條再作 13 項修訂 葉劉淑儀指已在維護國安保障人權間取得平衡〉，《文匯報》，2003 年 6 月 4 日，第 A15 版。

160. 〈國安草案提六條十三項修訂 港府暫不採閉門聆訊〉，《星島日報》，2003 年 6 月 4 日，第 A15 版。

161. 立法會 CB(2)2762/02-03 號文件，〈《國家安全（立法條文）條例草案》委員會會議紀要〉，www.legco.gov.hk/yr02-03/chinese/bc/bc55/minutes/bc550603.pdf。

十四、《國家安全（立法條文）條例草案》準備恢復二讀

2003 年 6 月 7 日舉行《國家安全（立法條文）條例草案》委員會會議，法案委員會同意分別於 2003 年 6 月 14 及 21 日下午 2 時至 6 時加開會議，以便繼續與政府當局進行討論。劉慧卿和何俊仁議員反對於 2003 年 7 月 9 日立法會會議席上恢復條例草案的二讀辯論，抗議法案委員會於 2003 年 6 月 14 及 21 日加開會議。[162]

2003 年 6 月 10 日舉行《國家安全（立法條文）條例草案》委員會會議。在會議開始時，李柱銘議員建議動議一項議案，他認為，由於非典疫情以及草案未有充分諮詢公眾，議員亦沒有充分時間討論，所以動議當局押後恢復條例草案的二讀辯論。[163]該動議案最後以 14 票支持、15 票反對被否決。保安局局長葉劉淑儀指，政府過去三個多月，已充分討論，已就國家安全條例草案收集很多意見，並作出不少澄清及修訂，所以不會押後，她堅持 7 月 9 日在立法會恢復二讀草案。[164]

2003 年 6 月 14 日舉行《國家安全（立法條文）條例草案》委員會會議，立法會逐一審議條例草案的內容，並就內容提出六項修改建議，政府當局同意在恢復二讀辯論前提交修正案。[165]

2003 年 6 月 17 日，《國家安全（立法條文）條例草案》委員會與政府當局舉行會議。保安局局長強調取締本地組織並非針對法輪佛學會，李柱銘動議主席不信任案被否決，劉江華議員動議 7 月 9 日恢復二讀辯論通過。[166]在民建聯、自由黨及港進聯支持下，立法會內務委員會

162. 立法會 CB(2)2763/02-03 號文件，〈《國家安全（立法條文）條例草案》委員會會議紀要〉，www.legco.gov.hk/yr02-03/chinese/bc/bc55/minutes/bc550607.pdf。

163. 立法會 CB(2)2838/02-03 號文件，〈《國家安全（立法條文）條例草案》委員會會議紀要〉，www.legco.gov.hk/yr02-03/chinese/bc/bc55/minutes/bc550610.pdf。

164. 〈政府拒押後審議基本法 23 條〉，《都市日報》，2003 年 6 月 11 日，第 P03 版。

165. 立法會 CB(2)2847/02-03 號文件，〈《國家安全（立法條文）條例草案》委員會會議紀要〉，www.legco.gov.hk/yr02-03/chinese/bc/bc55/minutes/bc550614.pdf。

166. 立法會 CB(2)2962/02-03 號文件，〈《國家安全（立法條文）條例草案》委員會會議紀要〉，www.legco.gov.hk/yr02-03/chinese/bc/bc55/minutes/bc550617.pdf。

以 30 比 18 票通過，支持政府於 7 月 9 日恢復二讀辯論《國家安全（立法條文）條例草案》，預計需花上數日進行二、三讀程序。[167]

美國白宮新聞辦公室在 6 月 20 日發表一份有關《布希政府促請香港修訂保安建議》的新聞稿，附上白宮就 23 條所作的聲明，對港府就 23 條提出的立法草案表示關注，特別對取締組織的條文和草案不容許用「公眾利益」作抗辯理由表示憂慮。[168] 政府發言人與保安局局長葉劉淑儀先後回應美國白宮的聲明時重申，根據《基本法》第 23 條，香港有憲制責任自行立法保障國家安全。兩人均表示，《國家安全（立法條文）條例草案》完全符合「一國兩制」的原則和國際人權標準。[169] 全國人大常委會香港委員曾憲梓強烈譴責美國政府干預中國內部事務，他說：「香港是中國的一部分，香港立法保護自己國家安全是天經地義的，美國政府少管閑事，中國的事由中國人來管。」[170] 行政會議成員曾鈺成以民建聯主席身分，去信美國全體國會議員和香港美國商會，指大多數港人認為《基本法》第 23 條立法保障了香港公民自由，否認特區政府匆匆立法，又指責有政客為了政治利益而背棄誠信，誤導美國國會。[171]

2003 年 6 月 25 日，民主黨李柱銘、涂謹申赴英國反對 23 條立法。李柱銘表示，香港立法會一定會通過國家安全條例，但民主派仍會爭取外國的支持，「讓全世界一起反對，看特區政府如何面對」。[172] 英國外交部次官韋明浩發表聲明，對《國家安全（立法條文）條例草案》表示遺憾，聲明指條例草案中的取締禁制組織條文引入內地法律，令兩地法律制度界線變得模糊，違反 1984 年中英雙方就香港前途而

---

167. 〈內會通過恢復 23 條二讀 民主派提 30 項修訂〉，《明報》，2003 年 6 月 21 日，第 A10 版。

168. 〈香港自由自治受損害 白宮：美國反對 23 條〉，《蘋果日報》，2003 年 6 月 21 日，第 A01 版。

169. 〈白宮顯霸氣妄評 23 條立法 葉太：美不知國安法細節〉，《香港商報》，2003 年 6 月 21 日，第 A02 版。

170. 〈香港落實 23 條立法豈容美國指手畫腳 曾憲梓怒斥：「少管閑事」〉，《大公報》2003 年 6 月 21 日，第 A01 版。

171. 〈民建聯函美國會挺 23 條〉，《信報》，2003 年 6 月 26 日，第 P07 版。

172. 〈民主黨赴英唱衰香港〉，《文匯報》，2003 年 6 月 26 日，第 A06 版。

簽署的《聯合聲明》(*Sino-British Joint Declaration*)，不符合「一國兩制」原則。[173]

2003 年 6 月 26 日舉行《國家安全（立法條文）條例草案》委員會會議。委員會主席表示，由於法案委員會已完成其工作，原定於 2003 年 6 月 28 日及 2003 年 7 月舉行的各次會議將告取消。吳靄儀議員不同意法案委員會已完成其工作。法案委員會察悉有關的書面報告將於 2003 年 6 月 27 日提交內務委員會，而就條例草案動議委員會審議階段修正案作出預告的最後限期則為 2003 年 6 月 28 日。[174]

2003 年 6 月 27 日，《國家安全（立法條文）條例草案》委員會向內務委員會提交報告。[175] 就在同一天，美國國會眾議院以 426 票比 1 票大比數通過一項名為《支持香港自由》決議案，要求政府撤回 23 條立法草案，並呼籲中國政府尊重香港的高度自治。[176]

十五、「七一」大遊行

2003 年 7 月 1 日，數十萬名香港市民參加由民間人權陣線組織的反對《基本法》23 條立法大遊行。遊行主題為「反對廿三，還政於民」，大會呼籲市民穿黑色衣服參與遊行，以表達對政府的不滿。雖然當日香港天氣炎熱，但有大量人士參與遊行。民間人權陣線聲稱遊行人數超過 50 萬，而警方則公布當日截至下午六時，由起點到終點之間共有 35 萬人。[177]

---

173. 〈英：國安草案違一國兩制〉，《明報》2003 年 7 月 1 日，第 A10 版。

174. 立法會 CB(2)2893/02-03 號文件：〈《國家安全（立法條文）條例草案》委員會會議紀要〉，www.legco.gov.hk/yr02-03/chinese/bc/bc55/minutes/bc550626.pdf。

175. 立法會 CB(2)2646/02-03 號文件：〈《國家安全（立法條文）條例草案》委員會會議紀要〉，www.legco.gov.hk/yr02-03/chinese/hc/papers/hc0627cb2-2646c.pdf。

176. 〈投票結果 426〉，《蘋果日報》，2003 年 6 月 28 日，第 A02 版；〈美眾院反 23 條立法〉，《香港經濟日報》，2003 年 6 月 28 日，第 A22 版。

177. 〈32 度高溫 50 萬市民七一大遊行〉，《都市日報》，2003 年 7 月 2 日，第 P01 版；〈50 萬人和平上街〉，《星島日報》，2003 年 7 月 2 日，第 A02 版。

而在此之前，國務院總理溫家寶在 7 月 1 日來港參加回歸慶祝活動，中午離開香港，避開了下午三時開始的反 23 條大遊行。他在 6 月 30 日被問及對 23 條立法及遊行看法時，首次作出回應：「希望香港可以創造一個吸引外資進入的穩定環境。」[178]他並表示「23 條不會影響香港人依法享有的各種權利及自由」。[179]

此外，多名學者則認為政府應考慮立刻擱置《基本法》23 條立法。[180]陳弘毅指政府今年初不肯出白紙草案，才弄成今日地步，他強調政府應押後至有充分諮詢才立法。[181]

7 月 2 日，行政長官董建華召開行政會議特別會議商討如何回應市民對 23 條的訴求。[182] 3 日，行政會議成員、自由黨主席田北俊稱日前主動上京會見國務院港澳辦主任廖暉、中央統戰部部長劉延東等。田北俊引述廖暉的發言表示，23 條是必然要立法的，至於具體細節及立法時間，則屬「港人治港、高度自治」的事。田北俊稱，中央對立法時間表、何時立法、怎樣立法並無任何意見。[183]

7 月 4 日，全國政協副主席霍英東在出席一個慶祝回歸的晚宴致辭時，臨時刪去支持 23 條立法的講話，僅表示支持特區政府依法施政。[184]霍英東在接受記者查詢時明確表示，「因為時間關係，今天講稿只讀了三分之一。至於我支持特區政府依照《基本法》施政，和支持 23 條立法，已在我 6 月 27 日以香港同胞身分的講話中有明確、清楚的表示。」出席同一場合的港區人大代表薛鳳旋表示，已要求中央政府促請

178. 〈溫家寶回應7.1〉，《成報》，2003 年 7 月 1 日，第 A04 版。

179. 〈溫家寶：23 條不影響港人權利自由〉，《都市日報》，2003 年 7 月 2 日，第 P04 版。

180. 〈學者齊促擱置 23 條立法〉，《明報》，2003 年 7 月 2 日，第 A07 版。

181. 〈陳弘毅：應押後立法〉，《明報》，2003 年 7 月 3 日，第 A04 版。

182. 〈特首突召開行會 急商回應 50 萬人上街〉，《都市日報》，2003 年 7 月 4 日，第 P01 版。

183. 〈自由黨倡押後 23 條立法 上京面議後建議年底二讀〉，《明報》，2003 年 7 月 5 日，第 A02 版。

184. 〈霍英東臨時刪除挺 23 講辭〉，《成報》，2003 年 7 月 4 日，第 A02 版。

特區政府暫時擱置《基本法》23 條立法，特區政府在立法過程中犯了多處技術錯誤，令市民不了解立法問題，應讓市民和政府有冷靜期。[185]

十六、特區政府作出三項重大修改

行政長官董建華在 7 月 4 日首度就事件發聲，稱在召開過兩次特別行政會議後，政府對如何處理 23 條立法仍未有決定，又強調 23 條一定要立法，除了是憲制責任外，「也是香港與中央關係十分重要的一環」。[186]

董建華 5 日表示，特區政府決定對《國家安全（立法條文）條例草案》作出三項修訂，該三項修訂為：一、取消本地組織從屬已遭中央的禁制的內地組織的有關條款；二、為加強保障公眾人士，特別是傳媒界的利益，在有關非法披露官方機密的文件中，加入公共利益作為抗辯理由；三、取消警方在沒有法庭手令，也可入屋行使緊急調查權力的有關條文。[187]同時董建華亦表示，希望得到市民及立法會的支持，修訂後的條例草案將提交立法會，如期在 7 月 9 日恢復二讀及三讀。[188]

十七、田北俊辭任行會，政府宣布撤回法案

2003 年 7 月 6 日，自由黨經過 5 日整日會議後，深夜發出聲明指出，該黨維持日前的押後立法建議，並重申該黨支援 23 條的立法工作。同時聲明，田北俊已向特首提出請辭行政會議成員一職，即時生

---

185. 〈霍英東：堅定支持立法〉，《文匯報》，2003 年 7 月 4 日，第 A01 版。

186. 〈董首開腔：處理 23 條未有定案〉，《明報》，2003 年 7 月 5 日，第 A02 版。

187. 〈董建華：草案中社會關注三項條文已經作出修訂 港 23 條立法如期二讀〉，《大公報》，2003 年 7 月 6 日，第 P01 版。

188. 〈23 條三爭議條文刪改 董建華堅持周三如期二讀〉，《成報》，2003 年 7 月 6 日，第 A02 版。

效。【189】田北俊的請辭讓特區政府瞬間喪失了優勢局面，如果不能在立法會獲得自由黨八席的支持，就算堅持在 7 月 9 日如期進行二讀，也會因為支持票數不足而被否決。考慮到這些，董建華再次緊急召開行政會議特別會議商討解決方案。最終在 2003 年 7 月 7 日，董建華宣布押後《國家安全（立法條文）條例草案》二讀辯論，他強調，特區政府有責任落實《基本法》23 條的立法工作，但鑒於經過接近一年的起草及諮詢工作，市民對法案的內容仍然不理解，故此決定再次進行諮詢。【190】

《基本法》23 條立法工作的舉步維艱讓保安局局長葉劉淑儀一直承受着巨大壓力，隨着《國家安全（立法條文）條例草案》未能如期舉行二讀辯論，基本意味着《基本法》23 條立法工作的失敗，保安局局長葉劉淑儀也主動請辭。其實保安局局長葉劉淑儀早在 6 月 25 日便向行政長官董建華遞交辭呈，但特區政府一直未對外公布。董建華未能說服葉太改變初衷，經過兩星期的考慮後，在 7 月 16 日接納其請辭，在本月 25 日生效。【191】

新任保安局局長李少光表示，會很快展開政府就《基本法》23 條的諮詢工作，強調會細心聆聽市民的意見。【192】李少光表示，會就 23 條立法會見不同政黨聽取意見，以便再推出 23 條時，能得到大部分市民的認同。另外，李少光亦期望可落實在 9 月進行新一輪諮詢工作。【193】湯顯明表示，政府計劃 9 月推出諮詢文件，包括政府早前提出的九項澄清、五十一項草案修訂和三項重大修訂。【194】

---

189. 〈田北俊倒戈 23 條押後 深夜請辭行會議董內閣陷瓦解〉，《香港日報》，2003 年 7 月 7 日，第 A02 版。

190. 〈港府再就 23 條作諮詢〉，《都市日報》，2003 年 7 月 18 日，第 P02 版；〈政府退縮 23 條押後 田北俊劈炮扭轉形勢〉，《太陽報》，2003 年 7 月 7 日，第 A01 版。

191. 〈葉太上月辭職下周離任〉，《信報》，2003 年 7 月 17 日，第 A04 版。

192. 〈李少光爆冷任保安局長 強調聆聽民意〉，《都市日報》，2003 年 8 月 5 日，第 P02 版。

193. 〈李少光：23 條下月重新諮詢〉，《都市日報》，2003 年 8 月 19 日，第 P02 版。

194. 〈23 條例發 9 月再諮詢〉，《信報》，2003 年 7 月 24 日，第 A12 版。

　　2003 年 9 月 5 日，特區政府在通過特別行政會議討論後，決定撤回《國家安全（立法條文）條例草案》，保安局將成立專責小組，檢討《基本法》23 條立法工作，待檢討完成後才諮詢公眾，及考慮立法時間表。原先於 9 月推出諮詢文件的承諾不再存在，立法時間遙遙無期。[195]董建華會後在律政司司長梁愛詩及保安局局長李少光的陪同下舉行記者會，宣布決定撤回《國家安全（立法條文）條例草案》，並已向中央政府報告有關撤回的決定。他表達了兩點理由：一是社會對立法的具體條文仍存有疑慮，二是希望集中發展經濟。[196]

　　至此，董建華時期 23 條立法過程告終。

---

195. 〈23 條突撤回立法無期 保安局設專組檢討後再諮詢〉，《明報》，2003 年 9 月 6 日，第 A02 版。

196. 〈董：撤 23 條草案全力搞經濟〉，《香港商報》，2003 年 9 月 6 日，第 A01 版。

第四章

曾蔭權時期第23條立法

～～～～～～～～～～～～～～～～～

一、曾蔭權競選及當選後的表態

2005 年 3 月，董建華以身體不適為由表示辭去行政長官。在董建華宣布辭職後，時任政務司司長的曾蔭權最有希望出任行政長官。6 月 4 日，曾蔭權向選舉委員會首次表達了自己對《基本法》第 23 條立法的看法，他認為《基本法》第 23 條進行本地立法是行政長官的責任，但這並不是急需處理的問題，他坦言：「在短期內，我沒有信心得到好結果」，並明確表達了未來兩年沒有為《基本法》第 23 條立法的空間。[1]

曾蔭權在 6 月當選行政長官之後，在 6 月 27 日出席立法會答問大會時，公開表示不會在餘下的兩年任期內進行《基本法》23 條立法。曾蔭權在回答議員余若薇的問題時說：「除非有特別的原因，這兩年內我不會重開 23 條的討論。」[2]

二、《截取通訊及監察條例》風波

2005 年 8 月 5 日，行政長官曾蔭權依據《基本法》第 48 條，以行政命令形式簽署了《執法（秘密監察程序）命令》。這項命令本是為更好規

---

1. 〈23 條立法 未來兩年無空間〉，《文匯報》，2005 年 6 月 5 日，第 A04 版。
2. 〈二十三條立法兩年內可以不提〉，《大公報》，2005 年 6 月 28 日，第 A12 版。

範執法人員秘密監察程序，但卻引發了強烈反對，批評者不僅認為該行政命令侵犯人權，更批評此舉繞過立法會，以後也可以用行政命令取代《基本法》第 23 條立法。[3] 曾蔭權回應稱，「將這項行政命令與《基本法》23 條立法扯上關係毫無道理」。[4]

2006 年 2 月 9 日，香港高等法院裁定《執法（秘密監察程序）命令》屬行政命令，違反《基本法》第 30 條對通訊秘密法律的保留規定而無效，政府應在六個月內執行判決。修訂《截取通訊及監察條例》（*Interception of Communications and Surveillance Ordinance*）立法即提上議程。2006 年 2 月 28 日，《截取通訊及監察條例草案》提交立法會。保安局局長李少光表示，當局就秘密監察及截取通訊提出的立法建議，目的只是完善目前制度，與《基本法》23 條立法完全無關。[5]

但學者王友金指出，秘密監控立法也正是將來 23 條立法的一部分，二者絕對不是毫無關係的。[6] 歷時六個月，經過馬拉松的辯論，《截取通訊及監察條例》最終可以在法院所定的死線前獲立法會通過。儘管泛民主派在整個立法過程中盡力引起市民的關注，並提出幾百項修訂，但卻未能引起市民如在 23 條立法時那樣程度的關注。[7]

三、王振民：先立法，後普選

2006 年 4 月 27 日，國務院發展研究中心港澳研究所在北京舉行「港澳《基本法》頒布十六周年研討會」，香港基本法委員會委員王振民提出普選的六大條件，其中在法律方面，他提出「普選之前要完成 23

3. 〈香港多名律師及法律學者批評《執法（秘密監察程序）命令》〉，RFA 自由亞洲電台，2005 年 6 月 28 日，www.rfa.org/cantonese/news/hongkong_law-20050808.html。

4. 〈行政長官談《執法（秘密監察程序）命令》〉，香港政府新聞網，2005 年 8 月 6 日，www.info.gov.hk/gia/general/200508/06/08060146.htm。

5. 〈李少光：秘密監察立法無關 23 條〉，《明報》，2006 年 2 月 8 日，第 A15 版。

6. 〈竊聽關乎 23 條立法（王友金）〉，《新報》，2006 年 2 月 19 日，第 A09 版。

7. 〈從《截取通訊及監察條例》看香港民情〉，《信報》，2006 年 8 月 9 日，第 P11 版。

條立法以及有關政黨發展的法律方面須進一步完善」。[8]田北俊表示，王振民提出「先立法，後普選」的做法，相信是由於中央擔心行政長官一旦由普選產生，便會礙於選票而無法完成立法工作；中央為確保23條能順利通過，因此提出在實行普選之前，要先完成立法工作，免得夜長夢多。[9]

　　但「先立法，後普選」的提法引發不少批評的聲音。有人指出，王振民所提出的六項條件同樣是毫無根據、毫無道理的。就以23條立法為例，《基本法》23條無疑規定特區政府要就國家安全問題立法，但有關的立法行為只是特區政府的其中一項憲制責任，跟其他憲制責任如推進全面普選並沒有直接關連，也不存在先立法後普選的規定。也就是說，特區政府完全可以同時推動兩方面的工作又或是獨立處理兩項責任，王振民怎麼能硬把《基本法》沒有要求、沒有規定的條件強加在特區政府頭上、強加在港人頭上呢？[10]吳靄儀也認為，23條立法涉及基本人權和自由，法例給予政府很大行政權力，政府容易濫權，而香港又沒有民主機制，不知道市民是否接受。普選最能保障市民大眾的意見得到真正反映，因此他們反過來認為香港應先推行普選，然後再為23條立法。[11]

　　香港基本法委員會副主任梁愛詩說，要落實《基本法》23條十分複雜，涉及修改刑事、公安及社團等條例，既然市民一時難以消化太多資料，她建議採用分段立法。[12]

---

8. 〈提出普選六大條件　王振民：先完成23條立法〉，《星島日報》，2006年4月28日，第A20版。

9. 〈田北俊：中央擔心普選特首不利23條立法〉，《信報》，2006年4月29日，第P04版。

10. 盧峰，〈蘋論：混帳的護法無理的障礙〉，《蘋果日報》，2006年4月29日，第A08版。

11. 〈吳靄儀：普選是23條立法先決條件〉，《信報》，2006年5月6日，第P03版。

12. 〈倡23條分段立法〉，《信報》，2006年5月31日，第P05版。

四、新一屆政府仍未明確 23 條立法時間表

2007 年，曾蔭權就任香港特區第三任行政長官。總理溫家寶接見曾蔭權，期間表明，希望曾蔭權在下屆任期內，帶領特區政府和香港市民，全面貫徹落實《基本法》及為香港長期繁榮、穩定作出新的更大的貢獻。對於中央強調要全面落實《基本法》，有行政會議成員相信過往特區政府仍未全面落實《基本法》，其中未有就 23 條自行立法，在行政、立法關係上亦未有完全符合《基本法》的規定，相信中央要求曾蔭權作出「新的更大的貢獻」，包括就 23 條立法。[13] 曾蔭權離開北京前表示，沒有說過任期內要處理《基本法》第 23 條立法問題，令未來五年是否重新立法變成未知之數。港澳辦副主任陳佐洱談及曾蔭權需否「死而後已」解決 23 條立法時表示，「沒有這麼嚴重吧」。[14]

回歸十年，《基本法》23 條仍未有立法時間表。律政司司長黃仁龍表示，《基本法》賦予本港權力處理有關問題，但如行政長官曾蔭權所言，需找一合適時間處理，但現階段仍未有 23 條立法的落實時間表。[15] 有人指出，現在北京評估香港的位置，極有可能成為名副其實的「反華反共」基地，而且風險不斷升高，但特區政府對此卻未有充分認識；由於事態發展太快，據了解北京正重新考慮香港應否儘快草擬 23 條國家安全法，令特區政府對付顛覆分子時有法可依。[16]

五、澳門特區國家安全立法引發的討論

2009 年，澳門特區完成了國家安全本地立法。保安局局長李少光表示，港澳特區均有憲制責任為 23 條立法，但香港現時沒有計劃為 23

13. 〈任命下屆特首盼貫徹《基本法》溫總促曾蔭權要有更大貢獻〉，《太陽報》，2007 年 4 月 3 日，第 A06 版。

14. 〈結束訪京返港前表態 任內 23 條立法煲呔語含糊〉，《太陽報》，2007 年 4 月 11 日，第 A06 版。

15. 〈黃仁龍：廿三條未有時間表〉，《星島日報》，2007 年 6 月 24 日，第 A06 版。

16. 〈余錦賢：二十三條立法捲土重來？〉，《信報》，2008 年 3 月 29 日，第 P06 版。

條立法。[17] 香港特區政府也發表聲明，表示留意到澳門特區政府為《基本法》23 條立法向公眾諮詢，這是澳門特區的內部事務，香港特區亦有憲制上的責任制定維護國家安全法例。聲明指出，香港特區政府現階段沒有計劃就《基本法》23 條開展立法工作，特區政府當務之急是解決經濟和民生問題。香港特區政府日後考慮為《基本法》第 23 條立法的工作時，必定會與社會各界充分溝通，全力爭取整體社會對立法建議的理解和共識。[18]

中聯辦負責人接受新華社訪問時表示，完全認同香港特區政府發表上述聲明，並稱當前國際金融危機對香港經濟已經造成了很大影響，特首曾蔭權在《施政報告》中，已對此有客觀、冷靜的分析，並提出了積極穩妥的應對措施，「我們希望並相信香港市民在行政長官和特區政府的帶領下，一定能夠團結一致，齊心協力，克服困難，共渡難關。」[19]

就港區人大代表王敏剛在全國人大常委會會議建議重提就《基本法》第 23 條立法的言論，正在北京列席「兩會」的曾蔭權表示，現時「最緊張」要儘快處理 2012 年政改方案，23 條立法不是其首要工作。[20] 全國人大常委會副秘書長喬曉陽向王敏剛等香港代表指出，今次會議主題是香港政改方案，直指討論 23 條是離題。[21]

六、曾蔭權表示任期內不會啟動 23 條立法

2010 年 10 月，行政長官曾蔭權表示，經過反覆研究後，決定在本屆任期內，不啟動《基本法》第 23 條立法。但他重申，完成《基本法》

---

17. 〈李少光：未擬 23 條立法〉，《明報》2008 年 10 月 21 日，第 P06 版。

18. 〈港府稱暫無計劃為《基本法》第 23 條立法〉，中國新聞網，2008 年 10 月 22 日，www.chinanews.com.cn/ga/zfgg/news/2008/10-22/1421698.shtml。

19. 〈澳門擬訂七類危害國家安全罪　中聯辦：港無須急於 23 條立法〉，《星島日報》，2008 年 10 月 23 日，第 A14 版。

20. 〈曾蔭權：23 條立法非首務〉，《太陽報》，2010 年 3 月 6 日，第 A03 版。

21. 〈王敏剛重提 23 條立法碰壁〉，《太陽報》，2010 年 8 月 24 日，第 A09 版。

第23條立法是香港特區政府的憲制責任，也是香港社會的共同責任。他說，決定過程中曾跟中央政府商量，並相信中央政府諒解他的做法。行政會議非官守議員召集人梁振英認為，下一屆政府需要在適當時候考慮怎樣做好23條立法的憲制工作。立法會各黨派均表示認同本屆政府不處理23條立法的做法。[22]

前全國人大常委曾憲梓期望，下屆特區政府能夠就《基本法》23條立法；如果時機未成熟，到2017年有行政長官普選時再立法亦不算遲。立法會議員、前保安局局長葉劉淑儀認為，當局應該先處理好民生問題，贏得市民信任，才是適當時機就23條立法。[23]

2012年2月17日，下一屆行政長官參選人唐英年和梁振英分別出席記協舉辦的新聞自由論壇。在應否就《基本法》23條立法的問題上，唐英年和梁振英均表示，特區政府有憲制責任維護國家安全，但要待社會條件成熟才進行立法。唐英年表示，自己的政綱並無寫明任內要進行立法；梁振英亦沒有交代具體立法時間表，他表示23條並非惡法。[24]

---

22. 〈特首：任內不啟動23條立法〉，《大公報》，2010年10月14日，第A06版。

23. 〈曾憲梓：23條立法需待時機〉，《大公報》，2011年6月6日，第A11版。

24. 〈唐梁：無急切需要就23條立法〉，《大公報》，2012年2月18日，第A02版。

第五章

梁振英時期第23條立法

〰〰〰〰〰〰〰〰〰〰〰〰〰〰

一、開宗明義：23條立法不在施政計劃中

2012年，梁振英剛當選為第四任行政長官後，當即表態當前不準備就《基本法》第23條立法。在當選之初，對於外界質疑他可能為《基本法》第23條立法，他回應，有關立法工作是整個特別行政區的事，不是特首一個人的事，還需要立法會通過。他說，不可能在市民不接受的情況下就為23條立法，而且這也不在他當前的工作計劃之中。[1]

國務院港澳辦主任王光亞透過正在訪京的工聯會發放訊息，表示政府有憲制責任推行《基本法》23條立法，並指出現屆或下任特首取得社會共識，推行立法，但沒有立法時間表。[2]

律政司司長袁國強認為，他未來五年的工作計劃中，不包括為23條立法，更指若行政長官梁振英提出立法的要求，他會勸對方暫時不要為23條立法，認為當前有更多民生問題需要處理。袁國強透露，自己向梁振英問清楚是否有政治任務後，才決定接受任命。[3]

保安局局長黎棟國亦表示，香港政府有憲制責任就《基本法》23條進行立法，但現政府目前有很多問題須急速處理，例如房屋、貧窮、

1. 〈港新特首梁振英否認要為23條立法〉，《人間福報》，2012年3月28日，第A02版。
2. 〈王光亞稱下任特首取得社會共識後二十三條便須立法〉，《信報》，2012年4月10日，第A13版。
3. 〈坦言任內不宜處理23條〉，《大公報》，2012年7月10日，第A04版。

醫療、環保等問題。至於何時是適當時機,政府最低限度需考慮社會及政治形勢。[4]

二、內地學者指衝擊軍營事件暴露港國安立法缺失

2013 年 12 月 26 日,網民組織「香港人優先」的數名示威者手持港英旗幟闖入中環解放軍軍營。該次抗議的目的是針對港府打算把中環新海濱的部分土地用於軍事用途,供解放軍作為碼頭使用。解放軍駐港部隊發言人發表聲明指:擅闖軍事禁區的行為,嚴重違反《駐軍法》及香港《公安條例》等法律,是對駐軍的公然挑釁,必須依法懲處。駐港部隊對於此類擅闖軍事禁區的行為,將依法採取堅決果斷措施,由此引起的一切後果,由其本人負責。[5]

2014 年 1 月 21 日,國務院發展研究中心港澳研究所邀請內地知名學者,在北京就「一國兩制」與《駐軍法》展開討論。據《星島日報》等香港媒體報道,在研討會上,針對「港獨」分子闖軍營事件,清華大學法學院院長王振民稱,特區政府有責任避免再有類似事件發生,香港已回歸 17 年,但一直未就第 23 條進行立法,令《基本法》的落實仍不健全,特區政府應考慮儘快完善有關國家安全的本地立法工作。王振民還說,香港法律界對擅闖軍營的事件表現沉默,令他擔心香港的法治。中國人民大學法學院院長韓大元也認為,衝擊軍營屬國家安全事件,香港應按《駐軍法》嚴肅處理,特區政府不應無限推遲《基本法》23條的立法工作。[6]

1 月 22 日,律政司司長袁國強在街頭答覆傳媒就北京學者表態之詢問時稱:就上次發生衝入軍營的事件,我們會嚴格依據香港法律處

---

4. 〈黎棟國:二十三條立法需視形勢〉,《文匯報》,2013 年 1 月 13 日,第 A15 版。

5. 〈解放軍駐港部隊就軍營被闖反應強硬〉,BBC 中文網,2014 年 1 月 2 日,www.bbc.com/zhongwen/trad/china/2014/01/140102_hk_pla_barracks。

6. 〈學者提國安立法在港起漣漪 港府回應並非優先事項〉,環球網,2014 年 1 月 23 日,http://world.huanqiu.com/exclusive/2014-01/4781673.html。

理。至於是否要就 23 條立法，這在《基本法》有明文規定，亦是政府的憲政責任，我們不會遺忘，但工作上要先處理我們認為更有需要現階段去做的事情。[7] 行政長官梁振英在回應特區政府會否就闖軍營事件啟動第 23 條立法時同樣表示：「我們目前沒有計劃、沒有時間表進行 23 條立法。但是，我們知道，根據《基本法》第 23 條立法是我們憲制上，或者《憲法》給我們的一個責任，我們現在沒有這個計劃。」[8]

同年 3 月，港區全國人大代表葉國謙在出席「兩會」時 [9]，以及保安局局長黎棟國書面回覆議員質詢時，均重申特區有憲制責任為 23 條立法，但立法並非政府現時的工作重點。[10]

三、「佔中行動」引起 23 條立法討論

2014 年的「佔領中環」運動 [11] 被北京認為是危害國家安全的惡劣事件。特區政府中央政策組顧問王卓祺指已經持續兩個星期之久的「佔中」行動已滲入外國勢力，假如香港已就 23 條立法，便可處理外國勢力在今次事件中的影響，相關部門可以即時採取拘捕行動，佔領問題便很容易解決。王卓祺指「立法後有管道，有國家機器，例如新加坡的內政部，若你真是勾結外國勢力，搞亂國家，可以拉你。」但他又強調，相信政府對 23 條立法沒有議程，若重啟立法便要謹慎處理，在社會達致共識時再作討論。[12]

---

7. 〈律政司司長談政改諮詢和《基本法》二十三條〉，《香港政府新聞—中文版》，2014 年 1 月 22 日，第 A13 版。

8. 〈梁振英：廿三條立法無時間表 屬特區政府憲制責任〉，《文匯報》，2014 年 1 月 23 日，第 A23 版。

9. 〈葉國謙：二十三條立法非時機〉，《文匯報》，2014 年 3 月 6 日，第 A18 版。

10. 〈黎棟國：暫無計劃 23 條立法〉，《文匯報》，2014 年 3 月 27 日，第 A23 版。

11. 2014 年 9 月 28 日，香港民主派支持者為了爭取落實普選制度，佔領位於中環的政府總部外的道路，揭開為期 79 天的佔領運動，傳媒稱之為「佔中」、「佔中運動」（又稱「雨傘運動」）。

12. 〈中策組顧問：二十三條可揪出黑手〉，《星島日報》，2014 年 10 月 12 日，第 A04 版。

全國港澳研究會會長、國務院港澳辦前副主任陳佐洱指出，現時全中國各個省、直轄市和特別行政區中，只有香港仍未有國家安全法，聯繫到「佔中」「值得深思」，強調香港特區政府有責任、有義務完成有關立法工作。有建制派立法會議員支持就國家安全立法，認為立法有助堵塞外國資金和勢力流入香港。有泛民主派議員則批評強行就23條立法，只會加劇中港矛盾。[13]

行政長官梁振英在記者會上被問到部分學生鼓吹「港獨」，特區政府是否有需要加快《基本法》第23條立法時表示，現屆特區政府沒有23條立法的時間表，當局目前的想法沒有改變。[14]

四、吳秋北倡 23 條中央立法模式[15]

2015 年全國「兩會」前夕，港區全國人大代表吳秋北提議把正在制定中的《中華人民共和國國家安全法》納入香港《基本法》附件三。行政長官梁振英回應指，特區政府未有研究有關事情，亦未有計劃開展23 條立法。[16]

多名建制派重要人士均表態不支持吳秋北的建議。如港區全國人大代表、香港基本法委員會委員譚惠珠認為，就 23 條立法比引入《國安法》符合香港情況，也是港人的首要任務。她強調，23 條一直被誤解，各界應正確認識 23 條。[17]葉劉淑儀強調，23 條立法工作耽擱下去

---

13. 〈陳佐洱：23 立法港府有責〉，《太陽報》，2014 年 12 月 23 日，第 A10 版。

14. 〈二十三條無立法時間表〉，《太陽報》，2015 年 1 月 15 日，第 A10 版。

15. 關於香港國家安全立法模式的選擇，區分為中央立法模式和本地立法模式，在此之前社會和學界都一直認為香港本地立法是唯一路徑選擇，但饒戈平教授最先提出中央立法模式，此後有學者對中央立法模式和本地立法模式進行了規範闡述。詳見〈饒戈平：23 條未立法 香港或可用其他方式推進〉，大公網，2014 年 4 月 6 日，http://news.takungpao.com/hkol/politics/2014-04/2403782.html；〈嚴椰銘：香港國家安全立法的路徑選擇〉，《特區實踐與理論》，2018 年第 5 期，第 106–111 頁。

16. 〈二十三條立法 特區憲制責任〉，《文匯報》，2015 年 1 月 21 日，第 A02 版。

17. 〈譚惠珠：二十三條立法 港人首要任務〉，《文匯報》，2015 年 1 月 22 日，第 A06 版。

十分危險，萬一有緊急事件發生，例如有人借香港襲擊內地，但香港又沒有能力阻止，國家屆時就要緊急立法，「香港也沒有機會討論23條了。」[18]

數日後，吳秋北回應指無意收回將內地《國家安全法》引用至本港的建議。他於電台節目解釋，強調提出有關建議，並非借此迫香港人接受《基本法》23條立法，但吳秋北同時表明，香港有就23條立法的憲制責任，批評反對立法者「心裏有鬼」。[19]

律政司司長袁國強表示，根據《基本法》第18條，要將全國性法律透過《基本法》附件引入香港，需要符合特定條件和情況，而禁止破壞國家統一或顛覆中央政府的第23條寫明，應由香港自行立法。由於香港目前未有符合第18條所指的情況，因此他認為透過23條立法較為合適。[20]

全國政協委員、香港基本法研究中心主席胡漢清表示，《基本法》23條已經進入了一個「政治癱瘓」的狀態，但特區政府有其憲制責任，23條不能永遠遙遙無期不立法。他並警告，現時香港無國家安全法，猶如踢足球「空門」一樣，十分危險，一旦出現危及國家統一或安全情況將無法處理。[21]

律政司發言人表示，將《國安法》納入《基本法》附件三做法不適合，強調23條立法更好，但要小心考慮時機，目前未有計劃立法。[22]

之後，吳秋北在3月8日出席港區人大代表團會議，再提為《基本法》23條立法，又稱提出引入《國安法》建議後遭輿論炮轟，呼籲各方

---

18. 〈葉太：廿三條不立 外力「港獨」心不死「佔領」爆「金援」毀港秩序 急需「重整旗鼓」阻借港衝擊祖國〉，《文匯報》，2015年1月23日，第A06版。

19. 〈吳秋北：反23條者「心裏有鬼」〉，《蘋果日報》，2015年1月23日，第A19版。

20. 〈袁國強：二十三條立法較合適〉，《文匯報》，2015年1月25日，第A05版。

21. 〈胡漢清：二十三條未立法 港如「空門」任踢 履責不可「遙遙無期」一旦失控將無法處理〉，《文匯報》，2015年1月27日，第A05版。

22. 〈律政司：廿三條較適合本港〉，《文匯報》，2015年2月23日，第A06版。

面督促港府儘快就 23 條立法。【23】民建聯主席譚耀宗在訪問中直指，香港回歸近 18 年仍未就 23 條立法，其實是虧欠了中央，立法不能無限期拖延。【24】

香港基本法委員會副主任梁愛詩接受內地官方媒體訪問時指出，《國安法》屬原則性條文，香港立法必定要有清晰條文及法律範圍，故即使引入《國安法》，香港最終仍是要就 23 條立法，經立法會通過才能執行，至於立法時機，則由特區政府按香港實際情況決定。【25】

行政長官梁振英和特區政府在 7 月 1 日強調，香港須通過《基本法》23 條本地立法，履行維護國家安全的義務和責任，但本屆政府目前未有計劃就 23 條立法。【26】

五、「港獨」思潮興起，旺角騷亂和宣誓事件再引討論

「佔中運動」事件一方面增加了建制派人士對國家安全立法的關切，另一方面也使得少數對「一國兩制」失望的港人走上了「港獨」的歧途。這些人便在原有的建制、泛民之外形成了所謂「本土派」，成為本地最激進的政治勢力。本土派的訴求和行動無疑觸及了 23 條裏最敏感的一條紅線——分裂國家。

2016 年大年初一深夜至年初二，香港旺角爆發自「六七暴動」以來最嚴重的暴亂，外交部指「旺角騷亂」是「個別本土激進分離組織為主策動的暴亂事件」。全國港澳研究會副會長劉兆佳認為，「旺角騷亂」未必加快 23 條立法，但立法愈快對香港愈好。【27】

---

23. 〈吳秋北促儘快就 23 條立法〉，《蘋果日報》2015 年 3 月 8 日，第 A04 版。

24. 〈譚耀宗：廿三條未立法港虧欠了中央〉，《文匯報》，2015 年 3 月 31 日，第 A05 版。

25. 〈梁愛詩：港須 23 條立法〉，《文匯報》，2015 年 4 月 4 日，第 A08 版。

26. 〈梁振英：目前未有計劃就二十三條立法〉，《文匯報》，2015 年 7 月 2 日，第 A08 版。

27. 〈全國港澳研究會副會長：旺角騷亂未必加快 23 條立法 但愈快愈好〉，觀察者網，2016 年 2 月 14 日，www.guancha.cn/local/2016_02_14_350965.shtml。

　　2016 年 10 月 12 日，多名當選的第六屆立法會議員在就職宣誓中「加料」，梁頌恒和游蕙禎甚至公然宣讀「港獨」口號，引起香港和內地輿論的強烈抨擊。11 月 5 日，全國人大常委會會議審議了《基本法》104 條解釋草案。法工委副主任張榮順所作的草案說明特別指出，「在香港宣揚和推動『港獨』，屬《香港基本法》第 23 條明確規定禁止的分裂國家行為，從根本上違反《香港基本法》第 1 條關於『香港特別行政區是中華人民共和國不可分離的部分』、第 12 條關於『香港特別行政區是中華人民共和國的一個享有高度自治權的地方行政區域，直轄於中央人民政府』等規定。宣揚『港獨』的人不僅沒有參選及擔任立法會議員的資格，而且應依法追究其法律責任。」11 月 6 日，香港中聯辦主任張曉明表示，針對香港立法會部分候任議員就職宣誓時的惡劣表現，已經嚴重觸碰「一國兩制」的底線，違反《憲法》、《基本法》和香港有關法律的規定，危害國家的統一、領土完整和主權安全，性質嚴重、影響惡劣。中央政府依法採取有效措施打擊和遏制港獨勢力滋長蔓延，立場鮮明、態度堅決，絕不容許港獨分子就任立法會議員。對北京而言，「港獨」勢力猖獗而香港卻沒有有效懲治的法律，勢必進一步凸顯 23 條立法的迫切性。

　　2017 年 4 月，由前立法會主席曾鈺成擔任召集人的「香港願景計劃」發表《基本法》23 條立法的研究建議，指出只要符合四大原則，就可以釋除公眾疑慮。第一就是分階段立法，首先處理現行法例比較簡單的修改，即是《刑事罪行條例》有關叛國及煽動叛亂的條文。其餘三個原則包括草案必須符合《基本法》以及國際標準、充分諮詢市民，以及最低限度方式立法。【28】

　　2017 年 5 月，全國人大常委會委員長、中央港澳工作協調小組組長張德江到澳門時表示，澳門率先就 23 條立法，樹立了特區維護國家

---

28. 〈香港願景計劃建議分階段為二十三條立法〉，大公網，2017 年 4 月 2 日，www.takungpao.com.hk/hongkong/text/2017/0402/71476.html。

安全的榜樣，鼓勵澳門各界再接再厲。【29】6 月，中聯辦主任張曉明稱：「（香港回歸）這二十年來如果說有遺憾的話，我的感覺就是香港本來可以發展得更快，但由於有一些人為的原因，沒有實現這種最理想的狀況，特別是泛政治化的傾向比較明顯，這不僅反映在行政立法關係方面，也表現在街頭運動上，這樣做的結果，不僅是導致了《基本法》第 23 條立法這樣的維護國家安全的重大立法一再拖延，也使得特區政府，很難把主要精力投放在解決經濟民生問題上。」【30】

---

29. 張德江，〈澳門率先為廿三條立法樹立特區榜樣〉，香港商報網，2017 年 5 月 9 日，www.hkcd. com/content/2017-05/09/content_1047423.html。

30. 〈張曉明指泛政治化礙港發展二十三條立法一再拖〉，香港新聞網，2017 年 6 月 19 日，https:// news.tvb.com/local/59475acf6db28cbf1c9f42fe/。

第六章

林鄭月娥時期第23條立法

~~~~~~~~~~~~~~~~~~~~~~~~~

一、林鄭月娥首次表態：努力創造條件

2017 年 6 月，候任行政長官林鄭月娥率領下屆政府主要官員在政府總部舉行記者會。至於任內會否為《基本法》23 條立法，林鄭月娥表示，為《基本法》23 條立法是特區的憲制責任，立法亦可以保障國家安全。不過由於政府過去曾為《基本法》23 條立法引起極大爭議，因此她在任內需要努力創造有利條件，才處理這個相當有爭議的問題。[1]

二、回歸二十周年習近平談「三條底線」

2017 年 7 月 1 日，香港舉行慶祝回歸廿周年大會暨新一屆政府就職典禮。國家主席習近平在就職典禮上發表講話。他在長篇講話中最矚目的是為「一國兩制」劃出三條底線。習近平明確表示，「危害國家主權安全、挑戰中央權力和《基本法》權威、利用香港對內地進行滲透」三種行為，是「對底線的觸碰，絕不允許」。[2]

---

1. 〈林鄭月娥說會在任內創造有利條件才處理為基本法二十三條立法〉，新城財經台網，2017 年 6 月 21 日，www.metroradio.com.hk/MetroFinance/News/NewsLive.aspx?SearchText=&NewsId=201170621145607&page=2。

2. 習近平，〈在慶祝香港回歸祖國 20 周年大會暨香港特別行政區第五屆政府就職典禮上的講話〉，新華社網，2017 年 7 月 1 日，www.xinhuanet.com//politics/2017-07/01/c_1121247124.htm。

其後林鄭月娥在回應記者提問時，就本屆政府會否就《基本法》23條立法回應說，香港近年出現新情況，作為特首肩負責任全面準確落實「一國兩制」和《基本法》，為了國家安全而按照《基本法》23條本地立法，是憲制責任。但鑒於社會對立法有很大爭議，需要很詳細分析和做解說工作，她希望任內可創造一個有利條件以展開立法工作。[3]

反對派經常將修改議事規則與《基本法》第23條掛鉤。林鄭月娥在12月12日行政會議前見傳媒時就表示，這是完全不成立的，「我對於《基本法》第23條的立場是清晰——這件事有爭議性，必須在社會上有一個比較可以理性討論、一個適合的環境才能夠履行我們在憲制上這個責任。」[4]

三、2017年：23條立法仍然不在政府施政日程

林鄭月娥在2017年行政長官施政報告中稱：特區政府有憲制責任就《基本法》第23條制訂法例以維護國家的安全。由於過去經驗顯示這個議題極容易引起社會爭議，本屆政府須權衡輕重、謹慎行事，並嘗試創造有利立法的社會環境，讓香港社會可以正面地處理這個對特區的憲制要求。[5]她隨後在接受傳媒訪問時坦言，未來一年都不會為23條立法，因為很多人都將23條視為「洪水猛獸」，故要先做「正名」工作，除去「標籤」和「妖魔化」的問題，讓公眾了解23條是保護國家和香港的安全、讓大家安居樂業，之後才可以談條文。[6]

---

3. 〈習近平畫出港獨底線 林鄭月娥將展開23條立法、簽署「粵港澳大灣區協議」〉，《聯合報》，2017年7月2日，第A08版。

4. 〈特首：修議規無關二十三條立法〉，《文匯報》，2017年12月13日，第A04版。

5. 《行政長官2017年施政報告》，www.policyaddress.gov.hk/2017/chi/policy.html。

6. 〈特首：二十三條須先「正名」除去「標籤」「妖魔化」讓公眾了解保國安港安〉，《文匯報》，2017年12月22日，第A10版。

四、2018年：戴耀廷言論及香港民族黨事件再次催生23條 立法討論

2018年3月25日，「佔中三子」之一、香港大學法律學院副教授戴耀廷在台灣出席一個論壇時發言，他認為中國目前的專制政權終會結束，中國「必會成為一個民主的國家」，屆時中國大陸不同族群包括上海、香港可實現民主普選及「人民自決」，各族群可以決定用何關係聯繫在一起，「我們可以考慮是否成為獨立國家，或與中國其他地區的族群組成聯邦或歐盟式邦聯」。該言論引發人們批評和討論。

特區政府發言人指出，對大學教員發表有關言論感到震驚，並予以強烈譴責，重申任何有關「港獨」的主張均不符合「一國兩制」、《基本法》以及香港社會整體和長遠利益。[7]戴耀廷回應，質疑政府打壓言論自由及是否為了在未來進行23條立法做勢。[8]

全國政協委員盧文端指出，戴耀廷所作所為已證明其支持和推動「港獨」，特區政府至今仍未對戴耀廷採取法律行動，促請當局對他的「播獨」和勾結外國勢力的行為進行調查，並研究是否起訴，若現有法律不足以完全制止其危害國家安全的行為，就應儘早啟動《基本法》第23條立法工作。[9]

2018年7月保安局宣布，根據警方建議考慮引用《社團條例》，禁止香港民族黨運作。8月14日，香港外國記者會（FCC）不顧外交部駐港特派員公署及香港特區政府的反對，邀請香港民族黨召集人陳浩天演講，主題為介紹「香港民族史」。9月，保安局正式刊憲禁止香港民族黨運作。香港民族黨負責人陳浩天其後向行政長官會同行政會議提出上訴，行會成立了由行會成員廖長江、任志剛及周松崗組成的三人小組處理這項上訴，並撰寫報告給行會。根據文件，行政長官會同行

---

7. 〈戴耀廷稱中國必將民主後港可考慮獨立 特區政府發「震驚譴責」〉，《明報》，2018年3月30日。

8. 〈就特區政府對本人發出譴責的聲明〉，戴耀廷臉書主頁，2018年3月30日。

9. 〈戴耀廷續煽「獨」政界促起訴〉，文匯網，2018年8月21日，http://news.wenweipo. com/2018/08/21/IN1808210005.htm。

政會議經審議後，確信有足夠理由頒下禁令，以保護國家安全、公眾安全、公共秩序、其他人的權利自由等等利益，駁回陳浩天之上訴。

10月，行政長官在《施政報告》中稱：特區政府有憲制責任為《基本法》第23條立法以維護國家安全。並稱，政府會審時度勢，謹慎行事，並繼續努力創造有利立法的社會環境，但這並不等於我們對違反《憲法》和《基本法》，試圖分裂國家、危害國家安全的行為視若無睹，不等於可用來處理若干應禁止行為的香港現行法例只能「備而不用」。又指，保安局局長上月引用《社團條例》採取行動（禁止香港民族黨運作），就是一個有力的說明。事件引起社會廣泛關注，亦引發對第23條立法工作的熱烈討論。行政長官表示會認真聆聽社會意見，探討如何讓香港社會可以正面地處理這個對特區的憲制要求。[10]

在發布《施政報告》後的記者會上，林鄭月娥指政府無23條立法時間表。她說：「《基本法》23條表述，的確與往年不同，這不同也是有原因，過去十二個月發生什麼事，大家跟我一樣清楚，所以特區政府不能當什麼事都沒發生，對於違反國家安全行為，我們不會視若無睹，不會閉上眼當看不見。我會繼續用心聆聽，看看是否能夠找到一個方法，讓社會正面地為《基本法》23條本地立法工作，找到一個方法前行，但今天你問我是否有時間表，我沒有時間表。」[11]

11月，自由黨榮譽主席田北俊在電台節目中提到，香港未來難以再與中央就23條立法問題討價還價，「無論未來五年、十年，就算有貿易戰，香港優勢對中央都是愈來愈弱」，憂愈遲立法，草案條文內容只會愈來愈辣，「玩下手到2047年，到時23條變成國安法」，故應儘快展開諮詢。他相信，現時經諮詢及北京首肯的法例會「辣啲」，但「有個譜」。[12]

---

10. 《行政長官2018年施政報告》，www.policyaddress.gov.hk/2018/chi/policy.html。

11. 〈特首：政府暫無為二十三條立法訂時間表正尋找方法前行〉，無線新聞網，2018年10月10日，https://news.tvb.com/local/5bbdaecbe60383fa7a2310b1/。

12. 〈田北俊倡23條立法 憂再拖或變國安法〉，《星島日報》，2018年11月17日，第A07版。

2019 年 2 月 26 日，中央人民政府向行政長官發函，支持特區政府依法禁止香港民族黨運作，並要求行政長官就此事提交報告。函件指出，「依據《中華人民共和國憲法》和《中華人民共和國香港特別行政區基本法》，香港特別行政區應當依法履行維護國家安全的憲制責任。香港特別行政區是中華人民共和國不可分離的部分，是直轄於中央人民政府的一個享有高度自治權的地方行政區域。維護國家主權、統一和領土完整，是香港特別行政區政府的職責，也是包括香港同胞在內的全中國人民的共同義務。」[13] 4 月 16 日，行政長官向中央政府提交了有關報告，指出「維護國家安全是香港特區應有之責。香港特區政府對『港獨』的立場，是十分清晰及明確的。『港獨』不符合香港特區在《基本法》下的憲制及法律地位，亦與國家對香港既定的基本方針政策抵觸。任何破壞國家安全的行為，都不符合國家利益，更會為香港社會帶來動蕩。香港特區政府會繼續嚴格按照《基本法》和相關法律，在香港特區禁止包括『港獨』在內的任何危害國家安全的行為和活動，維護國家安全利益。」[14]

五、2019 年：「反修例風波」引發國家安全立法大討論

2019 年，香港因修訂《逃犯條例》而爆發了長達數月之久的政治動亂。為避免激化矛盾，特區政府最初選擇暫時回避 23 條立法的議題。林鄭月娥承認，過去《施政報告》文本有提及 23 條立法的憲制責任，惟今年（2019）沒有在報告內提及。她稱，23 條立法工作回歸以來做過一次，引起社會很大紛爭，她一向的說法是必須要審時度勢，在適當環境未來到前，如有其他法律可用作維護國家安全，政府不能避而不

---

13. 《中央人民政府關於香港特別行政區政府依法禁止「香港民族黨」運作的意見》，國函〔2019〕19 號。

14. 〈行政長官向中央人民政府就依法禁止「香港民族黨」運作提交的報告〉，香港政府新聞網，2019年 4 月 18 日，www.info.gov.hk/gia/general/201904/18/P2019041800415.htm。

用。她續稱，其特首任期已屆一半，「現在看來，我連目前紛爭暴亂行為都未能完全可以遏止，要做另一場非常有爭議的工作，機會實在比較低。」[15]

2019年11月，中共中央十九屆四中全會通過決定，其中指出「建立健全特別行政區維護國家安全的法律制度和執行機制，支持特別行政區強化執法力量」[16]。國務院港澳辦主任張曉明發表文章，闡述中共十九屆四中全會通過的《決定》中有關港澳的內容，認為香港未完成《基本法》第23條立法，是近幾年來「港獨」等本土激進分離勢力的活動不斷加劇的主要原因之一，並形容建立健全維護國家安全的法律制度和執行機制，強化執法力量，已成為擺在香港特區政府和社會各界人士面前的突出問題和緊迫任務。[17]

12月，林鄭月娥赴北京向國家領導人述職。在總結訪京行程時，有媒體追問林鄭月娥，中央領導在會面中是否要求加快23條立法。她回應，按《基本法》23條作本地立法，維護國家主權、安全、發展利益是香港的憲制責任。不過，23條立法曾在香港引起爭議，所以要審時度勢，找到好的機會、條件及環境才可推行。她表示，如今首要工作是針對六個月的社會動盪及暴力事件去遏制暴力，令香港早日回復平靜。[18]

2020年2月，建制派立法會議員何君堯牽頭成立「廿三同盟」，發起網上聯署行動，要求立即展開《基本法》第23條立法程序。至3月，收集了過百萬個來自本地、內地和海外的網上簽名。[19]

---

15. 〈林鄭：暴徒要為破壞香港負責推23條機會低〉，明報新聞網，2019年10月16日，https://news.mingpao.com/ins/ 港聞 /article/20191016/s00001/1571213473553/【施政報告】林鄭 - 暴徒要為破壞香港負責 - 推23條機會低 - 預告明晚8時 fb 直播。

16. 《中共中央關於堅持和完善中國特色社會主義制度推進國家治理體系和治理能力現代化若干重大問題的決定》，2019年10月31日，中國共產黨第十九屆中央委員會第四次全體會議通過。

17. 〈張曉明：23條未立法加劇「港獨」指建立健全國安法制乃緊迫任務〉，《星島日報》，2019年11月10日，第 A06 版。

18. 〈特首：二十三條立法要審時度勢〉，《文匯報》，2019年12月17日，第 A02 版。

19. 〈何君堯收百萬簽名促23條立法〉，《星島日報》，2020年3月14日，第 A10 版。

3月31日，林鄭出席行政會議前答記者問時指出，特區成立已超過22年，「一條維護國家安全的憲制要求我們都沒有達至，當然是可惜及遺憾，但目前應將主要精力放在防疫工作。」[20]

5月，全國人大常委譚耀宗接受電視訪問時表示，本月下旬「兩會」舉行期間，有港區全國人大代表向領導人提出討論《基本法》第23條立法事宜並不出奇，他認同立法有迫切性，希望在明年完成立法，以保障國家安全。[21] 他形容23條立法是政府「一件空白未做好的事」，當局需實事求是去履行責任，除了需要合適的環境氛圍，亦要經過立法過程及諮詢立法會，最終若可填補空白，香港整體的形勢都可朝《基本法》去正面發展。隨後，港區人大代表陳曼琪在人大會議上提出議案，建議中央按照《基本法》，制定《中華人民共和國香港特別行政區維護國家安全法》的全國性法律，並納入《基本法》附件三，不需通過香港特區立法會就可以在港實施。[22]

六、全國人大制定香港國家安全法

2020年5月28日，第十三屆全國人大第三次會議通過了《全國人民代表大會關於建立健全香港特別行政區維護國家安全的法律制度和執行機制的決定》。人大副委員長王晨在《決定草案說明》中指出，「它（23條立法）既體現了國家對香港特別行政區的信任，也明確了香港特別行政區負有維護國家安全的憲制責任和立法義務。然而，香港回歸二十多年來，由於反中亂港勢力和外部敵對勢力的極力阻撓、干擾，23條立法一直沒有完成。而且，自2003年23條立法受挫以來，這一立法在香港已被一些別有用心的人嚴重污名化、妖魔化，香港特別行

---

20. 〈行政長官於行政會議前會見傳媒開場發言及答問內容（附短片）〉，香港政府新聞網，2020年3月31日，www.info.gov.hk/gia/general/202003/31/P2020033100350.htm。

21. 〈譚耀宗：望23條立法明年完成〉，《星島日報》，2020年5月3日，第A04版。

22. 〈「港獨」違國家安全 須填補23條空白〉，《星島日報》，2020年5月15日，第A04版。

政區完成 23 條立法實際上已經很困難。香港現行法律中一些源於回歸之前、本來可以用於維護國家安全的有關規定，長期處於『休眠』狀態。除了法律制度外，香港特別行政區在維護國家安全的機構設置、力量配備和執法權力等方面存在明顯缺失，有關執法工作需要加強；香港社會需要大力開展維護國家安全的教育，普遍增強維護國家安全的意識。總的看，《香港基本法》明確規定的 23 條立法有被長期擱置的風險，香港特別行政區現行法律的有關規定難以有效執行，維護國家安全的法律制度和執行機制都明顯存在不健全、不適應、不符合的『短板』問題，致使香港特別行政區危害國家安全的各種活動愈演愈烈，保持香港長期繁榮穩定、維護國家安全面臨着不容忽視的風險。」[23]

該《決定》第 3 條規定，「香港特別行政區應當儘早完成香港特別行政區基本法規定的維護國家安全立法。」《決定》第 6 條授權全國人大常委會就建立健全香港特別行政區維護國家安全的法律制度和執行機制制定相關法律，切實防範、制止和懲治任何分裂國家、顛覆國家政權、組織實施恐怖活動等嚴重危害國家安全的行為和活動以及外國和境外勢力干預香港特別行政區事務的活動，並將該法律列入《基本法》附件三，由特區公布實施。

2020 年 6 月 30 日，全國人大常委會通過《中華人民共和國香港特別行政區維護國家安全法》，並列入《基本法》附件三。同日，該法律由行政長官簽署刊憲並施行。

七、港府：正在進行準備工作，但本屆政府任期難以完成

2021 年 3 月，保安局局長李家超在立法會接受議員質詢時表示，特區政府已就 23 條立法展開多方面工作，並會儘快完成立法，但考慮

---

23. 〈關於《全國人民代表大會關於建立健全香港特別行政區維護國家安全的法律制度和執行機制的決定（草案）》的説明〉，2020 年 5 月 28 日，中國政府網，www.gov.cn/xinwen/2020-05/28/content_5515771.htm。

到其複雜性，預計難以於本屆立法會任期內完成。[24] 6月，行政長官林鄭月娥出席行政會議前見傳媒時進一步表示，由於本屆特區政府只剩餘一年任期，難以在屆內完成23條立法工作，但特區政府會爭取時間做好足夠的籌備工作。[25]

7月，新任政務司司長李家超接受鳳凰衛視專訪時表示，香港本土恐怖主義已敲響警號，要提防黑暴活動走向地下的跡象。他透露，《基本法》23條立法的籌備工作正在進行中，形容最重要是立法內容須足以處理最極端的情況。[26]

9月，新任保安局局長鄧炳強接受本地傳媒專訪時表示，《基本法》23條本地立法具有必要性和有迫切性，保安局正進行研究，重新擬定全新的23條立法草案，將重點立法規管竊取國家機密，即間諜活動、外國政治組織在香港活動，以及香港政治組織與外國政治組織的活動。[27]

10月，行政長官林鄭月娥在2021年《施政報告》中提出，積極推展《基本法》第23條的本地立法工作，保安局局長正參考過往的研究和資料、《香港國安法》的執行經驗及法庭相關裁決，根據香港實際情況，制訂有效和務實的方案和條文，並擬備有效的宣傳計劃，不讓反中亂港分子有機可乘，蠱惑人心。[28] 她隨後在有關《施政報告》記者會上回應傳媒提問時說，《基本法》第23條本地立法是憲制責任，每一名官員不會再採取模棱兩可、回避的態度，而是理所當然、理直氣壯，但由於立法不是簡單的事，涉及大量工作，故在本屆政府完成立法似乎是不切實際，時間表必定在下一個立法會期內完成，但取決於公眾

---

24. 〈李家超：本屆立會難完成二十三條立法〉，《大公報》，2021年3月18日，第A6版。

25. 〈林鄭：爭取時間籌備二十三條立法〉，《文匯報》，2021年6月23日，第A03版。

26. 〈李家超：正籌備23條立法〉，《頭條日報》，2021年7月23日，第P10版。

27. 〈鄧炳強：正研擬全新二十三條立法草案針對叛國顛覆等七罪類〉，香港商報網，2021年9月23日，www.hkcd.com/hkcdweb/content/2021/09/23/content_1295510.html。

28. 《行政長官2021年施政報告》，www.policyaddress.gov.hk/2021/chi/policy.html。

諮詢及草擬工作的速度。林鄭月娥並強調，要做好公眾宣傳工作，防止再出現修例風波被人騎劫、大量抹黑、蠱惑人心。【29】

2022年1月，行政長官林鄭月娥會見傳媒開場發言時表示，首先，為維護國家安全進行本地立法是《基本法》第23條的要求，也是香港特區的憲制責任。我們過去二十多年沒有把這事情做成，現在有了《香港國安法》，為我們處理了部分的問題，但是《香港國安法》只是針對四類危害國家安全的行為，所以我們需要繼續努力，把這件事做好。保安局局長已經在內部做了一些研究和分析。關於怎樣進行第23條立法，首先是我們以2003年的建議作為基礎；但經過了20年，很多事情都已經有了變化，例如科技，往後第23條的本地立法不可能沿用2003年的建議。另外，《國安法》也有一些法庭的案例，這個也要考慮。第三是考慮香港整體社會的情況，現在我們是希望在本屆政府完結前，即明年6月底前，能提出討論。要把它完成立法，應該不可能了，因為新的立法會在1月1日才上任，半年之內要為這麼重要的議題完成整個立法的程序不太現實。【30】

2022年1月27日，保安局局長鄧炳強出席立法會質詢環節時，被問到如何應對大量外國間諜在香港的活動。他表示，現時的《官方機密條例》過時，只針對接近禁區等行為，未能涵蓋其他間諜行為。他承諾，在《基本法》23條立法時，會一併檢討完善相關條例，加強反間諜能力，更好地防範間諜及竊取國家機密的罪行。他希望今屆政府完結前展開諮詢工作，爭取2022年下半年把草案提交立法會審議。【31】鄧炳強還說，會檢視是否擴闊現行法例中「政治性團體」的定義，因為「現時《社團條例》有定義何謂政治團體，包括政黨、宣稱政黨，或有組織的功能主要在於選舉的宣傳或預備選舉，我們看到2019年起，很多從

29. 〈積極推展基本法二十三條立法 下屆會期完成時間表 另推網絡安全法護港資訊基建〉，《文匯報》，2021年10月7日，第A07版。

30. 〈行政長官會見傳媒開場發言及答問內容〉，香港政府新聞網，2021年10月6日，www.info.gov.hk/gia/general/202112/20/P2021122000651.htm。

31. 〈鄧炳強：廿三條立法一併加強反間諜〉，《星島日報》，2022年1月27日，第A04版。

事危害國家安全的組織，未必只在剛才的定義當中，因此我們正在檢視，是否要將政治團體定義擴闊……我們要有研究工作，參考我們國家及和外國相關法例、香港實際情況，以及2019年黑暴情況，作整體考慮，從而制訂最適合有效應對危害國家安全的法例。」我們亦必須研究23條本地立法是否需要具有「域外效力」，對境外的危害中國國家安全行為，行使刑事管轄權。[32]

　　2月8日，立法會保安事務委員會舉行視像會議，保安局局長鄧炳強表示，政府正積極推展《基本法》第23條立法的工作，包括檢視將涵蓋哪類罪行和行為，以確保有關法例除可有效處理過去和現在的國家安全風險外，亦具前瞻性以應對將來可能出現的風險。此外，亦會參考2003年提交立法會的相關法案、相關的全國性法律及其他司法管轄區的同類法律、《香港國安法》的實施經驗，以及相關的法庭裁決。目前的計劃是於2022年5月就《基本法》第23條立法的建議諮詢事務委員會。對於啟動現有法例以針對危害國家安全的行為，陳曼琪議員認為，當局應借機將某些有關條例（例如《刑事罪行條例》（第200章）及《官方機密條例》（第521章））中仍帶有殖民色彩的條文或提述作適應化修改。局長保證，當局會在根據《基本法》第23條立法的工作中研究上述事宜。[33]

　　4月，第五屆行政長官選舉唯一候選人李家超談及《基本法》第23條立法。他重申自己的立場清晰，23條立法必須做，也會儘快做。若自己成功當選特首，《基本法》第23條的立法將成為工作重點，會和相關部門積極討論，立法步伐會按社會實際情況進行。香港過去因國家安全威脅發生一些令人悲痛的事情，令大家認識到當國家安全受到威

32. 〈局長專訪：鄧炳強談二十三條立法：研擴闊政治團體定義 設域外效力〉，大公文匯網，2022年2月3日，www.tkww.hk/a/202202/03/AP61fb2aa7e4b0ec690ce4a304.html。

33. 立法會CB(2)592/2022號文件，《保安事務委員會以視像會議形式舉行的遙距政策簡報會及會議會議紀要》，www.legco.gov.hk/yr2022/chinese/panels/se/minutes/se20220208.pdf。

脅，除了整體社會外，個別人士也會受到傷害。社會須居安思危，確保對國家安全風險有足夠管控。【34】

　　總的來看，林鄭月娥在任職行政長官期間對 23 條立法的態度曖昧不清，她雖然一直強調 23 條立法是港府的憲制責任，但卻遲遲未進行實質性工作。事情的轉折點出現於 2020 年 6 月 30 日全國人大常委會通過《中華人民共和國香港特別行政區維護國家安全法》並以全國性法律形式納入《香港基本法》附件三中。自此，政府方才開始進行本地立法準備工作。其原因有二，一是反修例風波使得香港市民對國家安全的社會心理發生變化，市民愈發覺得國家安全需要法治維護，這為港府推進 23 條立法創造了社會條件；二是中央通過「決定＋立法」這種直接立法模式為港府進行本地立法提供了動力和法律支持，《香港特別行政區維護國家安全法》的頒布為本地立法開闢了道路，提供了有利環境，且為之大大減少了社會阻力。

---

34. 〈香港特區第 23 條立法 李家超：必須做儘快做〉，聯合早報網，2022 年 4 月 16 日，www.zaobao.com/news/china/story20220416-1263157。

第一部分 《香港基本法》第23條立法專論

第七章

國家安全立法：自行立法與中央事權

《基本法》第 23 條規定：「香港特別行政區應自行立法禁止任何叛國、分裂國家、煽動叛亂、顛覆中央人民政府及竊取國家機密的行為……」從字面上看，國家安全立法應由香港自行立法，本身並無可探討空間。但從中央與特區關係的宏觀視角來看其實並非這麼簡單。縱觀世界通例，關於國家安全這種重大事項一般都是有國家直接立法，但由於香港特區實行「一國兩制」，考慮尊重香港特區的「高度自治」和資本主義制度，中央特別授權香港特區「自行立法」，對國家安全立法因此成為特區的一項憲制責任。

一、特區「自行立法」是它的憲制責任

《基本法》第 23 條可被理解為要求特區在回歸後的合理時間內就其所涉及的事項立法。「自行立法」不意味着香港有權無限期地推遲就第 23 條立法，因為這等於讓香港自行決定是否就第 23 條立法。如果香港特區未能及時履行第 23 條規定的憲法義務，中央當局理應有權干預。畢竟，第 23 條法例的目的是保護中華人民共和國的主權、安全和利益。[1]「應自行立法」的正確理解是：第 23 條立法是特區的憲制義務，中央有權力督促、推進並監督特區的第 23 條立法，尤其在立法內容上，第 23 條立法應當符合授權的目的——維護國家主權安全。也就

---

1. Chen, A. H. Y., "Constitutional controversies in the aftermath of the anti-extradition movement of 2019", *Hong Kong L.J.*, Vol. 50 (2020), p. 609.

說，「自行立法」之「自行」是一種形式上的自己立法，在立法方式和手段上香港可以自行選擇，但是立法內容應當符合授權目的。[2] 基於《基本法》第 17 條第 3 款，全國人大常委會將有權審查涉及中央與特區關係的 23 條立法的內容。[3]

但香港回歸二十多年，自 2003 年 23 條立法失敗以後，香港社會便視 23 條立法為洪水猛獸，討論此話題也極具敏感性。香港歷屆特首也對此問題一律採取回避和拖延態度（參見本書第一部分）。第 23 條立法一日不成功，香港便始終存在維護國家安全方面的缺口，部分也因此導致爆發了「旺角暴亂」、「佔中」事件以及「反修例風波」。

二、推進 23 條立法的進路及各種意見

因此，在看到香港特區政府無力再次啟動第 23 條立法的希望時，學者開始思考香港維護國家安全的不同路徑。2014 年 4 月 6 日，北京大學教授、港澳基本法委員會委員饒戈平首次提出在香港遲遲不能將 23 條立法開展的情況下，23 條立法或可採用其他方式來推進。他指出了 23 條立法的其他可能路徑：一是可以暫時把內地的《國家安全法》在香港試用，二是由中央制定暫時適應香港的安全法。[4] 值得注意的是，無論是暫時試用內地法還是由中央直接立法，其都是「暫時試用」，當香港具備條件開展 23 條立法並完成立法任務，以上暫時試用的安全法都將失去效力。

本來這種觀點在香港本地並未形成影響力，但 2015 年內地審議修改《國家安全法》，港區人大代表吳秋北提議可將《國安法》的條文以附

---

2. 劉誠、徐書咏，〈中央保留原則下的《香港基本法》第 23 條立法〉，《當代港澳研究》第 10 輯，第 134–135 頁。

3. Fu, H. L, Cullen, R., & Choy, P., "Curbing the enemies of the state in Hong Kong — What does Article 23 require?", (2002) 5 *J Chinese of Comp L* 45.

4. 饒戈平，〈23 條未立法 香港或可用其他方式推進〉，大公網，2014 年 4 月 6 日，news. takungpao.com/hkol/politics/2014-04/2403782.html。

件形式納入《基本法》，在香港未就 23 條立法之前，讓《國家安全法》適用於香港。[5]他並表示會在 2015 年人大政協兩會期間提出議案。[6]此舉迅速引發香港本地的激烈爭論，時任行政長官梁振英也立即作出回應，表示「不清楚吳秋北建議的具體情況，但強調特區政府沒有就此問題進行研究和準備，也沒有計劃進行《基本法》23 條立法」[7]。時任保安局局長黎棟國也回應說：「本局沒有就吳秋北的建議和《國安法》是否適用香港特區等相關事情進行研究。」[8]

社會各界代表也紛紛發聲，大律師湯家驊認為，有關建議不符合《基本法》。他說，既然《基本法》本身在第 23 條清楚說明，香港的國安問題應自行立法，他看不到憲法上有空間，可以將全國性法律凌駕於《基本法》第 23 條。民主黨主席劉慧卿亦指出，吳秋北的言論是挑戰《基本法》和挑戰香港人。來自法律界的立法會議員郭榮鏗批評，該建議反映錯誤理解《基本法》設定的立法機制，貿然引入大陸刑事法，無疑嚴重危害「一國兩制」及香港的法治。[9]

香港學界以香港大學法律學院院長和著名憲法學者陳弘毅為代表，也反對此做法。陳弘毅認為香港目前先根據第 23 條自行立法是適當做法，且 23 條自行立法允許香港擁有較寬鬆的法律制度，體現尊重

---

5. 〈吳秋北擬建議《國安》適用香港〉，明報新聞網，2015 年 1 月 19 日，https://news.mingpao.com/ins/ 港聞 /article/20150119/s00001/1421672402434/ 吳秋北擬建議《國安》適用香港。

6. 〈二十三條立法特區憲制責任〉，《文匯報》，2015 年 1 月 21 日，第 A2 版。

7. 同上註。

8. 同上註。

9. 〈吳秋北建議《國安法》適用香港惹爭議〉，RFA 自由亞洲電台粵語部，2015 年 1 月 20 日，https://www.rfa.org/cantonese/news/HK-subversion-01202015075228.html。

自由和人權。[10] 香港大學法律學院陳文敏教授直言將《國家安全法》引入《基本法》附件三「違憲」。[11]

　　內地學者也有對中央如何介入 23 條立法進程的學理分析。嚴椰銘將國家安全立法路徑分為「自行立法」和「中央立法」，其中「自行立法」又可以有兩種選擇，一是香港主動完成立法，因為香港應當履行維護國家安全的憲制責任；二是中央指令香港完成國家安全立法，這是依據《基本法》第 48 條第 8 款中央指令權，根源於中央對香港的監督權。「中央立法」是一種過渡手段，它是指在香港未完成第 23 條本地立法之前，由中央制定暫行法，待香港自行立法後，宣布暫行法失效。[12]

三、《基本法》授權特區國安立法並不排除中央直接立法

　　2019 年的反修例風波和 2020 年《香港國安法》的頒布從根本上改變了 23 條立法討論的語境。在這一情勢下迫切需要釐清的問題是：既然《基本法》第 23 條已經規定了香港特區應「自行立法」，是否意味着中央直接立法違背《基本法》？部分香港學者認為，由中央立法明顯違反《基本法》23 條的文義。[13] 但主流的見解認為中央立法模式的正當性來源於國家安全立法從本質上屬中央事權，而《基本法》23 條的措辭又並未將這一權力排他性地授予給特區。

　　全國人大本身便享有在主權範圍內國家安全立法權，其存在天然的正當性。國家安全通常指的是國家作為政治權力的主體或者國際公

10. 陳弘毅，〈二十三條自行立法體現港高度自治〉，中國評論新聞網，2015 年 1 月 21 日，http://hk.crntt.com/doc/1035/8/4/2/103584288.html?coluid=7&kindid=0&docid=103584288。

11. 陳文敏反對的理由是「因《基本法》已說明香港是自行立法」，可以看出，其實此處是指該做法「違背《香港基本法》」。詳見原文：陳文敏，〈引入《國安法》違憲〉，博訊新聞網，2015 年 1 月 24 日，http://news.boxun.com/news/gb/taiwan/2015/01/201501240521.shtml。

12. 嚴椰銘，〈香港國家安全立法的路徑選擇〉，《特區實踐與理論》，2018 年第 5 期，第 106–111 頁。

13. Chan, J. W. M., "Five reasons to question the legality of a National Security Law for Hong Kong", Verfassungs Blog, June 1, 2020, https://verfassungsblog.de/five-reasons-to-question-the-legality-of-anational-security-law-for-hong-kong/.

法主體的安全，[14]它是一個與國家主權緊密聯繫的概念，國家安全屬國家主權和中央治權的體現。[15]國家安全由最高國家立法機關制定是世界各國的通例。香港特別行政區雖然與內地施行不同的社會制度，但回歸後其主權便屬中華人民共和國，因此香港也是中國主權範圍內的一部分，對於國家安全，全國人大當然享有為國家安全立法的權力。

在「一國兩制」框架下，中央與香港特區之間的關係是授權與被授權關係，中央通過《香港基本法》所構建的是一種授權框架。[16]《基本法》是一部授權性法律。[17]中央充分尊重香港特區高度自治權，授權香港特區進行國家安全立法。維護國家安全立法權有別於一般事項的立法權，一般由中央行使，將該項權力授予地方政府的情形，殊為少見。香港特區《基本法》第23條將此類權力授予特區，是特區高度自治的體現，亦是中央對特區的信任。[18]依據《基本法》第2條規定，香港特區享有高度自治權，但這種高度自治權是全國人大通過授權方式給予香港特區的，必須是「依照本法的規定」，因此授權的限度必須是在《基本法》法定範圍內，這種授權並非「完全授權」，香港特區也並非「完全自治」，否則便脫離了「一國兩制」的基本框架。在「一國兩制」原則下，《基本法》第23條規定了香港特區應自行立法禁止危害國家安全的七種行為。但需要注意的是，全國人大對香港特區的授權屬「部分授權」，全國人大仍保留對香港國家安全立法的權力。

---

14. 吳慶榮，〈法律上國家安全概念探析〉，《中國法學》，2006年第4期，第66頁。

15. 梁美芬，《〈香港基本法〉：理論與實踐》，法律出版社，2015年版，第195頁。

16. 周葉中、張小帥，〈再論全國人大對香港特別行政區的國家安全立法權〉，《江漢大學學報（社會科學版）》，2016年第4期，第7-8頁。

17. 吳邦國，〈深入實施《香港特別行政區基本法》，把「一國兩制」偉大實踐推向前進 —— 在紀念《中華人民共和國香港特別行政區基本法》實施十周年座談會上的講話〉，《全國人大常委會香港基本法委員會辦公室‧紀念〈香港基本法〉實施十周年文集》，中國民主法制出版社，2007年版。

18. 葉海波，〈《香港特區基本法》第23條的法理分析〉，《時代法學》，2012年第4期，第105頁。

從授權方式來看，香港特區對第 23 條立法不是無條件的，它應當符合授權的目的，這就是蘊含在第 23 條中的「中央相對保留」。[19] 有保留的授權意味着在第 23 條立法問題上，中央的授權不是絕對的、無條件的，而是有所保留。[20] 特區《基本法》第 23 條是中央對特區的指示與命令，也是基本法中唯一的命令性條款。一言以蔽之，第 23 條是授權性規範與命令／義務性規範的集合，其基本含義是，中央通過《基本法》將維護國家安全的立法權授予特區，特區享有一定的立法自主權，但同時必須履行立法的義務，承擔立法的責任。[21] 也可以說，《基本法》第 23 條具有雙重性質，一方面帶有強制性義務設定的性質，另一方面帶有法定的公務委託代理的性質，公務的法定委託代理有其特殊性，中央與地方之間的法定委託代理性質更加特殊，地方不能拒絕委託，但必要時中央可以收回委託，親自履行相應的公務，行使該項權力。[22]「部分授權」有兩種含義，一是香港特區「自行立法」只是授予其立法方式的自主性，但立法內容上應當符合授權的目的——維護國家主權安全；二是中央有權力督促、監督香港特區推進 23 條立法，特區《基本法》是憲制性的授權法律，通過《基本法》第 23 條，中央特別授予特區維護國家安全立法權，第 23 條立法屬特別授權立法，中央對第 23 條立法享有監督權和審查權。[23] 當香港特區怠於或無力行使相關權力時，中央有權採取必要手段監督、敦促、指導香港特區政府履行《香港基本法》第 23 條規定的立法義務，或者由中央直接立法維護國家安全。[24]

---

19. 依據中央權力的階梯保留結構，中央和香港特區在不同事項中權利保留模式可以分為絕對保留、相對保留和不保留。參見劉誠、徐書詠，〈中央保留原則下的《香港基本法》第 23 條立法〉，《當代港澳研究》，2013 年第 1 期，第 133–134 頁。

20. 劉誠、徐書詠，同上，第 134–135 頁。

21. 葉海波，〈《香港特區基本法》第 23 條的法理分析〉，《時代法學》，2012 年第 4 期，第 105 頁。

22. 陳端洪，〈論《香港基本法》第 23 條的性質〉，《信報》，2020 年 5 月 28 日。

23. 葉海波，〈《香港特區基本法》第 23 條的法理分析〉，《時代法學》，2012 年第 4 期，第 104 頁。

24. 郭天武、呂嘉淇，〈香港特別行政區維護國家安全立法探析〉，《統一戰線學研究》，2020 年第 4 期，第 81 頁。

第八章

23條立法禁止的「七類行為」

～～～～～～～～～～～～～

　　《基本法》第 23 條要求香港特區應立法禁止叛國、分裂國家、煽動叛亂、顛覆中央人民政府、竊取國家機密行為，禁止外國的政治性組織或團體在香港特別行政區進行政治活動、禁止香港特別行政區政治性組織或團體與外國的政治性組織或團體建立聯繫。23 條立法的「七宗罪」有的源於香港原有法律，有的源於中國法。在回歸初期，傅華伶等人即關注到普通法中的煽動和叛逆罪行，與叛國、顛覆和煽動叛亂有着很強關聯。通過梳理立法史，傅華伶發現香港的煽動罪比宗主國英國的煽動罪更加嚴苛，主要體現在煽動意圖的推定性規定，以及出版、持有煽動文字的罪行。近一個世紀以來，美英等國發展出了「鼓吹使用武力」的定罪門檻，大大縮小了煽動罪的打擊範圍，但香港法律還沒有滿足這一要求。[1]普通法的叛逆罪也在過去一個世紀發生了重大變化。叛逆罪的核心仍然是向本國發動戰爭和叛亂的行為，但戰爭時期的叛逆罪、和平時期的叛逆罪與「準叛逆罪」之間有了更明確的區分，香港《刑事罪行條例》第 I 部第 2 條和第 3 條也體現了這種區分。顛覆本身在普通法中不是一種犯罪，但顛覆活動通常屬叛逆罪的一個類別。[2]

---

1. Petersen, C., *Preserving Civil Liberties in Hong Kong: The Potential Impact of Proposals to Implement Article 23 of "the Basic Law"*, University of Hong Kong, 23 November 2002.

2. Fu, H. L., Cullen, R., & Choy, P., "Curbing the enemies of the state in Hong Kong — What does Article 23 require?" (2002) 5 *J Chinese of Comp L* 45.

如果說「顛覆」的概念還能被普通法的叛逆罪行所包含，那麼分裂國家就幾乎完全無法找到對應的普通法概念了。禁止分裂國家是《香港基本法》第 1 條確立的「不可分離」原則的應有之義，和落實該條的實施性規定，並從根本上源於中國高度重視國家統一的憲法特質。針對分裂國家罪，內地學者將之與叛國罪進行區別分析，分裂國家罪是對國家內部秩序的侵犯，而叛國罪是對國家外部秩序的侵擾；叛國罪都要求進行戰爭，而分裂國家罪的構成要件為武力或嚴重犯罪手段、戰爭；叛國罪的犯罪主體只包括中國公民，而分裂國家罪的犯罪主體包括任何人。[3]

2010 年代，有內地學者建議在香港原有法律的基礎上進行法律適應化，以達到 23 條立法的要求。[4]在對香港現行法律規定存在問題及修改建議進行了細緻整理後，發現香港現存法律中《刑事罪行條例》、《社團條例》、《官方機密條例》，以及《公安條例》已經有一部分關於維護國家安全的罪名，但相關規定仍然不夠完善。如果依照《基本法》第 23 條的標準，主要存在以下幾方面問題：一是欠缺對關鍵概念的定義，比如《官方機密條例》欠缺對「國家機密」的規定，《社團條例》欠缺對「外國政治性組織和團體」的禁止性規定；二是現行法律已有規定但未被充分執行和適用，比如《刑事罪行條例》第 2 條「叛逆罪」、第 3 條「叛逆性質的犯罪」、第 9 條「煽動意圖罪」進行替換解釋可以對應《基本法》第 23 條叛國、分裂和顛覆行為；三是現行規定存在法律漏洞，比如無法從根本上解決危害國家安全的政治性組織的法律地位，無法有效處理涉嫌「分裂」及「顛覆」的煽動性言行。根據上述問題，第 23 條立法可在啟動、修訂和增補現有法例的基礎上進行。對法律空白進

---

3. 李建星、李梓雯，〈分裂國家罪的構成與立法路徑 —— 以《香港基本法》第 23 條為視角〉，《地方立法研究》，2018 年第 3 期，第 56–66 頁。

4. 宋小莊，〈《香港基本法》第 23 條實施的新思路〉，《紫荊論壇》，2018 年第 1–2 月號。

行增補，面對法律適用問題和規定不明確進行修訂，將基本達到《基本法》第 23 條的標準。[5]

　　2020 年 6 月 30 日全國人大常委會頒布的《香港國安法》規定了分裂國家、顛覆國家政權、恐怖活動、勾結外國或者境外勢力危害國家安全「四大罪行」。這四大罪行不同程度覆蓋或涉及了 23 條立法的內容。例如，分裂國家罪將分裂國家的概念細化為「分離」、「非法改變地方的法律地位」、「劃歸外國統治」；顛覆國家政權罪將特區政權機關納入保護範圍，比 23 條規定的「顛覆中央人民政府」更廣；分裂國家、顛覆國家政權和恐怖活動的煽動罪形態包含了「煽動叛亂」的絕大多數情況；「勾結外部罪」下的「為外國或者境外機構、組織、人員竊取、刺探、收買、非法提供涉及國家安全的國家秘密或者情報」也涉及了「竊取國家機密」的主要情形。由此產生的問題是，特區的 23 條立法還需要對哪些內容作出規定，才算完成了《基本法》規定的憲制責任？23 條立法可否涉及《香港國安法》已有規定的罪行，細化（甚至修訂[6]）後者的內容，抑或是要在後者的基礎上進一步「加辣」（意即加強力度和嚴厲程度）？

---

5. 盧雯雯、鄒平學，〈香港現行法律和《基本法》第 23 條的關係：兼論適應化立法路徑的可行性〉，《港澳研究》，2019 年第 3 期，第 24–34 頁。

6. 〈港版國安法：梁美芬促儘早完成 23 條 不排除藉此移除「人大版」〉，香港 01 網站，2020 年 5 月 30 日，www.hk01.com/ 深度報道 /479678/ 港版國安法 - 梁美芬促盡早完成 23 條 - 不排除藉此移除 - 人大版。

第九章

2003年第23條立法失敗原因檢討

《香港基本法》第23條立法失敗原因涉及很多方面。第一，就條文自身來說，由於兩地法制文化的不同，港人對一些罪名的理解存在很大的誤解；第二，就立法程序來說，2003年《基本法》第23條草案立法的其中一個最大的爭議，是政府只以「藍紙草案」諮詢；第三，從立法會政治勢力來看，立法會的議員分大體為兩個派別，一個是「堅持愛國愛港」的建制派，一個是「逢中必反、逢特首必反」的泛民主派，但建制派與政府的聯盟關係並不牢固，自由黨倒戈是造成立法失敗的直接原因；第四，從香港居民態度看，市民身分認同低、缺乏主權觀念、國家意識淡薄是導致廣大市民反對立法的原因；第五，政府認受性低及推行立法方式不當，由於行政長官始終未能完成港人心中真正自由民主的「雙普選」，行政長官選舉被認為是「小圈子選舉」，因此市民對行政長官的認同感低，加之時任保安局局長葉劉淑儀在多次出席諮詢活動時，未能細心聽取他人意見，將諮詢活動變成辯論會，態度強硬，讓他人感到被藐視和冒犯；第六，「非典」處理不當，香港經濟發展衰退，民生發展倒退，導致市民對政府普遍不滿意，加之「非典」疫情加劇經濟停滯不前局面，但政府卻要強推立法，導致市民反對；第七，外國勢力干擾，美英兩國始終沒有停止染指香港事務，他們背後的策略、人力和財力支持，向香港立法會中的泛民主派發出了錯誤的信號。後者自恃有英美的支持，背棄港人利益，對特首和中央人民政府一味反對，不予合作。[1]

---

1. 陳勤、傅曉，〈淺議《香港基本法》第23條〉，《經濟視角》，2012年第6期，第141–143頁。

《基本法》第 23 條立法過程中的反對意見可以從以下幾個方面概括：

從梳理情況來看，反對者主要從制度層面、立法程序、法例內容等方面提出質疑。在制度層面，反對者擔心《國家安全（立法條文）條例草案》會將內地法律制度直接移植到香港，從而危及「一國兩制」的基本制度及香港普通法的法治；在立法程序層面，反對者主要批評《基本法》第 23 條立法不符合正常的立法程序，立法過程不符合民主立法原則，民眾參與程度少，沒有經過專家諮詢環節，以及保安局和律政司在回應公眾質詢環節表現出態度傲慢、逃避敷衍等問題；在內容方面，諸多法律界專業人士及公眾認為《諮詢文件》及《國家安全（立法條文）條例草案》框架結構錯亂、法律表述不規範、法律概念模糊等，並認為 23 條立法因懲戒管制寬泛會嚴重侵害公民基本權利，與《基本法》其他條文衝突，嚴重侵害香港的民主制度，打壓公民的自由權利等。

一、制度層面反對理由及回應

1. 23 條立法危及「一國兩制」根本制度

在制度層面，香港法律界專業人士和公眾擔心《基本法》23 條立法會影響到「一國兩制」的根本制度，打破「兩制」之間的圍牆。吳靄儀認為，《基本法》23 條諮詢文件建議的立法將徹底改變香港社會，將內地的一套「國家安全」制度正式帶入特區，「兩制」會隨之而迅速合一。[2] 她還認為，《國家安全（立法條文）條例草案》是一條足以動搖香港根基的法案，不但危害人權自由，更能導致香港的開放社會和健全制度根本改變，使香港的經濟繁榮和國際地位步入倒退凋零的深淵。[3]

---

2. 吳靄儀，《23 條立法日誌》，壹出版有限公司，2004 年版，第 20 頁。

3. 吳靄儀，《23 條立法日誌》，壹出版有限公司，2004 年版，第 95 頁。

王友金認為，在 23 條審議委員會修訂後的上訴機制中，刪去「終審法院首席法官」而代以「保安局局長」。保安局局長可在須獲立法會批准的規限下，就根據第 8D 條提出的上訴的處理（包括該等上訴的聆訊所附帶的或引起的其他事宜）訂立規例。」這樣的規定等於打破行政干預司法獨立的閘門，如此，保安局局長訂立上訴機制的舉措，迫使法院的上訴程序必須接受保安局的指令，要受行政機關的明顯干預，嚴重地損害和破壞香港的司法獨立。[4]

2. 23 條立法是「一國兩制」方針之要求

　　與之相反的是支持 23 條立法的看法，事實上，大多數人支持香港須要立法保護國家安全的憲制責任。既然「兩制」已說明我們的生活方式，包括我們非常重視的普通法制度，會維持不變，因此，不論我們所持的政見或思想抱負，國家安全法例保障的對象顯然就是我們共同關注的「一國」。[5]

　　內地政府部門當然也積極推動 23 條立法，如全國人大法工委負責人曾言，第 23 條立法是香港市民和特區政府履行《基本法》、維護國家安全的神聖職責，是「一國兩制、港人治港」成功實施的前提。[6] 時任全國人大常委會法工委副主任喬曉陽也曾在發言中表示，香港特區作為中華人民共和國不可分割的部分，作為直轄於中央人民政府的一個地方行政區，有義務禁止危害國家安全的行為，這是「一國」的要求。同時，不在香港適用國家的刑法，而由香港特別行政區自行立法，這又

---

4. 王友金，〈行政干預司法獨立〉，氏著《23 條立法論叢》，明報出版社，2004 年版，第 108 頁。

5. 湯顯明，〈署理保安局常任秘書長出席於香港大學舉行的國家安全立法研討會致辭〉，香港政府新聞網，2003 年 6 月 14 日，https://www.info.gov.hk/gia/general/200306/14/0614174.htm。

6. 〈全國人大法工委負責人就《香港基本法》第二十三條立法發表談話〉，中國人大網，2003 年 7 月 7 日，http://www.npc.gov.cn/npc/c199/200307/52fcb0d3e47e4f90ab0ec8e2d60c8908.shtml。

是「兩制」的需要。完成《基本法》第 23 條規定的立法，是香港特別行政區的法定義務，這項義務是「一國兩制」方針所要求的。[7]

二、立法程序層面的反對理由

1. 未經過專家諮詢

23 條立法諮詢之無疾而終，是政府當局採取錯誤的立法方式，不是採取專家立法，而是外行立法。香港踐行「一國兩制」、法系融合等本身就使得立法難度很大，外行立法更不專業。王友金便質疑草案沒有經過專家立法，而是單靠沒有受過法律專業教育的葉劉淑儀主推，內容十分粗糙。他認為唯一的辦法是組織一批法律專家負起 23 條立法的責任，法律專家小組會以港府班底為主，聘請本港大律師公會、律師會、退休法官，甚至邀請英美和中國法律專家參與，人數十幾個，好像《基本法》起草委員會那樣，專注 23 條國安立法。[8]

2. 公眾參與程度低

王友金認為文字格式奇突、內容模糊曖昧的藍紙諮詢文件無法使法律專業人士和老百姓理解和認識，這是造成公眾參與程度低的主要原因。社會專業人士沒有表達意見的渠道，無法深入演繹，爭論總是在禁止機制、管有刊物、警權過大等枝節問題兜圈子，對於七宗危害國家安全罪的核心定義、概念、法理、原則的重要問題，要不是未能觸及，要不是淺嘗輒止、皮毛表達，始終抓不住核心，無視根本。[9]而

---

7. 喬曉陽，〈完成《基本法》第 23 條立法是「一國兩制」要求〉，2002 年 9 月 29 日，國務院港澳事務辦公室官方網站：www.hmo.gov.cn/zcfg_new/jbf/jt/201711/t20171114_1117.html。

8. 王友金，〈起動專家立法的時候〉，氏著《23 條立法論叢》，明報出版社，2004 年版，第 65-70 頁。

9. 王友金，〈23 條立法的反思〉，氏著《23 條立法論叢》，明報出版社，2004 年版，第 8-13 頁。

公眾參與程度低直接導致公眾對諮詢文件理解不深刻，容易被媒體煽動情緒，為日後公眾抗議情緒高漲而造成「七一大遊行」埋下伏筆。

3. 未公布白紙草案

　　在發布諮詢文件後，針對這一程序，不少學者提出應當公布白紙草案供民眾詳細查閱。所謂白紙草案，就是修例草案的公眾諮詢稿，可供香港人或任何國際人士詳細研究討論，發表意見和提出疑問。政府發表白紙草案諮詢公眾是正常程序，無論是回歸前後，過去一直有這種做法，而在重大憲制或公共利益問題上，政府往往會這樣做。基於23條立法如此重要，市民要求發表白紙草案也是天經地義的。[10]法律界和公眾期待看到白紙草案，政府有必要重新起草文字通順、內容周密的白紙草案，以供公眾認真、詳細的閱讀和理解，合情、合理、合法地完成23條立法，相信這才是絕大多數香港人的願望。[11][12]

三、內容層面的反對理由及回應

　　吳靄儀認為諮詢文件涵蓋面極大，株連極廣，灰色地帶極多，打擊的目標，可以是任何可能威脅政府威信的聲音。真正的立法目標並非國家安全，而是保證政府的權力，而政府是指中央人民政府。[13]王友金認為，政府當局是按照普通法立法的傳統和寫法炮製出諮詢文件，這不但是一份文字不精確，甚至文句不通、結構盤根錯節、內容詰屈聲牙的拙劣文件，使港人如讀奧秘的天書，一頭霧水。[14]

---

10. 吳靄儀，《23條立法日誌》，壹出版有限公司，2004年版，第33頁。

11. 王友金，〈何以必須公布白紙草案〉，氏著《23條立法論叢》，明報出版社，2004年版，第93-94頁。

12. 同註10，第52頁。

13. 同上註，第20頁。

14. 王友金，〈23條立法的反思〉，氏著《23條立法論叢》，明報出版社，2004年版，第8-13頁。

在之後公布了修改後的《國家安全（立法條文）條例草案》也未涉及到核心內容，保安局就《國家安全（立法條文）條例草案》作了十三項技術性和政策性修訂，論者似乎對程序性修訂內容興趣較大，而忽略了七宗危害國家安全罪名的實質性內容。[15]

1. 法律概念模糊

香港大學法律學院傅華伶教授指出，諮詢文件有多處概念含糊，需要澄清，比如「主權」、「中華人民共和國政府」等等。他問為什麼中國刑法不禁止管有煽動性刊物，但特區政府欲要立法禁止？[16]立法會專門委員會在會議中回應議員的解釋恰好可以回答這一問題，「中華人民共和國政府」一詞，是代表中央人民政府及其他在憲法下確立的國家機構這個整體概念。雖然「政府」最終是由組成不同機構的人所構成，其意義，應從整體的角度來考慮，而非解釋為某一個人、一組人或部門。[17]

吳靄儀指出，黨、政府、主權、國家「混為一體」，於是危害國家與不利某個政府也是「混為一體」，反政府的言論、行為、組織，就是危害國家及主權的言、行、組織。[18]吳靄儀建議刪除「威脅使用武力」、「嚴重非法手段」、「抗拒中央政府行使主權」等空泛詞語。將叛國罪清楚界定為在已宣戰、或宣布公開敵對狀況之下，作出某些具體的行為；將分裂國家罪清楚界定為在已宣布是分裂狀況下，作出某些具體行為；顛覆必須限於使用武力以推翻中央政府；煽動叛亂必須針對「叛亂」的煽動，即是煽動他人對中央政府進行武裝的叛逆與動亂，才可入罪；禁止組織，必須視乎該組織的犯罪行為，不能基於它與內地組織

---

15. 王友金，〈23條修訂不徹底〉，氏著《23條立法論叢》，明報出版社，2004年版，第83頁。

16. 吳靄儀，《23條立法日誌》，壹出版有限公司，2004年版，第27頁。

17. 政府就立法會保安事務委員會和司法及法律事務委員會聯席會議在2002年10月21日提出事項的回應，2003年1月28日，https://www.basiclaw23.gov.hk/sc/resources/legco/legco_article/article3.htm。

18. 吳靄儀，《23條立法日誌》，壹出版有限公司，2004年版，第24頁。

的關係，更應有中央啟動、特區行動的法定機制；以及「煽動」的禁止標準應當採用《約翰內斯堡原則》等。[19]

王友金首先指出了《國家安全（立法條文）條例草案》諸多法律表述不規範，在第2章叛國條文中第（1）（a）(iii)「脅逼中央人民政府改變其政策或措施」中「脅逼」是生造詞；第2章叛國第（5）款「隱匿叛國」用詞不規範；第2A顛覆第（4）（b）[20](v)「嚴重干擾電子系統或基要服務、設施或系統（不論屬公眾或私人）或中斷其運作」中「基要服務」是生造詞，「系統」應改為機制或制度；第2C條「若干作為」使用不當；第9D (1)「為施行第9A條，任何人不得僅因他作出訂明作為，而被視為煽惑他人——」中「訂明作為」英文原意應為「規範作為」；第9D條（3）（b）「……中的錯誤或缺失為出發點，指出該等錯誤或缺失」中「缺失」應是「過失」。[21]吳靄儀也認為，「國家安全」定義廣泛，結果就是實際上惟中央界定；「國家機密」目前為例書內所無，與「官方秘密」混為一體，不論如何得來，未經批准就披露內容也屬犯罪，刑責擴大，可能檢控者稀，但被阻嚇者眾，這就是目標。[22]

針對處理煽動刊物的「合理辯解」作抗辯而言，如何界定新聞報道和學術研究，立法會認為「合理辯解」是指法庭認為「合理」的任何辯解，包括學術研究及新聞報道。在普通法中，「合理」是一個確立已久的概念。由於法律不能訂明所有可能性（例如個別個案的環境因素），因此在很多情況下都必須提供靈活性，讓法庭根據個案的所有情況，從普通人的角度決定某辯解是否合理。訂明「學術研究」及「新聞報道」是合理辯解，純粹是讓法庭在考慮哪些理由屬合理辯解時，有指引可依循。這不會豁除其他可接受為合理辯解的理由。[23]

---

19. 吳靄儀，《23條立法日誌》，壹出版有限公司，2004年版，第48-49頁。

20. 該條款屬第（4）（b），作者原文筆誤（4）（a）。

21. 王友金，〈咬文嚼字說23條〉，氏著《23條立法論叢》，明報出版社，2004年版，第23-28頁。

22. 吳靄儀，《23條立法日誌》，壹出版有限公司，2004年版，第24頁。

23. 政府當局對涂謹申議員在二零零二年十二月三十日所提問題的回應，2003年4月30日，https://www.basiclaw23.gov.hk/sc/resources/legco/legco_article/article8.htm。

就（1）構成協助交戰的公敵所需的積極行為的程度以及（2）「懷有意圖」含義的闡釋。「協助公敵」須具有懷有損害中華人民共和國在戰爭中的形勢的意圖，該種行為不包括不作為。「懷有意圖」中「意圖」指最終意圖，必須具備主觀故意而非魯莽，必須證明有關人士是有意圖促致有關結果的。[24]

煽惑他人叛國屬煽動叛亂罪是否涵蓋了鼓動外來武裝部隊入侵屬叛國罪。律政司回應，煽動叛亂罪中「他人」必須是「中國公民」，而煽動的主體可以是「任何人」；根據條例草案，只有中國公民才可「鼓動外來武裝部隊入侵」干犯叛國罪，「外來武裝部隊」是指（a）屬某外國的武裝部隊；（b）受某外國的政府指示或控制的武裝部隊；或（c）並非以中華人民共和國為基地亦不屬中華人民共和國的武裝部隊。因此，煽動叛亂罪的具體表述為「任何人」煽動「中國公民」叛國，而叛國罪表述為「中國公民」鼓勵「外來武裝部隊」入侵中華人民共和國，兩者的主體雖有包含關係，但客體截然不同，並不能夠成「涵蓋」的關係。[25]

2. 表達自由與《約翰內斯堡原則》

23 條立法最令人擔憂的核心問題，還是保障表達自由的問題。表達自由既包括發表言論的自由，也包括資訊流動的自由。前者涉及 23 條所欲規範的是叛國、分裂國家、煽動叛亂等，後者涉及披露國家秘密。國家安全立法所欲禁止的範圍，直接從反面決定了表達自由能有多大的行使空間。

不少香港大律師、立法會議員、市民及國際組織認為，國家安全立法必須遵循《約翰內斯堡原則》(*The Johannesburg Principles*)。《約翰內斯堡原則》全稱為《約翰內斯堡關於國家安全、言論自由和獲取信

---

24. 《國家安全（立法條文）條例草案》：「懷有損害中華人民共和國在戰爭中的形勢的意圖而作出任何作為」，2003 年 4 月 22 日，參見 www.basiclaw23.gov.hk/sc/resources/legco/legco_article/article15.htm。

25. 《國家安全（立法條文）條例草案》：鼓動武裝部隊入侵及煽動叛亂，2003 年 4 月 22 日，www.basiclaw23.gov.hk/sc/resources/legco/legco_article/article16.htm。

息自由原則》是一套由學者（民間）制訂的原則，源於 1995 年 10 月 1
日在南非約翰內斯堡召開的一場國際會議。這是研究國際法、國家安
全及人權等方面的一眾學者在參照國際法、各國法律、人權標準及國
內判決的基礎上，制定的一系列原則。該原則主要針對在涉及國家安
全的情形下，需要滿足什麼條件政府才有權力限制言論自由和資訊流
通。約翰內斯堡原則之六指出，只有同時滿足以下條件，政府才可以
國家安全為由處罰言論：（a）該言論主觀上旨在煽動即將到來的暴力；
（b）客觀上可能會煽動這樣的暴力；以及（c）言論與可能出現或出現這
種暴力之間存在着直接或／和立即的聯繫。原則之十五及十六指出，
如果公眾了解資訊的利益超過披露資訊所造成的損害，則披露政府資
訊不應以國家安全為理由受到懲罰。

　　2003 年 1 月，參與撰寫《約翰內斯堡原則》的國際法律專家 Francis
D'Souza 訪港後發表《二十三條立法建議背離約翰內斯堡原則標準》的
意見書，認為立法建議對分裂國家罪的界定太闊，會令和平反對政府
示威活動也變成分裂活動；煽動叛亂罪過時，不少民主國家已取消，
亦會影響資訊流通。[26]

　　特區政府法律政策專員區義國則認為，約翰內斯堡原則對本港無
法律約束力，但實施《基本法》第 23 條的立法建議與《約翰內斯堡原
則》大部分相符。對於不合之處，他解釋如下：原則之六將可處罰的言
論限定於煽動即時暴力是「不必要的狹隘」。在諸如使國防計算機系統
癱瘓等眾多情況下，禁制煽動他人進行非暴力行為也是恰當且符合國
際人權標準的。此情形下，由法庭就國際人權公約引用「平衡對立權
益」的「不設定論」驗證，相較原則六會更為適合。[27]

　　特區政府認為，一般性地規定公眾利益的免責辯護不是恰當的做
法，原因在於：香港的官方機密法參考的是英國的機密法，而英國便

---

26. 〈23 條背離約翰內斯堡原則〉，《蘋果日報》，2003 年 1 月 13 日，第 A04 版。

27. 〈實施基本法第二十三條的建議大致與〈約翰內斯堡原則〉相符〉，https://web.archive.org/
web/20190816044115/https://www.basiclaw23.gov.hk/chinese/focus/focus1.htm。

無此規定。英國上議院已在其近期的 *Shayler* 案中裁定，未設公共利益豁免不抵觸《1998 年人權法案》的規定。條例對須予保障的資料的範疇界定得狹窄，非法披露屬任何一個該等範疇的數據即會或相當可能會對公眾利益造成重大損害。[28]

3. 其他問題

《草案》規定，保安局局長有權取締一個本地組織，如果該組織「從屬某內地組織，而該內地組織已遭中央基於保障中華人民共和國安全的理由，根據中華人民共和國法律禁止運作」。該規定被社會懷疑是針對法輪功組織，且會因為涉及內地法律而排除特區法院的管轄權。

在立法會上，保安事務委員會和司法及法律事務委員會要求律政司回應如下問題：(1) 中央機關根據國家法律以國家安全取締一個內地組織，是否屬《基本法》第 19 條所指的國家行為；以及 (2) 如屬國家行為的話，若然有人不服保安局局長禁制一個從屬該內地組織的香港組織的決定而提出上訴，香港法院能否處理該上訴。律政司認為，「國家行為」這與諮詢文件所建議的禁制機制無關。首先，禁制某內地組織，是由中央機關行使國家法律所賦予的權力而作出的，對此香港特區法院沒有法律依據可予質疑；其次，諮詢文件所載建議根本沒有需要援引「國家行為」原則；第三，保安局局長禁制某個特區組織的決定，與中央機關禁制某個內地組織的決定，是兩個截然不同且獨立的決定，保安局局長必須合理地相信禁制該特區組織是維護國家安全、公共安全或公共秩序所必需的，且該決定是可以透過司法覆核或建議的上訴機制，由特區法院予以覆核。最後，即使發生特區法院被要求審理中央機關禁制某內地組織的決定的情況，依據普通法原則亦不適用「國家行為」。[29]

---

28. 《國家安全 (立法條文) 條例草案》：未經授權披露受保護資料及公眾利益 (20 號文件)。

29. 律政司對國家行為的闡釋，2003 年 1 月 28 日，www.basiclaw23.gov.hk/sc/resources/legco/legco_article/article1.htm。

第十章

第23條立法持續難產成因分析

2022 年 10 月 11 日，曾在競選期間表明「23 條立法會儘快做」的新任行政長官李家超宣布，將 23 條立法從特區政府 2022 年度的立法計劃中刪去。他向媒體表示，現時國際局勢下國家安全的風險千變萬化，23 條立法必須有效並足以處理極端情況，政府需要進行深入和全面的法律研究。這意味着，截至此時，自 2020 年以來提上特區政府重點議程的基本法 23 條立法議題，暫告一段落。自回歸以來，《基本法》23 條立法一直遭遇種種困難，遲遲難以落實。在經歷 2003 年失敗的立法進程後，特區政府在長達 17 年的時期內有意回避這一議題。直至 2020 年《香港國安法》制定後，香港政治局勢發生根本性轉變，23 條立法的阻力大大減少，卻依舊「千呼萬喚難出來」。23 條立法持續難產的原因為何呢？

一、23 條立法難的政治成因

考察 23 條立法難的政治成因，可從中央—港府—香港社會這三方行動主體的動機入手。中央政府有充分意志推動 23 條立法，但不願令 23 條立法影響香港在經濟上的特殊地位，尤其是影響國際投資者對香港的信心。本地公民社會反對 23 條立法的動員能量，是阻擋特區政府推行 23 條立法最直接的因素。特區政府在 23 條立法上的動機不足，使其在遇到困難時傾向於退縮。

1. 中央及港府擔心立法影響香港的國際地位和在經濟上的特殊作用

23 條立法是中央政府相當重視的中心議題，但倘若要以香港在經濟上的特殊地位（特別是國際金融中心地位）、香港的繁榮穩定乃至國家的發展利益為代價，中央政府還是擔心立法可能弊大於利。幾十年來，香港在國家的對外開放和「外循環」格局中一直扮演着不可替代的樞紐作用。早在「一國兩制」構想的形成階段，鄧小平就保證「叫香港的投資者放心」。在「後國安法」的「一國兩制」新階段，中央仍相當重視「保持香港的獨特地位和優勢」。[1] 這可從 2021 年《反外國制裁法》列入基本法附件三的計劃擱置，[2] 以及 2022 年國家主席在回歸 25 周年大會上的講話中有充分體現。中央和特區政府都不想境外投資者和相關人士對香港特殊經濟地位的信心因 23 條立法而減損。

雖然投資者沒有動機參與「危害國家安全」的活動，香港的政治自由狀況也不是他們優先關心的事項，但國家安全立法確實可能給其帶來若干現實擔憂：削弱香港司法和行政監管體制相對於中國內地的獨立性；若中國與西方交惡，23 條立法更可能被中國用於扣押外國商人和資產，以報復或要挾其所屬國政府；對資訊流通自由的直接和間接限制會對金融等行業的運作產生不利影響，可能被用於限制外商投資、外匯流通，等等。雖然上述揣測不乏滑坡謬誤和過度想像，但並非毫無道理。行政長官李家超於 2022 年 10 月宣布暫緩 23 條立法

---

1. 「第四，必須保持香港的獨特地位和優勢。中央處理香港事務，從來都從戰略和全局高度加以考慮，從來都以國家和香港的根本利益、長遠利益為出發點和落腳點。香港的根本利益同國家的根本利益是一致的，中央政府的心同香港同胞的心也是完全連通的。背靠祖國、聯通世界，這是香港得天獨厚的顯著優勢，香港居民很珍惜，中央同樣很珍視。中央政府完全支持香港長期保持獨特地位和優勢，鞏固國際金融、航運、貿易中心地位，維護自由開放規範的營商環境，保持普通法制度，拓展暢通便捷的國際聯繫。中央相信，在全面建設社會主義現代化國家、實現中華民族偉大復興的歷史進程中，香港必將作出重大貢獻。」參見〈習近平在香港特別行政區成立 25 周年大會上的講話〉，2022 年 7 月 1 日，新華網：http://www.news.cn/2022-07/01/c_1128797423. htm。

2. 2021 年 8 月 17 日，十三屆全國人大常委會第三十次會議第一次全體會議審議全國人大常委會關於增加《香港基本法》與《澳門基本法》附件三所列全國性法律的決定草案，但最後未付諸表決。

計劃，很大可能是源於因反修例風波和疫情導致香港國際地位明顯下滑，此時再推進 23 條立法有令國際地位受進一步衝擊的風險。

2. 公民社會的制衡作用

　　23 條立法受阻的直接原因在於來自本地社會的強大阻力。這股阻力表面上出自泛民政治人士，但鑒於立法會中支持政府的議員一直居於多數，「有效反對」真正依靠的是具有強大動員能量的公民社會。在七十年代香港開展的「麥理浩改革」後，一個受過良好教育、有政治參與意識、對香港有認同感的本地中產階層逐漸形成，並成為香港社會的中堅力量。在政治意識形態上，這一階層對社會主義中國的認同相當有限，受西式自由主義價值影響頗深，故對 23 條立法這類議題有天然的抵觸心理。他們不同於過往香港以氏族、鄉黨紐帶的傳統華人社會結構，而是以職業、地區和社會議題組成各類社會團體。在七八十年代爭取改善民生的社會運動中，香港逐漸形成了一個具有良好組織和行動能力的公民社會。在《中英聯合聲明》簽訂之後，出於對香港前途的擔憂，公民社會的焦點從民生議題轉向選舉制度等政治議題，論政和政治團體也隨之興起。[3]九十年代，隨着港英末期選舉政治的引入，依託於公民社會的以民主黨、民協為代表的政黨組織宣告成立，並取得可觀的立法局議席。

　　在 2002 至 2003 年反對 23 條立法的過程中，以民陣的成立及其組織的「七一遊行」為標誌，公民社會在阻擋 23 條立法方面發揮了重大作用，自身也取得了突破性的發展。自此之後，每逢政府提起影響人權、民主的重要議題，公民社會就會借助新聞輿論、學者、法律界和立法會議員的平台，表達反對聲音，進行社會動員，最終發起大規模的遊行示威，逼迫政府讓步。「反國教」、「佔中」、反修例風波都是按此套路運作。在 2020 年《國安法》實施後，香港公民社會的組織和動員

---

3. 陳健民，〈香港的公民社會與民主發展〉，《二十一世紀》，2011 年 12 月號。

能力被大大削弱,應該已經很難再有能量阻止 23 條立法這樣重要的政治議程。

3. 特區政府推進國安立法的動機不足

23 條立法的特殊之處在於,這項立法旨在維護中央政府的安全利益,但需要由特區政府負責推進。特區官員推進這項立法的動機是「向上交差」,本身沒有很強烈的「持份者」動機。故在面對困難時,會傾向於「避之大吉」。前立法會議員、23 條關注組成員吳靄儀曾評價時任保安局局長葉劉淑儀努力推動 23 條立法的動機,是「極強的事業心和競爭心」。[4] 這其實說明特區高級官員缺乏維護國安的動機。這與港英政府維護國家安全的行為邏輯相當不同——鑒於香港在英國整體利益格局中出於邊陲部分,港英官員具有充足動機維護本地的統治秩序和社會安定,反而是倫敦當局在此方面的關切並不強烈。

從另一角度來看,23 條立法也會改變中央和特區之間的權力配置,讓天秤進一步向中央一方偏轉。雖然 23 條立法後仍要由特區政府負責執行,但在不立 23 條的情況下,特區政府可以「無法律依據」為由抵擋中央的壓力。而如果 23 條已立,中央就可以更有效地對特區政府行使「監督」乃至指示的權力。沒有決策權力卻要對外負法律和政治責任,這或許非特區官員所樂見。

二、23 條立法難的法律成因

在法律上,23 條立法也有兩方面的阻力。其一,如果香港現有法律已經足夠覆蓋 23 條立法禁止的七類行為(所謂的「七宗罪」),那麼就沒有必要再單獨進行 23 條立法。這也是不少法律界人士一直持有的觀點。其二,23 條立法存在維護國家安全和保障人權間的張力。雖然政府經常以「有國家安全才有人權」這種政治修辭來回避這一問題,但

---

4. 吳靄儀,《23 條立法日誌》,壹出版有限公司,2004 年版,第 98 頁。

香港有成熟的司法審查制度，本地國家安全立法的條文是否合乎人權的要求需要經受法官的檢視。司法審查違憲的風險也一度是制約 23 條立法的一大重要因素。

1. 現有法律是否已經覆蓋第 23 條的「七宗罪」

　　法律界質疑 23 條立法的一大原因在於，香港現時法律已有足夠覆蓋處理 23 條立法禁止的七類行為，因此沒有必要另立 23 條。如大律師公會和陳文敏等人均發表過此類觀點。[5]那麼，這種觀點是否成立呢？也就是說，「叛國、分裂國家、煽動叛亂、顛覆中央人民政府、竊取國家機密、禁止外國的政治性組織或團體在香港特別行政區進行政治活動、禁止香港特別行政區政治性組織或團體與外國的政治性組織或團體建立聯繫」這七類行為是否在香港法律中有一一對應的禁止規定？

　　經檢索（見表 10.1），在香港原有法律中，叛國和煽動叛亂可被《刑事罪行條例》第 I、II 部關於叛逆和煽動意圖的罪行完全涵蓋；顛覆中央人民政府可被《刑事罪行條例》第 3 條「叛逆性質的罪行」之 (1)(a) 所部分涵蓋[6]；分裂國家可在公眾集會和成立社團的特定情況下被《公安條例》和《社團條例》所禁止；竊取國家機密可被《官方機密條例》基本涵蓋；禁止外國政治團體在港活動和建立聯繫，可被《社團條例》第 5A 及第 8 條基本涵蓋。

---

5. 立法會 CB(2)2640/01-02(01) 號文件：《香港大律師公會就〈基本法〉第 23 條立法的意見書》，www.legco.gov.hk/yr00-01/chinese/panels/se/papers/ajlsse0926cb2-2640-1c.pdf；〈23 條立法無必要　陳文敏倡由法改會改革舊法例〉，2018 年 4 月 20 日，香港 01 網站，www.hk01.com/article/180043 專訪 -23 條立法無必要 - 陳文敏倡由法改會改革舊法例？

6. 任何人意圖達到以下任何目的，即：(a) 廢除女皇陛下作為聯合王國或女皇陛下其他領土的君主稱號、榮譽及皇室名稱；……

表10.1　基本法第23條七類罪行在香港原有法律的涵蓋情況

基本法 23 條	香港原有法律	結論
叛國	《刑事罪行條例》第 2、3 條叛逆罪、叛逆性質的罪行	完全涵蓋
煽動叛亂	《刑事罪行條例》第 9、10 條煽動意圖罪	完全涵蓋
竊取國家機密	《官方機密條例》間諜活動和非法披露罪行 [7]	基本涵蓋
禁止外國的政治性組織或團體在香港進行政治活動，禁止香港政治性組織或團體與外國的政治性組織或團體建立聯繫	《社團條例》第 5A(b)、8(b) 條對與外國或台灣性政治組織有聯繫的社團予以拒絕註冊和停止運作	基本涵蓋
顛覆中央人民政府	《刑事罪行條例》第 3(1)a 條 [8]	部分涵蓋
分裂國家	《公安條例》第 14(1) 條、[9]《社團條例》第 5A(a)、8(b) 條禁止危害中國領土完整的公眾集會和社團的權力 [10]	部分涵蓋

　　根據英國近年來解密的檔案資料，早在《基本法》起草過程中，港英政府已意識到，可以通過改動《刑事罪行條例》來完成 23 條立法。1989 年，英方法律顧問 Paul Fifoot 曾向中方法律顧問邵天任表示，《基本法》草案 23 條所指的「煽動」、「顛覆」的字眼，其實在《刑事罪行條例》9、10 條已有所規定及體現。英方法律顧問同時指出，他並沒有向中方刻意強調第 9 條第 2 款對合法批評政府不構成煽動意圖的規定，而

---

7. 限於未經授權且具損害性的披露保安及情報、防務、國際關係、犯罪及特別調查資料。2003 年的 23 條立法草案曾打算加入「中央管理的香港事務」的資料。

8. 任何人意圖達到以下任何目的，即：(a) 廢除女皇陛下作為聯合王國或女皇陛下其他領土的君主稱號、榮譽及皇室名稱；……

9. 警務處處長如合理地認為，為維護國家安全或公共安全、公共秩序或保護他人的權利和自由而有需要反對舉行某公眾遊行，可反對該公眾遊行的舉行。

10. 社團事務主任合理地相信禁止任何社團或分支機構的運作或繼續運作，是維護國家安全或公共安全、公共秩序或保護他人的權利和自由所需要者，可建議保安局局長作出命令，禁止該社團或該分支機構運作或繼續運作。

這才是該條的要旨所在。但他也懷疑「推翻英女皇」的言論未必可被得到保障。[11]

1996 年 12 月，港英政府向立法會提交了《1996 年刑事罪行（修訂）（第 2 號）條例草案》，內容主要有兩項：一是加入本地法例沒有的分裂國家和顛覆政府罪行，其中以「武力」作為必要元素；二是修改有關煽動叛亂活動的定義，加入必須有意圖造成暴力、擾亂公共秩序或製造騷亂，以符合人權法的要求。這一法案遭到了中方的強烈反對。泛民派議員也對港英政府提出的法案很不滿意，認為現有法律已足夠保障公共秩序，遂提出修正案將有關分裂國家和顛覆政府的條文全數刪除。最終，《刑事罪行（修訂）條例》於 1997 年 6 月 27 日通過，但未生效。

綜合來看，香港原有法律確實覆蓋了 23 條立法的大部分罪行，但對其中最為關鍵和具爭議性的「分裂國家」、「顛覆中央人民政府」兩項存在明顯缺失。《刑事罪行條例》第 I、II 部的內容儘管可用作追究有關行為，但其殖民時代的古舊措辭令執法者和法官在適用時相當麻煩，有些概念即便按照《香港回歸條例》規定的文字替換規則也很難順利處理（例如英女皇的「人身」和「君主稱號」）。在《香港國安法》頒布後，「分裂國家」和「顛覆政權」的漏洞已得到填補。現時可以認為，七宗罪在香港現行法律中均已有對應規定，但可作法律適應化處理和內容進一步完善。對於煽動意圖罪、叛逆罪這兩個古老的殖民舊法，不論在法律語言、調整範圍還是人權保障上，都有檢討的必要性。

2. 司法審查違憲之風險

阻礙政府推行 23 條立法的另一重要因素是司法覆核的風險。香港的法院具有很強的獨立性和違憲審查的實質權力。在 1997 至 2020 年間，法院在若干起案件中判決限制政治自由權利的法例不合憲，顯示

---

11. 1989 FCO 40/2672 *Relations between Hong Kong and China: Chinese Charges of Subversion in Hong Kong*，轉引自關鍵評論網站：www.thenewslens.com/article/133283/fullpage。

出較強的人權保障力度。例如，在 1999 年吳恭劭案（即褻瀆國旗案）中，上訴法庭便通過援引其他普通法國家（美國）的案例，判決侮辱國旗罪的規定違憲（後被終審法院改判合憲）。[12] 2005 年梁國雄案（涉及和平集會權）中，終審法院判決《公安條例》賦權警務處處長為了「公共秩序」的目的而限制集會的酌情權不合憲。[13] 2019 至 2020 年，高等法院原訟庭和上訴庭分別判決《禁止蒙面規例》中的部分條文構成不合比例地限制的表達自由（後被終審法院改判合憲）。[14]

香港法院還積極地援引國際人權法和外國法院的人權判例。《公民權利和政治權利國際公約》透過《基本法》第 39 條和《香港人權法案條例》在港生效。終審法院曾在吳恭劭案（1999）、梁國雄案（2005）中引用聯合國文件中的「錫拉庫扎原則」（The Siracusa Principles）[15] 對公共秩序的定義（儘管這一原則對香港並無國際法拘束力[16]）。而根據該原則，只有當採取限制某些權利的措施是為了保護國家的存在、領土完整或政治獨立不受武力及武力威脅的影響時，才可以援引國家安全來證明這些措施的合理性。

2014 年以後，中央政府多次表態，要通過 23 條立法懲治香港出現的宣揚港獨行為。[17] 如果按中央政府的要求，在 23 條立法中對國家安全給予高強度的保護（譬如禁止和平宣傳港獨），則有相當機會令法例被法院判決與憲法基本權利，特別是表達自由相衝突。即便最終能通

---

12. *HKSAR v Ng Kung Siu* (1999) 3 HKLRD 783, (1999) 2 HKCFAR 442 [52].

13. *Leung Kwok Hung and Others v HKSAR* (2005) 8 HKCFAR 229 [32], [71].

14. *Kwok Wing Hang v Chief Executive in Council* HCAL 2945/2019, [2020] 2 HKLRD 771.

15. *The Siracusa Principles on the Limitation and Derogation Provisions in the International Covenant on Civil and Political Rights*, www.icj.org/wp-content/uploads/1984/07/Siracusa-principles-ICCPR-legal-submission-1985-eng.pdf.

16. 根據立法會 CB(2)744/02-03(01) 號文件中的政府答覆，「錫拉庫扎原則和約翰內斯堡原則並非國際公約或條約，對各國並無約束力，而聯合國也沒有採用這些原則，作為條約以外的標準。這些原則由學者和人權專家擬訂，其標準超過了《公民權利和政治權利國際公約》的要求。」

17. 例如 2016 年，法工委副主任張榮順所作的釋法草案說明特別指出，「在香港宣揚和推動『港獨』，屬《香港基本法》第二十三條明確規定禁止的分裂國家行為。」

過人大釋法或上訴改判合憲，但不確定性本身仍然意味着很高的政治成本。

在《香港國安法》頒布後，23條立法被宣告違憲的機會大大降低。除去政治上的壓力外，法律上存在以下兩點新變化：一是指定法官制度。終審法院在黎智英案的判詞表明，國安法設立的特殊訴訟程序同樣適用於本地維護國家安全的法律。[18] 也就是説，有關23條立法的刑事和司法覆核案件也需要由指定法官審理。二是限制司法覆核權。《香港國安法》規定維護國家安全委員會的決定免受司法覆核。[19]

在本節總結23條立法難的諸多原因中，有些因素隨着2020年以來香港社會整體局勢的重大轉折已基本不存在，如本地公民社會的阻力和司法審查的違憲風險；有的因素仍然發揮着現實影響，如中央不願香港失去經濟上的特殊地位和國際地位；有些因素甚至在一定程度上得到加強。在《香港國安法》頒布後，23條立法最急切需要處理的分裂國家和顛覆政權問題已經得到解決，七類行為已基本覆蓋；還有的因素比較難以判斷。外界難以得知特區政府官員在推進23條立法上的真實動力有多強大。在可見的未來，23條立法的議題一定還會盤桓在維港上空，但具體時機和調整範圍仍有待持續觀察。未知數還在，讓我們拭目以待。

---

18. *HKSAR v Lai Chee Ying* (2021) 24 HKCFAR 33.

19. 《香港國安法》第14條和全國人大常委會關於〈《香港特別行政區維護國家安全法》第14條和第47條的解釋〉，2022年12月30日，第1項。

附
錄

附錄一

《基本法》第23條立法大事記

✽✽✽✽✽✽✽✽✽✽✽✽✽✽✽

時間	事件
1988.4	《基本法》起草委員會就《中華人民共和國香港特別行政區基本法》初稿向社會公開徵求意見
1989.2	《基本法》起草委員會發布《基本法》草案二稿，23條規範表述有變動
1990.4.4	全國人大通過《中華人民共和國香港特別行政區基本法》
1996.6	立法局通過《官方機密條例》
1999.7	臨時立法會修訂《社團條例》，禁止與外國政治組織有聯繫的香港組織獲得註冊，禁止外國組織在香港進行政治活動
2002.7	大律師公會發表23條立法意見書，建議立法遵循 "the minimalist rule"
2002.9.24	香港特別行政區發布《實施〈基本法〉第二十三條諮詢文件》
2002.9.25	董建華：《基本法》23條立法不會影響港人的人權自由
2002.9.28	葉劉淑儀形容23條立法公眾諮詢的使用藍紙草案是適當的
2002.9.29	保安局署理常任秘書長湯顯明聲明不會推出白紙草案
2002.10.7	香港大律師公會及香港律師會聯合去信律政司司長，促請政府發表白紙草案
2002.10.8	葉劉淑儀聲明如果23條立法不成功，她會辭職
2002.10.14	由七位大律師及法律界學者組成的「《基本法》23條關注組」（簡稱23條關注組）成立。
2002.10.23	葉劉淑儀表示，保安局與司法部門合作，正在進行草擬法例的指引
2002.10.24	錢其琛表示反對23條立法之人士心中有鬼
2002.11.5	政府印製兩款有關立法建議的小冊子

時間	事件
2002.11.15	基本法 23 條關注小組出版小冊子，解釋 23 條立法的重要性及影響
2002.12.4	約翰內斯堡原則的法律顧問團召集人達蘇莎約晤葉劉淑儀，討論如何使約翰內斯堡原則這條規定融入到 23 條中
2002.12.6	香港七大工會團體的代表遞交了支持特區政府根據《基本法》規定就 23 條自行立法的意見書
2002.12.9	香港大律師公會提交對 23 條立法的意見
2002.12.15	6 萬名市民遊行至政府總部，催促政府發表白紙草案
2002.12.16	董建華表示政府及公務員要遵守《基本法》，保證國家安全。他強調政府一定會制定法律，配合 23 條
2002.12.19	葉劉淑儀在立法會上表示保安局將會修改 23 條立法
2002.12.20	由 27 個社會團體及商會組成的「支持立法保障國家安全大聯盟」成立，4 萬人在維多利亞公園集會，印發《基本法二十三條立法 70 問》小冊子，支持立法
2002.12.24	23 條立法諮詢階段結束
2003.1.9	董建華重申，《基本法》第 23 條的立法目的是保障國家安全，及不會影響市民的基本權利和享有的各種自由
2003.1.11	香港人權聯委會主席何喜華等在立法會民政事務委員會會議上要求當局將《基本法》第 23 條立法可能對個人權利造成的限制在向聯合國人權委員會提交的香港人權報告中提出
2003.1.17	英國外交部政務次官韋明浩促港府在 23 條立法前廣泛諮詢
2003.1.23	錢其琛表示他相信香港人會對立法達成共識
2003.1.28	政府出版《基本法二十三條立法諮詢文件意見書彙編》
2003.1.29	23 條關注小組表示政府錯誤地歸類反對意見
2003.2.6	葉劉淑儀向呈交意見的組織及個人單位道歉，表示部分意見錯誤地歸類為「未能辨定」的意見書
2003.2.12	香港大律師公會要求延遲修例首讀
2003.2.14	《國家安全（立法條文）條例草案》刊憲
2003.2.26	國家安全條例進行首讀，21 位立法會議員抗議，並在中途離去
2003.3.6	國家安全條例草擬小組召開首次會議。民建聯葉國謙被選為主席
2003.3.25	國家安全條例草擬小組再次開會，首次討論條例草案

時間	事件
2003.3.27	歐洲議會外交、人權、共同保安及防衛政策委員會對港府拒絕《基本法》第 23 條立法發表白紙草案進行第二輪諮詢表示遺憾，認為 23 條立法會削弱香港現有人權及自由，亦容易被中央政府及特區政府利用作打擊政治和宗教異己
2003.4.11	大律師公會前主席梁家傑和民主黨前主席李柱銘均認為，現時社會集中關注非典型肺炎和美伊戰事，不適宜進行《國安條例》立法工作
2003.4.12	特區政府在立法會內首次公開聆聽公眾意見
2003.4.25	23 條關注小組出版小冊子《為何藍紙草案不足夠》
2003.6.3	政府對《國家安全（立法條文）條例草案》進行審議修訂
2003.6.5	李柱銘等人赴美訪問，拜會美國行政部門官員、國會議員和主流媒體，促關切《基本法》23 條立法
2003.6.10	民主黨在立法會上提議延遲通過 23 條立法
2003.6.17	立法會草案委員會通過於將 2003 年 7 月 9 日恢復二讀
2003.6.20	白宮發表《布什政府促請香港修訂保安建議》的聲明，反對特區政府現在提出的 23 條立法草案
2003.6.25	葉劉淑儀請辭（但政府直至 2003 年 7 月 16 日才向外公布） 國際特赦組織及亞洲人權委員會等十二個國際組織批評，立法有損本港的法治及人權自由，促請特區政府停止立法
2003.6.27	美國國會以 426 票比 1 票通過《支持香港自由》決議案
2003.7.1	50 萬人上街遊行反對 23 條立法 董建華召開行政會議特別會議商討如何回應市民訴求
2003.7.3	行政會議成員、自由黨主席田北俊主動上京會見國務院港澳辦主任廖輝、中央統戰部部長劉延東等
2003.7.5	董建華表示如期於 7 月 9 日提交草案給立法會二讀，並提出三項重大修訂
2003.7.6	自由黨主席田北俊辭去行政會議成員一職，立法會內支持 23 條立法的議員不足半數
2003.7.7	董建華宣布押後二讀《國家安全（立法條文）條例草案》
2003.7.16	董建華接受葉劉淑儀請辭，並指她本於 6 月 25 日已提出請辭
2003.7.17	董建華指政府會把有關 23 條立法文件，包括原本之藍紙草案及所有議程提交草案委員會作進一步討論及諮詢

時間	事件
2003.7.23	草案委員會恢復草議辯論，湯顯明稱會在 9 月再發諮詢文件
2003.8.4	董建華委任廉政專員李少光任保安局局長 李少光指政府並沒有制定 23 條立法時間表
2003.9.5	董建華宣布政府決定撤回《國家安全（立法條文）條例草案》
2005.6.27	曾蔭權表示兩年內不會進行《基本法》第 23 條立法
2005.8.5	行政長官曾蔭權行政命令簽署了《執法（秘密監察程序）命令》，被質疑用行政命令代替《基本法》23 條立法
2006.2.9	香港高等法院裁定《執法（秘密監察程序）命令》違反《基本法》第 30 條而無效
2006.5.31	梁愛詩認為《基本法》23 條立法涉及修改刑事、公安及社團等條例，倡議分段立法
2009.2.26	澳門完成國家安全本地立法，特區政府聲明現階段沒有計劃就《基本法》23 條開展立法工作
2010.10.14	曾蔭權表示本屆任期內不會開展《基本法》23 條立法工作
2012.7	梁振英就任行政長官，隨即表態不準備就《基本法》23 條立法
2014.1.22	「衝擊軍營事件」後，行政長官梁振英及律政司司長袁國強均表示，《基本法》23 條立法雖是特區政府憲制責任，但並非當務之急
2014.12.13	「佔中運動」後，陳佐洱強調香港特區政府有責任、有義務完成國家安全立法工作
2015.3.7	港區人大代表吳秋北提倡將《中華人民共和國國家安全法》納入香港基本法附件三，即「中央立法模式」
2015.4.4	香港基本法委員會副主任梁愛詩表示，即使引入內地《國家安全法》，香港最終仍要完成《基本法》23 條立法
2017.4.2	「香港願景計劃」發表《基本法》23 條立法工作研究建議，包括分階段立法、符合《基本法》以及國際標準、充分諮詢市民以及最低限度方式立法
2017.6.19	中聯辦主任張曉明稱，《基本法》23 條立法工作一再拖延並不適宜
2017.6.21	林鄭月娥表示，努力為《基本法》23 條立法創造條件
2018.10.10	林鄭月娥在施政報告發布會表示，《基本法》23 條立法並沒有時間表

時間	事件
2020.5.28	第十三屆全國人大第三次會議通過了《全國人民代表大會關於建立健全香港特別行政區維護國家安全的法律制度和執行機制的決定》
2020.6.30	全國人大常委會通過《中華人民共和國香港特別行政區維護國家安全法》，並列入《基本法》附件三
2021.6.23	林鄭月娥表示，任期僅剩一年，難以完成立法工作，但會做好籌備工作

附錄二

保安局《實施基本法第二十三條諮詢文件》

✳✳✳✳✳✳✳✳✳✳✳✳✳✳✳✳✳

（2002 年 9 月）

目錄

摘要

第一章　引言

　　一、背景

　　　　（甲）基本法

　　　　（乙）保護國家的觀念

　　二、落實執行《基本法》第二十三條的建議

　　　　（甲）指導原則

　　　　（乙）現行法例

　　　　（丙）法律的目標及方針

　　　　（丁）遵行國際人權公約

　　　　（戊）其他考慮事項

第二章　叛國罪

　　一、現行法例：撮要

　　二、考慮事項和建議

　　　　（甲）針對君主或國家元首作出的罪行

　　　　（乙）發動戰爭

　　　　（丙）鼓動外國人入侵國家

（丁）協助交戰的公敵

（戊）非暴力威脅

（己）初步或從犯行為

（庚）隱匿叛國

（辛）有代價地對叛逆罪不予檢控

（壬）在香港特區適用的範圍

（癸）域外效力

第三章　分裂國家罪

一、現行法例

二、考慮事項和建議

（甲）一般情況

（乙）對付分裂國家活動的重要性

（丙）以暴力或其他非法手段分裂國家的活動

（丁）組織或支持分裂國家的活動

（戊）初步或從犯行為

（己）域外效力

第四章　煽動叛亂罪

一、現行法例：撮要

二、考慮事項和建議

（甲）訂立煽動叛亂罪行的需要

（乙）煽動叛亂罪行

（丙）煽動刊物

（丁）保障措施

（戊）域外適用範圍

第五章　顛覆罪

一、現行法例

二、考慮事項和建議

（甲）一般情況

（乙）「顛覆」罪行

（丙）初步或從犯行為

（丁）域外適用範圍

第六章　竊取國家機密

一、現行法例：撮要

（甲）間諜活動

（乙）非法披露

二、考慮事項和建議

（甲）一般情況

（乙）需要受保護的資料類別

（丙）保護方法

（丁）適用範圍

（戊）域外適用範圍

第七章　外國政治性組織

一、現行法例：撮要

二、考慮事項和建議

（甲）禁制的機制

（乙）上訴的機制

第八章　調查權力

一、引言

二、現有權力

三、新增權力

（甲）緊急進入、搜查及檢取的權力

（乙）財務調查權力

（丙）有組織及嚴重罪行條例的權力

四、需要增加調查權力的罪行

第九章　程序及其他事項

一、引言

二、非法誓言及非法操練

三、程序

  （甲）提出檢控的時限

  （乙）律政司司長的同意

四、刑罰

附件一　建議的額外調查權力

附件二　建議的罪行罰則

摘要

背景

1. 《基本法》第二十三條訂明，香港特別行政區（香港特區）「應自行立法禁止任何叛國、分裂國家、煽動叛亂、顛覆中央人民政府及竊取國家機密的行為，禁止外國的政治性組織或團體在香港特別行政區進行政治活動，禁止香港特別行政區的政治性組織或團體與外國的政治性組織或團體建立聯繫。」

2. 《基本法》第二條訂明，香港特別行政區實行高度自治，第五條又訂明，香港特別行政區不實行社會主義制度和政策，因此保護國家根本利益和國家安全的全國性法律不在香港特區公布實施。香港特區有實際和法律責任實施第二十三條。

3. 每個國家均訂有法例保障其主權、領土完整、統一及國家安全。國家保護其公民免受外敵侵犯，確保公民在一個安穩、太平及有秩序的社會裏生活，追求理想，因此公民對國家負效忠的義務作為回報，這是放諸四海皆準的原則。第二十三條的旨意，就是以法律禁止任何有損國家主權、領土完整、統一及國家安全的行為。

4. 第二十三條所述部分罪行，現行法例已有規定。《刑事罪行條例》（第 200 章）第 I 和 II 部分別處理叛逆（現時有關條例中並沒有使用「叛國」一詞）和煽動罪行。關於保護官方資料方面，《官方機密條

例》（第 521 章）處理諜報和非法披露官方資料等罪行。《社團條例》（第 151 章）規管的事宜，則包括外國政治性組織的活動和與該等組織的聯繫。

指導原則

5. 《基本法》訂明香港特區沿用普通法制度，因此第二十三條的實施，應盡量建基於現行的法例。我們亦已考慮下列指導原則——

　　（一）必須全面落實《基本法》的規定，包括該條第二十三條訂明必須禁止的行為；以及其他在第三章的有關條文，特別是保障香港居民某些基本權利和自由的第二十七條，以及第三十九條。第三十九條訂明《公民權利和政治權利國際公約》及《經濟、社會與文化權利的國際公約》適用於香港的有關規定繼續有效，通過香港特區的法律予以實施；

　　（二）必須充分保障國家的根本利益，即主權、領土完整、統一及國家安全；以及

　　（三）必須確保落實第二十三條的本地法例內，所有罪行均盡量清楚和嚴謹訂明，以免生歧義或抵觸《基本法》所保障的基本權利和自由。

叛國

6. 叛國指背叛自己的國家。訂立該罪行所須保障的利益為中華人民共和國整體的主權、領土完整和安全，以及中華人民共和國政府。《中華人民共和國刑法》中的叛國罪是指中國公民與外國、或境外的組織或個人相勾結，進行危害中華人民共和國的主權、領土完整和安全的行為。叛國罪基本上是涉及國外因素的危害國家安全罪行，而須保障的法律權益是國家外在的地位。

7. 在研究過現行的叛逆罪行、中華人民共和國的刑法和其他司法管轄區的相關法律後，我們建議修訂和改善《刑事罪行條例》第 I 部有關叛逆的條文，把實質罪行局限於以下行為 ——

　　（一）與外國人聯手發動戰爭，旨在 ——

　　　　（i）　　推翻中華人民共和國政府；或

　　　　（ii）　以武力或強制手段強迫中華人民共和國政府改變其政策或措施；或

　　　　（iii）　向中華人民共和國政府施加武力或強制力；或

　　　　（iv）　向中華人民共和國政府作出恐嚇或威嚇；或

　　（二）鼓動外國人入侵中華人民共和國；或

　　（三）以任何方式協助與中華人民共和國交戰的公敵。

我們也建議將企圖干犯、協助和教唆、慫使和促致他人干犯實質罪行及串謀干犯實質罪行這些源於普通法的初步及預備罪行，以及隱匿叛國（即知道另一人犯了叛國罪而沒有舉報）編纂為成文法例。

8. 我們建議廢除現行「叛逆性質的罪行」和襲擊君主的罪行。

分裂國家

9. 維護國家領土完整和統一是維護國家福祉的命脈。若以武力或其他嚴重非法手段破壞領土完整，戰爭便差不多一定會發生。香港特區現時沒有一項稱為「分裂國家」的罪行。為保障國家領土完整和統一，我們建議訂立分裂國家的特定罪行，規定以發動戰爭、或以武力、威脅使用武力、或以其他嚴重非法手段 ——

　　（一）把中華人民共和國一部分從其主權中分離出去；或

　　（二）抗拒中央人民政府對中華人民共和國一部分行使主權，

即屬犯罪。我們也建議將企圖干犯、協助和教唆、慫使和促致他人干犯分裂國家的實質罪行，以及串謀干犯該實質罪行這些初步或預備罪行，訂為特定罪行。

煽動叛亂

10. 在表達自由,特別是提出不同意見的權利,被一致公認是現代民主社會的基本權利的同時,《公民權利和政治權利國際公約》特別訂明表達的自由並非是絕對的,而是附有特別的義務和責任。而基本的國家安全利益以及國家的穩定,受到口頭或書面通訊(包括電子通訊)嚴重威脅的可能性,亦是廣受肯定的。有關的例子包括煽動他人干犯危害國家安全罪行的言論。因此,按照《公民權利和政治權利國際公約》,表達的自由可基於特定的原因,例如國家安全,受到約制。很多司法管轄區,包括最自由和民主的社會,仍將煽惑罪保留為嚴重的刑事罪行。故此,我們仍然需要訂定煽動叛亂罪行,以保護國家和主要機構,免受破壞穩定的通訊所侵害。

11. 我們建議把現行的煽動罪的定義收窄,任何人——

  (一) 煽動他人干犯叛國、分裂國家或顛覆的實質罪行;或

  (二) 煽動他人製造嚴重危害國家或香港特區穩定的暴力事件或公眾騷亂,

  即屬犯罪。

12. 在煽動叛亂罪涵蓋一些威脅國家安全和穩定的通訊的同時,亦有需要處理煽動刊物的問題。不過,以刊物為對象的罪行,是對表達自由的直接限制,因此必須作狹義的界定,以符合《公民權利和政治權利國際公約》所要求的必要和相稱的準則。若處理煽動刊物的行為是煽動行為的一部分時,有關行為已受上文第 11 段的罪行所涵蓋。但是,如某人為謀利等其他原因處理煽動刊物,但同時清楚知道刊物會煽動危害國家安全的罪行;則這類處理刊物的行為,也應被視為刑事罪行。

13. 我們建議收窄現行「煽動刊物」的定義,規定只有當刊物會煽動他人干犯叛國、分裂國家或顛覆的實質罪行的時候,才可被視作煽動刊物,並規定干犯下列行為,即在知情或有合理理由懷疑某刊物是煽動刊物的情況下——

    （一）　處理該刊物，而沒有合理辯解；或

    （二）　管有該刊物，而沒有合理辯解，

即屬犯罪。

14. 純粹發表意見，或就意見或作為作出報道或評論，均不會列為刑事罪行；除非這些意見、某報道或評論煽動他人以發動戰爭、武力、威脅使用武力、或嚴重非法手段達到某指定目的。這符合《基本法》第三十九條的規定，該條保障發表自由。

顛覆

15. 在保護國家建制的層面，顛覆活動通常是指內部或本地勢力推翻或破壞憲法、根據憲法確立的政府或政府制度的行為。香港特區法例中，並無一項稱為「顛覆」的特定罪行。不過，以暴力推翻政府的行為，仍受現行有關「發動戰爭以廢除君主」的叛逆罪條文涵蓋。

16. 顛覆罪的保護對象，應是國家的根本制度及中華人民共和國政府。我們建議把發動戰爭、或以武力、威脅使用武力、或其他嚴重非法手段——

    （一）　脅迫中華人民共和國政府；或

    （二）　推翻中華人民共和國政府，或廢除中華人民共和國憲法所確立的國家根本制度，

界定為顛覆罪。我們也建議把企圖干犯、協助和教唆、慫使及促致他人干犯實質罪行，以及串謀干犯實質罪行等有關連的初步及預備罪行，訂為法定罪行。

竊取國家機密

17. 一個開放及行動透明度高的政府，有助鼓勵公眾參與公共事務和加強問責性。不過，為了保護國家和人民的安全，並確保政府能夠順利運作，某些資料必須予以保密。我們因此必須制訂法律制裁措施，對付未經授權而取得或披露這類資料的行為。同時，為

保障發表意見的自由和資訊自由，我們應只保護那些真正值得受保護的資料，並明確界定保護方法。我們建議保留現有《官方機密條例》的規定，訂明竊取國家機密罪的保護對象如下——

　　（一）　就諜報活動而言，受保護的資料應指那些可能會對敵人有用的資料，而有關資料是為了損害中華人民共和國或香港特區的安全或利益而取得或披露的；

　　（二）　就非法披露而言，屬以下類別的資料應受保護——

　　　　（i）　保安及情報資料；

　　　　（ii）　防務資料；

　　　　（iii）　有關國際關係的資料；

　　　　（iv）　有關中華人民共和國中央與香港特區關係的資料；以及

　　　　（v）　有關犯罪和刑事調查的資料。

18. 「諜報活動」一般指取得對國外權力有用和有損國家安全的資料的活動。這類活動在各國均被視為嚴重危害國家安全的罪行，並應該受到嚴懲。相對而言，為了在保護國家安全和提倡開放的政府之間取得平衡，我們認為，對於未經授權披露官方資料的行為，若被披露的屬敏感性質的資料，才應列為刑事罪行。

19. 《官方機密條例》已經為保護國家機密提供良好的基礎。雖然如此，我們仍建議訂立一項新罪行，訂明凡把未經授權而取得的受保護資料，作出未經授權而具損害性的披露，即屬犯罪。

外國政治性組織

20. 現時《社團條例》的條文足以禁止外國政治性組織不當地干預本地的政治事務，因此應予保留。另一方面，對國家安全構成真正威脅的政治活動，很有可能是有組織性的。在很大程度上，我們可根據現時的《社團條例》禁止這類具威脅性的政治活動。該條例訂明，保安局局長可在為維護國家安全而必要的情況下，宣布香港特區的某個組織為非法組織。

21. 為阻止有組織性進行這類對國家安全構成真正威脅的活動，我們建議可禁制危害國家安全的組織，但只有在根據《公民權利和政治權利國際公約》所訂準則下，有關禁制是維護國家安全、公共安全或公共秩序所需的時候，並且在符合下列其中一項情況，禁制的權力才可行使——

　　(一)　該組織的目的或其中一個目的，是從事任何干犯叛國、分裂國家、煽動叛亂、顛覆、或諜報罪的行為；或

　　(二)　該組織已經作出、或正企圖作出叛國、分裂國家、煽動叛亂、顛覆或諜報罪的行為；或

　　(三)　該組織從屬於某個被中央機關根據國家法律，以該組織危害國家安全為理由，在內地取締的內地組織。

22. 我們建議把組織或支援被禁制組織的活動，以及管理這些組織或身為其幹事，列為罪行。按《公民權利和政治權利國際公約》所訂準則，在有需要的情況下，任何與被禁制組織有聯繫的組織，均可被宣布為非法組織。

23. 禁制及宣布某組織為非法的決定，會受上訴程序約制。為確保公平，這個程序應分為兩個層次。首先，事實的論點可向一個獨立的審裁處提出上訴；其次，法律的論點可向法院提出上訴。

其他事項

24. 我們必須充分考慮到科技發展以及日益方便的通訊，對域外作為可能帶來的影響。概括來說，我們建議僅在罪行與香港特區有充分關連的情況下，香港特區才應對該罪行擁有司法管轄權；換句話說，有關的作為是由香港特區的永久性居民在海外作出；或該作為與香港特區有特定的「關連」。目前，根據《刑事司法管轄權條例》(第 461 章)，就多項欺詐和不誠實的罪行而言，即使這些罪行並非在香港發生，但只要這些罪行與香港特區有特定的「關連」，香港特區法院便可行使司法管轄權。而在普通法中，企圖干

犯、串謀或煽動他人在香港犯罪，即構成香港特區的罪行。我們建議採用普通法和法例的原則，對「關連」作定義。

25. 要應付對國家或香港特區的安全的威脅，我們必須具備有效的調查權力。我們建議增加額外的權力，以處理第二十三條中較嚴重的罪行。

第一章　引言

本文件載述政府實施《基本法》[1]第二十三條的建議。

一、背景

(甲) 基本法

1.2 《基本法》是根據國家憲法制定，規定香港特別行政區（香港特區）實行的各種制度，以保障國家對香港的基本方針政策的實施的重要憲制基礎。《基本法》按照「一個國家，兩種制度」的方針，賦予香港特區高度自治。《基本法》訂有條文，讓香港特區組成本身的行政機關和立法機關（《基本法》第三條）；第八條保留回歸前香港的原有法律；而《基本法》第三章則保障香港特區居民的基本權利和義務，包括在法律面前一律平等、人身自由、通訊自由和通訊秘密、遷徙的自由及宗教信仰的自由。與本文較為直接相關的兩項《基本法》條文分別是第二十七條及第三十九條。第二十七條規定：

「香港居民享有言論、新聞、出版的自由，結社、集會、遊行、示威的自由，組織和參加工會、罷工的權利和自由。」

---

1. 《基本法》的全稱為《中華人民共和國香港特別行政區基本法》，於 1990 年 4 月 4 日通過中華人民共和國主席令公布。

而第三十九條規定：

> 「《公民權利和政治權利國際公約》、《經濟、社會與文化權利的國際公約》和國際勞工公約適用於香港的有關規定繼續有效，通過香港特別行政區的法律予以實施。
>
> 香港居民享有的權利和自由，除依法規定外不得限制，此種限制不得與本條第一款規定抵觸。」

1.3　《公民權利和政治權利國際公約》第十九條[2]保證保持意見不受干預的權利和發表自由的權利。保持意見是一項絕對的權利，對此，《公民權利和政治權利國際公約》並不容許有例外情況或限制。不過，發表自由的權利，則受若干可容許的限制，包括為保障國家安全或公共秩序所必要的限制。此外，這些限制必須由法律規定。《公民權利和政治權利國際公約》對於集會、結社自由的保障，亦容許類似的限制。

（乙）保護國家的觀念

1.4　保護國家，防範嚴重威脅國家主權和安全的罪行，是古今中外都非常重視的概念。依憲法成立的政府，有責任依法行使權力，保護其公民免受外來侵略者或源自國內的暴力襲擊及脅迫，為公民謀求福利，提供安穩的環境讓他們可以追求理想。為達至這些目的，對威脅國家福祉、並因而間接威脅國民福祉的罪行嚴加防範，以給予國家特別保護，維護國家的主權、領土完整及安全，是各國的基本及首要的工作。因此，環顧世界各國，包括實行普

---

2. 該條文內容如下：

一、人人有保持意見不受干預之權利。

二、人人有發表自由之權利；此種權利包括以語言、文字或出版物、藝術或自己選擇之其他方式，不分國界，尋求、接受及傳播各種消息及思想之自由。

三、本條第二項所載權利之行使，附有特別責任及義務，故得予以某種限制，但此種限制以經法律規定，且為下列各項所必要者為限：

　（子）尊重他人權利或名譽；

　（丑）保障國家安全或公共秩序，或公共衛生或風化。

通法和大陸法的國家，均在其法典內明訂條文，防止和懲處危害國家的主權、領土完整和安全的罪行。作為公民，一方面享有受其國家保護的權利，另一方面則有責任透過不作出威脅國家存亡的刑事行為，並支持禁止該類行為的法例，來保護國家。[3]

1.5　在香港特區，中央為我們的安全提供有效的保障，使我們免遭外敵侵略，並確立穩定的架構，令香港特區居民的各項基本權利和自由得以落實。因此，香港特區有責任確保國家的主權及安全受到保護。《基本法》第十八條訂明，國家的全國性法律不在香港特區實施（僅少數除外），因此全國性保護國家安全的法律，並沒有延伸至適用於香港特區。在這個前提下，《基本法》第二十三條規定：

> 「香港特別行政區應自行立法禁止任何叛國、分裂國家、煽動叛亂、顛覆中央人民政府及竊取國家機密的行為，禁止外國的政治性組織或團體在香港特別行政區進行政治活動，禁止香港特別行政區的政治性組織或團體與外國的政治性組織或團體建立聯繫。」

1.6　上述規定，說明了內地保障國家主權及安全的方式，與香港特區的保障方式，或會存在合理的差異。事實上，基於內地和香港特區的不同情況，包括不同的法律制度，出現這種差異在所難免，這亦體現了「一國兩制」的原則。因此，香港特區有責任按照香港沿用的普通法原則，制訂保護國家的法律，而有關條文須符合《基本法》內對各項基本人權及自由的保障。

---

3. 《加拿大法律改革委員會第 49 號文件》中，精闢地撮述了國家與公民之間「回報關係」這概念，指出「就個人與國家的回報關係而言，國家負責保障個人免受暴力侵害和壓制，而個人則有相應的責任維護國家、不背叛國家。因此，如國家為個人提供這些保障，而某人卻背叛國家，則屬錯誤行為，理應受到刑事制裁。」(《加拿大法律改革委員會第 49 號文件》(1986 年) 第 43-44 頁)

二、落實執行《基本法》第二十三條的建議

(甲) 指導原則

1.7 香港特區須履行保護國家的責任，落實《基本法》第二十三條，使國家安全免受嚴重刑事罪行威脅。在研究如何落實執行第二十三條時，我們已考慮下列指導原則：

  (一) 必須全面落實《基本法》的規定，包括第二十三條（該條訂明必須禁止的行為）以及其他在第三章的有關條文，特別是第二十七條及第三十九條；

  (二) 必須全面保障國家的根本利益，即主權、領土完整、統一及國家安全；

  (三) 必須確保落實《基本法》第二十三條的本地法例內，所有罪行均適當地盡量清楚和嚴謹訂明，以免生歧義或抵觸《基本法》所保障的基本權利和自由。

(乙) 現行法例

1.8 《基本法》第二十三條所述的部分罪行，現行法例已有規定。目前，《刑事罪行條例》（第 200 章）第 I 和 II 部處理叛逆（現時有關條例中並沒有使用「叛國」一詞）和煽動罪行。

1.9 關於保護官方資料方面，《官方機密條例》（第 521 章）處理諜報和非法披露官方資料等罪行。《社團條例》（第 151 章）規管的事宜，則包括外國政治性組織的活動和與該等組織的聯繫。

(丙) 法律的目標及方針

1.10 鑑於《基本法》明確規定特區政府應自行立法，使國家免受嚴重的刑事罪行威脅，因此，落實《基本法》第二十三條的法例，應以保障國家的主權、領土完整、統一及安全為目標。[4] 由於現行法例

---

4. 參見《中華人民共和國憲法》第二章第 51 至 55 條。這些條文概括地列出我國公民在保護國家方面的義務，規定中國公民有維護國家安全和利益的義務，亦有責任保衛國家及抵抗侵略。他們不應損害國家的利益和其他人的權利和自由。他們應維護國家統一，以及全國各民族的團結。他們應保守國家機密。

已涵蓋「叛國」、「煽動叛亂」、「諜報活動」和「非法披露」官方資料等罪行，我們認為在適當情況下，可利用現行法例達到上述目標。若干現行法例條文會予以更新，對於分裂國家及顛覆行為，則須訂立新的「分裂國家」及「顛覆」罪行。我們亦須明訂法例條文，禁止組織危害國家安全的活動；禁止外國政治性組織或團體在香港特區進行政治活動；以及禁止香港特區的政治性組織或團體與外國的政治性組織或團體建立聯繫。

（丁）遵行國際人權公約

1.11　另一方面，公民表達意見，以至集會、結社自由的權利，尤其是對國家管治提出不同意見的權利，是民主社會的重要基石。在擬備立法建議時，我們必須審慎考慮國際人權公約中保障基本權利和自由的條文。這是指透過《基本法》第三十九條成為香港特區憲制一部分的《公民權利和政治權利國際公約》及《經濟、社會與文化權利的國際公約》。[5] 我們亦曾詳細研究其他人權公約和宣言及有關文獻，儘管該等公約、宣言及文獻對香港特區並無法律約束力。這些公約和宣言包括：《世界人權宣言》、《歐洲保障人權與基本自由公約》、「有關《公民權利和政治權利國際公約》訂明的限制及克減規定的錫拉庫扎原則」、「有關國家安全、自由發表意見及獲取資訊的約翰內斯堡原則」，[6] 以及相關的法學理據。我們相信本文件提出的立法建議，其中對有關權利和自由施加限制的措施，就保護我國的主權、領土完整、統一及安全的合法目的來說既屬必需，且是相稱的；[7] 因此，有關建議符合《公民權利和政治權利國際公約》訂明對基本權利的限制及克減規定的原則。

5.　請參閱《公民權利和政治權利國際公約》中，保障言論自由權利的第十九條，以及保障結社自由的第二十二條等。

6.　我們注意到錫拉庫扎原則及約翰內斯堡原則仍未獲廣泛採納為國際標準；參見例如《人權季刊》20.1（1998 年）第 15 頁。

7.　就歐洲法理學所確立的原則，請參閱例如 *Handyside v United Kingdom*（1976）1 EHRR737。

（戊）其他考慮事項

1.12 在擬備立法建議時，香港特區政府曾廣泛研究其他司法管轄區關
　　 於國家安全的法例、多個國家的法律改革建議，以及普通法的原
　　 則。香港特區政府亦已仔細研究各界在回歸前後就這事提出的意
　　 見，包括香港大律師公會、香港律師會、Justice（國際司法組織香
　　 港分會）、香港人權監察、香港記者協會、各政黨及立法會議員所
　　 提交的意見。

第二章　叛國罪

一、現行法例：撮要

　　現時《刑事罪行條例》第 I 部處理叛逆罪。[8] 根據第 2 條，數項作為
構成叛逆罪，違者可處終身監禁。該條所載的叛逆行為，按照經《香港
回歸條例》作出修訂的《釋義及通則條例》（第 1 章）的詮釋，其主要分
項如下：

　　（一）殺死或傷害君主，[9] 或導致君主身體受傷害，或禁錮君
　　　　　主，或限制君主的活動；

　　（二）意圖作出（一）段所述的作為，並以公開的作為表明該
　　　　　意圖；

　　（三）懷有強迫中華人民共和國中央人民政府或其他主管機
　　　　　關 [10] 改變其措施等的意圖，向中華人民共和國 [11] 發動
　　　　　戰爭；

---

8. 《基本法》第二十三條內的「叛國」一詞，英文版本為 "Treason"，後者在現行《刑事罪行條例》內
　則稱為「叛逆」。

9. 本項所指的「君主」，原來用詞是「女皇陛下」本人，香港回歸後並沒有直接的對應詞。

10. 原來用詞是「女皇陛下」，香港回歸後並沒有直接的對應詞。而根據經《香港回歸條例》修訂的《釋
　義及通則條例》，應以「中華人民共和國中央人民政府或其他主管機關」取代。

11. 原來用詞是「女皇陛下」。在此選用「中華人民共和國」一詞。嚴格來說，「中華人民共和國中央人
　民政府或其他主管機關」才是正確的用詞。見註 10。

　　　　（四）　鼓動外國人以武力入侵中華人民共和國[12]或其任何屬
　　　　　　　　土；以及

　　　　（五）　協助與中華人民共和國[13]交戰的公敵。

2.2　《刑事罪行條例》第 3 條亦訂明某些「叛逆性質的罪行」，違者可處
　　　終身監禁。這些罪行是指任何人意圖達到以下目的──

　　　　（一）　廢除君主；

　　　　（二）　向中華人民共和國[14]發動戰爭；或

　　　　（三）　鼓動外國人以武力入侵中華人民共和國[15]或其任何
　　　　　　　　屬土，

　　　並以任何「公開的作為」或以發布任何印刷品或文件表明該意圖。

2.3　第 3 和第 4 條對檢控施加各種限制（除了某些例外情況）。第 3（2）
　　　條訂明，被裁定叛逆性質的罪行罪名成立或罪名不成立的人，以
　　　後不得根據同一作為就第 2 條所指的叛逆被檢控；而第 4 條規定，
　　　檢控必須在犯罪後三年內開始進行。

二、考慮事項和建議

2.4　《刑事罪行條例》有關條文所載，把襲擊君主等同叛逆行為的現
　　　行做法，溯源自君主統治的時代，現時已不適用於香港特區。因
　　　此，「叛國」的概念必須隨着時代更新，以符合香港特區在《基本
　　　法》下的憲制情況。

2.5　對內地和海外司法管轄區的法律有關叛國的罪行的研究，顯示一
　　　項共通點，就是叛國涉及勾結國外敵人進行背叛自己的國家這個
　　　概念。這些反國家罪行，有別於由內部叛亂分子鼓動的暴力或非

12.　原來用詞是「聯合王國」，在此選用「中華人民共和國」。

13.　見註 11。

14.　同上。

15.　同上。

法行為；我們建議後者應納入「顛覆」罪處理。在這項指導原則下，我們建議就現行的叛國罪作出下列修訂——

（甲）針對君主或國家元首作出的罪行

2.6 就香港特區而言，國家元首是國家主席。不過，把襲擊國家元首等同最嚴重的叛國罪行，在我國目前的憲制下已不再適用。因此我們建議應刪除《刑事罪行條例》中第 2（1）（a）、（b）條，以及第 5 條（該條規定襲擊君主的罪行）。

（乙）發動戰爭

2.7 根據《刑事罪行條例》第 2（1）（c）條，若有人向國家「發動戰爭」——

> （一）意圖廢除君主；或
> （二）旨在以武力或強制手段強迫中華人民共和國中央人民政府或其他主管機關[16]改 變其措施或意見，或旨在向立法機關施加武力或強制力，或向其作出恐嚇或威嚇，

他便屬犯叛國罪。該條沒有界定「發動戰爭」的定義，但根據普通法，「發動戰爭」意指相當數目的人為某一般公共目的而發動的暴亂或暴動，但不包括為有限度、地方性或私人的目的而發動的抗爭。[17]

2.8 在香港回歸後的憲制情況下，保護君主個人的概念已不再合適，因此應該刪除。另一方面，使用武力推翻、恐嚇或壓制我國政

---

16. 見註 10。

17. 下文就發動戰爭的概念提供較詳盡的闡釋：

「這處『戰爭』並不限於國際法所指的真正『戰爭』，還包括任何可預見的騷亂。這種騷亂由相當數目的人發動，且基於某種『一般』而非私人的目的，如釋放所有監獄中的囚犯。肇事者不一定要作出軍事部署或配備了軍事武器。只要聚建了一大群人，意圖阻止政府自由行使其合法權力，並準備以暴力對抗任何反對行動，便已足夠。」*Kenny's Outlines of Criminal Law*（第 19 版，1966 年）第 398 頁。

府，[18]應繼續予以懲處，因為這些作為顯然威脅到我國的基本安全。根據上文第 2.5 段所述的首要原則，

《刑事罪行條例》第 2 (1) (c) 條的範圍應更嚴加界定，限於指與外國人聯手發動戰爭，旨在 ——

    （一）　推翻中華人民共和國政府；或

    （二）　以武力或強制手段強迫中華人民共和國政府改變其政策或措施；或

    （三）　向中華人民共和國政府施加武力或強制力；或

    （四）　向其作出恐嚇或威嚇。

（丙）鼓動外國人入侵國家

2.9　武裝入侵顯然會嚴重侵害國家主權、領土完整和國家安全。因此，應把鼓動外國人入侵國家保留為叛國罪。然而，我們注意到，現行的《刑事罪行條例》並沒有界定「外國人」一詞。我們認為應界定此詞的定義。外來侵略者十居其九是外國武裝部隊；不過，也可能會出現並非奉外國國家或外國政府命令入侵的侵略者，包括例如由敵對的外國組織所聘用的民兵或僱傭兵。我們建議，「外國人」一詞應大致界定為 ——「受外國政府指揮和控制或並非以中華人民共和國為基地的武裝部隊」。基於上述原因，我們建議應保留《刑事罪行條例》第 2 (1) (d) 條所訂明的罪行為叛國罪，並界定「外國人」一詞的定義；而受保護的領土應為國家的所有領土。

（丁）協助交戰的公敵

2.10　根據判例法，公敵是指戰爭中敵對國家的國民。戰爭可以是正式宣布的戰事，又或是已有足夠報道的武裝衝突，即公開的敵對狀

18.　在本文件中，「中華人民共和國政府」或「我國政府」一詞，是代表中央人民政府及其他在憲法下確立的國家機構這個整體概念。

態。任何助長敵方勢力或削弱自己國家抵禦敵人能力的行為，均屬協助公敵行為。

2.11 任何國家只會在其根本利益受到威脅時，才會與他國交戰或參與其他形式的武裝衝突。因此，某人如協助與國家交戰的公敵，理應受到嚴斥，而這種行為幾乎在每個司法管轄區也列為叛國罪。因此，我們建議保留此罪行，並建議把上文撮述的判例法編纂為成文法則。

（戊）非暴力威脅

2.12 如非暴力攻擊（例如電子破壞活動）是境外部隊為對國家發動戰爭或入侵國家領土所策劃的整體行動的一部分，這些攻擊已受在第2.8 和 2.9 段建議的罪行所涵蓋。

（己）初步或從犯行為

2.13 我們已審慎考慮是否需要保留「叛逆性質的罪行」這一特殊類別的罪行（見上文第 2.2 段），以涵蓋初步或從犯行為。「叛逆性質的罪行」，是在現時懲處企圖犯罪的法例廣泛適用之前制定的。其範圍不僅包含一般的初步罪行，而且還包括「形成意圖」，並以「公開的作為表明該意圖」，因此涵蓋範圍十分廣泛。鑑於有關罪行的嚴重性，我們建議明文規定，把初步或從犯行為，即企圖干犯，以及串謀、協助和教唆、慫使和促致他人干犯實質叛國罪，訂為法定罪行[19]（至於另一項初步罪行，即煽惑他人叛國，則會在第四章討論）。在這個前提下，《刑事罪行條例》第 3 條所訂明的「叛逆性質的罪行」應無須保留。

---

19. 在現行法例下，企圖或與他人串謀干犯實質罪行（除串謀行騙外），也是屬觸犯《刑事罪行條例》第159A 及 159G 條的罪行。而《刑事訴訟程序條例》（第 221 章）第 89 條規定，任何人協助、教唆、慫使或促致他人犯任何罪行，即屬就同一罪行有罪。但該規定只就程序而言。嚴格來說，其他的初步或從犯行為，仍屬普通法罪行。

（庚）隱匿叛國

2.14 目前，隱匿叛國屬普通法罪行。如某人知道另一人犯了叛國罪，卻沒有於合理時間內把所知向適當當局披露，則屬干犯此罪。鑑於隱匿叛國可能嚴重影響國家安全，並且為求更明確訂明何謂「適當當局」，我們建議把隱匿叛國訂為法定罪行，如某人未能於合理時間內採取合理步驟通知警方另一人犯了叛國罪，則屬干犯此罪。

（辛）有代價地對叛逆罪不予檢控

2.15 有代價地對叛逆罪不予檢控是另一項普通法罪行。如某人收受代價同意不檢控犯了叛逆罪的人，則屬干犯此罪。在有關行為同時涉及隱匿行為時，上述針對隱匿的建議法定罪行已足以涵蓋。而當行為純粹涉及有代價地不予檢控，我們建議應按照反貪污法例處理，無須就此訂立特定罪行。

（壬）在香港特區適用的範圍

2.16 很多司法管轄區都認為，只有對國家負效忠義務或受國家保護的人，才可對該國犯叛國罪。[20] 例如，控告入侵的外國軍隊成員犯叛國罪並不恰當。另一方面，判例法指出，效忠國家的義務不一定是取決於某人的國籍。[21] 事實上，部分法律改革建議傾向採納叛國

---

20. 參閱英國國會上議院在 *Joyce v DPP* [1946] 1 All ER 186 一案中的裁決。大法官 Lord Jowitt L.C. 在第 189 至 190 頁指出，「某人是否犯下背叛國王罪行的問題，一直被視為等同於該人是否對國王負效忠義務。⋯關鍵的問題，是君主是否有提供有關保護，令該人須繼續有效忠義務」。

21. 在上述註 20 一案中的裁決中，大法官 Lord Jowitt L. C. 亦在第 189 頁指出，「對君主有效忠義務的，是本國出生的人民、歸化或入籍成為國民的外國人⋯⋯，以及居住於君主的王國的外國人⋯⋯」。

罪行應適用於所有享有國家保護的人【22】這項準則。我們贊成採用這項準則，因為無論屬任何國籍的人均受到身處國家的保護，故至少應以避免作出任何損害該國重要利益的行為來作回報，才算合理。因此，叛國罪行應適用於所有自願在香港特區的人。

（癸）域外效力

2.17 很多司法管轄區規定叛國罪行的域外效力，只適用於對國家負效忠義務的人。正如上文所述，現代法律觀點傾向將效忠義務建基於受保護這個概念之上。基於上述原則，某國國民或受該國連續性保護的人，如在國家以外地方作出叛國作為，他仍須接受其國家審訊。上述做法的理由是，若出現明知該犯罪者在海外作出叛國行為這項最嚴重的罪行（如協助與國家交戰的敵人）、但當其返回國家時卻無須接受懲處這樣的情況，則實在於理不合。

2.18 問題在於就域外效力而言，應如何界定何人受香港特區保護，繼而受國家保護。其中一個可行的界定方法，是把適用範圍限於在海外可獲中華人民共和國代表辦事處領事保護及協助的人。這構想的理據是回報的理論不適用於那些不獲保護和協助的人。不過，此項安排可能會產生不合理的情況。舉例來說，一個永久性居於香港特區因而受香港特區（並繼而受國家）保護的非中國籍居民，由於其外國國籍而在海外不獲中國領事保護或協助，他便可不斷往海外與外國政府串謀，發動從香港特區入侵內地，而返回香港特區時也不會受叛國罪制裁。永久性居民技術上及暫時性不在香港，不應蓋過該人在香港特區的家人及財產繼續受香港特區保護這個事實。此外，很多法定權利，例如該人的居留權，縱使

---

22. 例如可參見加拿大法律改革委員會《第 49 號文件：反國家罪行》(1986 年) 第 56 和 57 頁：「任何自願留在加拿大，並受惠於加拿大的保護（不論他是否加拿大公民、到境的移民、訪客等等）的人，在加拿大干犯針對國家罪行，將須負上責任。」；英國法律委員會《法律委員會第 72 號文件》(1977 年) 第 54 段：「就在英國的任何叛國行為而言……任何自願在英國的人（包括敵對的外國人）……但不包括任何外國的外交代表及入侵或佔領部隊的成員」；澳洲聯邦刑法檢討委員會《第 5 號中期報告》(1991 年) 第 31.34 段：「任何自願在澳洲的人（包括敵對的外國人）」。

他暫時離開香港特區，仍繼續受到保障。因此，總的來說，叛國罪的域外效力，應涵蓋所有香港特區的永久性居民在香港特區以外地方作出的作為，這樣似乎較為合理。

第三章　分裂國家罪

一、現行法例

香港特區現行法例[23]中，並無一項稱為「分裂國家」的特定罪行。

二、考慮事項和建議

（甲）一般情況

3.2　政治學家把分裂國家界定為，「某個已確立及獲得國際認可的國家中的一個組成單位，正式從該國分離出去，成為一個新的主權國」。[24]一般而言，分裂國家涉及某個國家中擁有共同特徵的社群，拒絕確認現行統治當局的主權，並另行成立一個擁有自己地域的獨立國家，令國際認可的疆界亦隨之須予改動。個別司法管轄區對分裂國家行為的法律，取決於該國的憲制。單一制國家（unitary states）的憲法都不會容許國家分裂。例如，我國憲法第五十二條訂明，中華人民共和國公民有維護國家統一的責任。另一方面，聯邦制國家（federal states）或會設有憲法機制，容許其組成部分脫離聯邦。不過，據我們所知，沒有聯邦制國家會容許其組成部分單方面脫離聯邦。舉例來說，加拿大最高法院曾經裁定，根

---

23. 可能有人認為，現行的《刑事罪行條例》（第 200 章）第 2(1)(c)(i) 條的涵蓋範圍已包括分裂國家罪。但由於「女皇陛下其他領土」這詞只適用於英國，而且《香港回歸條例》第 6 條亦沒有處理這個問題，因此我們不能肯定這詞在回歸後可以自動改為「中國領土的任何部分」。

24. 請參見 Viva Ona Bartkus, *The Dynamic of Secession*. Cambridge: Cambridge University Press, 1999。

據加拿大憲法或國際法，魁北克省政府和魁北克省議會均並無法律權利單方面讓魁北克省脫離加拿大。[25]

3.3 有些司法管轄區已明文把分裂國家列為犯罪。舉例來說，在法國，國家領土完整是國家的根本利益之一，受有關叛國罪行的法例保障。[26]在德國，重大叛國罪包括意圖把聯邦共和國的部分領土分離出去。[27]巴基斯坦也把剝奪國家對領土任何部分行使其主權的行為，訂為特定的罪行。[28]

3.4 個別國家就分裂國家訂立的法例，很大程度上取決於該國的歷史及特殊情況。如某個國家內存在擁有共同特徵、懷有不滿、並與某地域有聯繫的社群，意圖基於該地域建立新的獨立國家，則該國便有迫切需要，就企圖分裂國家的行為訂立明確的政策及法例。若這些行為已演變為暴力或可能導致國家分裂，或威脅國家統一或和平，則訂立特定法例以禁止分裂國家的企圖或行為的需要便更加刻不容緩。

（乙）對付分裂國家活動的重要性

3.5 國家為其人民，以及其他合法居於該國的人，提供保護免受外來襲擊和恐嚇，也提供了安穩、和平和安全的環境，及其他益處。維護國家領土完整，是維護國家福祉的核心問題，亦是大多數國家的首要任務。若以武力、威脅使用武力或其他嚴重的非法手段破壞領土完整，戰爭便差不多一定會發生，因此，任何損害領土完整的企圖，應予以阻止。就我國而言，我們堅決認為，維護主權、領土完整和統一，以及秉持「一個中國」的原則，[29]均對整個

---

25. 在 1998 年的判決中，加拿大最高法院同時確認，要分割加拿大任何省份，必須先修訂加拿大憲法，才屬合法。要修訂憲法，必須最低限度由所有省政府和聯邦政府就分割一事磋商。

26. 參閱《法國刑法典》第 IV 卷第 I 部有關針對國家根本利益的威脅的條文。

27. 參閱《1871 年德國刑法典》第 81 及 92 條，把德國部分領土分離出去，被視為危害國家生存的重大叛國罪行。

28. 參閱《巴基斯坦刑法》第 VI 章第 121A 條。

29. 請參閱國務院台灣事務辦公室及新聞辦公室《一個中國的原則與台灣問題白皮書》（2000 年 2 月）。

國家的福祉極為重要。原則上，我們應堅決抗拒任何分裂國家的行動。

（丙）以暴力或其他非法手段分裂國家的活動

3.6　以發動戰爭、使用武力、威脅使用武力或其他嚴重非法手段損害國家領土完整的行為，威脅國家的統一和安全，任何司法管轄區均透過某些方式加以禁止。由於這些應受到嚴斥的行為威脅國家的基本福祉，所以須予嚴懲。為此，我們建議採取與多個國家一致的做法，訂立特定罪行，懲處以發動戰爭、武力、威脅使用武力或以其他嚴重非法手段分裂國家的行為。總括來說，以發動戰爭、使用武力、威脅使用武力，或其他嚴重非法手段──

（一）　把中華人民共和國一部分從其主權中分離出去；或

（二）　抗拒中央人民政府對中國一部分行使主權

的行為，應該列作分裂國家罪。

3.7　為免涵蓋範圍太廣及將較輕微罪行劃為分裂國家罪，「嚴重非法手段」一詞，應限於指一些性質嚴重的罪行。我們建議進一步闡釋「嚴重非法手段」，是指為達到分裂國家的目的，而採取的下述刑事行動──

（一）　針對人的嚴重暴力；

（二）　對財產的嚴重損害；

（三）　危害作出該行動的人以外的人的生命；

（四）　對公眾人士或部分公眾人士的健康或安全造成嚴重危險；

（五）嚴重干擾或嚴重擾亂電子系統；或

（六）嚴重干擾或嚴重擾亂基要服務、設施或系統（不論是公共或私人的）。

而《基本法》所保障的示威、集會等自由，例如和平集會及提出主張等，亦應在條文中受到足夠及有效的保障。

（丁）組織或支持分裂國家的活動

3.8　由於香港特區毗連內地，一些個人或群體可能涉及組織和支援內地的分裂國家活動。這些活動涉及利用香港自由開放的環境作為破壞國家安全和領土完整的基地，必須予以禁止。分裂活動很可能涉及有組織行為。為對付這些活動，我們在第七章會討論禁制有組織的分裂國家活動。

（戊）初步或從犯行為

3.9　除實際的分裂國家行為外，作出有關的初步或從犯行為，也應加以懲處。由於分裂國家罪行對國家構成非常嚴重的威脅，我們建議把企圖干犯及串謀干犯實質分裂國家罪的行為，訂為法定罪行。同樣，有關協助及教唆、慫使及促致他人干犯罪行的一般性法律，也應就分裂國家罪編纂為法定罪行。煽動他人分裂國家罪，與處理叛國罪的方針一樣，將會在第四章討論。

（己）域外效力

3.10　關於分裂國家罪行的地域效力，我們認為，與處理叛國罪一樣，享有香港特區保護，而因此享有國家保護的人，應有回報義務，保障國家安全和領土完整。換言之，分裂國家罪應適用於所有自願在香港特區的人，而其域外效力則適用於所有香港特區的永久性居民在香港特區以外地方的行為。

3.11　再者，干犯分裂國家這項針對國家的嚴重罪行，並不限於有「效忠義務」的人。如果明知某名外國人在香港特區以外的地方籌謀針對國家的嚴重罪行，但在其途經或前來香港特區時仍不受本港法例制裁，實在於理不合。我們應避免這種情況出現。國際法中有確立已久的原則，可應用於上述情況。這些原則包括——

（一）客觀地域原則：當某地承受某罪行的結果或影響，則該地對有關罪行可行使司法管轄權；[30]以及

（二）保護原則：如領域外的行為會威脅提出檢控的當地政府的安全、完整或正常運作，便可運用這原則。[31]

3.12 現時，企圖、串謀或煽惑在香港干犯罪行的行為，即使在其他地方發生，根據普通法仍是一項罪行。此外，根據《刑事司法管轄權條例》（第 461 章），就多項欺詐和不誠實罪行而言，即使這些罪行並非在香港特區發生，但只要與香港特區有特定的「關連」，[32]香港特區法院便可行使司法管轄權。基於上述考慮因素及國際法關於域外效力的原則，我們認為這些普通法和法定的方針，就分裂國家罪來說，應予採用，以處理非香港特區永久性居民在香港特區以外的行為。因此，在上文第 3.10 段之外，分裂國家罪的域外效力，應適用於所有人在香港特區以外地方，作出按上述普通法原則或《刑事司法管轄權條例》的規定，與香港特區有「關連」的行為。

---

30. 參閱 Geoff Gilbert, *Aspects of Extradition Law*, Kluwer Academic 出版社，1991 年，第 41 頁。

31. 參閱 Karl M. Meessen（編者）*Extraterritorial Jurisdiction in Theory and Practice*, Kluwer Law International 出版公司，1996 年，第 109 頁。

32. 《刑事司法管轄權條例》訂明，香港特區的法院在下述情況下，對條例所指的罪行有司法管轄權 ——
（一）如就有關罪行定罪而須予以證明的任何行為（包括不作為）或部分後果在香港特區發生；或
（二）如任何人企圖在香港特區犯罪（不論該企圖是在香港特區還是其他地方作出，也不論該企圖是否在香港特區產生作用）；或
（三）如任何人在香港特區企圖或煽惑他人在其他地方犯罪；或
（四）如任何人串謀在香港特區犯罪（不論該項串謀在什麼地方作出，也不論有關人士是否已在香港特區就該項串謀繼續或進一步採取行動）；或
（五）如任何人在香港特區串謀在其他地方作出一項如在香港特區作出即屬犯罪的行為，但該意圖作出的行為必須在意圖達到有關目的的司法管轄區內也屬罪行。

第四章 煽動叛亂罪

一、現行法例：撮要

《刑事罪行條例》第 II 部第 9 至 14 條處理可概括地歸納為煽動的行為。下述條文撮要已考慮到《香港回歸條例》對《釋義及通則條例》所作的修訂。

4.2 條例第 9 及 10 條處理帶有「煽動意圖」的作為，第 9（1）條訂明煽動意圖是指意圖——

（一）引起憎恨或藐視中華人民共和國中央人民政府或其他主管機關，[33]或香港特區政府，或主權國家的領土其他部分的政府，或激起對其離叛；或

（二）激起中國國民或香港特區居民[34]企圖不循合法途徑改變其他在香港特區的依法制定的事項；或

（三）引起對香港特區司法的憎恨、藐視或激起對其離叛；或

（四）引起中國國民或香港特區居民間的不滿或離叛；[35]或

（五）引起或加深香港特區不同階層居民間的惡感及敵意；或

（六）煽惑他人使用暴力；或

（七）慫使他人不守法或不服從合法命令。

4.3 根據條例第 10 條，作出下述行為，即屬犯罪——

（一）作出、企圖作出、準備作出或與任何人串謀作出具煽動意圖的作為；

（二）發表煽動文字；

---

33. 原來用詞是「女皇陛下本人」。見註 10。

34. 原來用詞是「女皇陛下子民或香港居民」。

35. 同上

> （三）刊印、發布、出售、要約出售、分發、展示或複製煽動刊物（即帶有煽動意圖的刊物）；或
>
> （四）輸入煽動刊物。

觸犯此罪，第一次定罪可處罰款 5,000 元及監禁 2 年。

4.4 任何人無合法辯解而管有煽動刊物，即屬犯罪，第一次定罪可處罰款 2,000 元及監禁 1 年。第 14 條進一步訂明移走煽動刊物的規定。此外，《郵政署條例》（第 98 章）第 32（1）（h）條規定，任何人不得投寄任何煽動刊物。觸犯此罪，可處罰款 20,000 元及監禁 6 個月。

4.5 《刑事罪行條例》明文規定任何作為、言論或刊物，不會僅因其有下列意圖而具有煽動性 ——

> （一）顯示中華人民共和國中央人民政府或其他主管機關[36]在其任何措施上被誤導或犯錯誤；或
>
> （二）指出香港特區政府或香港特區憲制的錯誤或缺點，或法例或司法的錯誤或缺點，而目的在於矯正該等錯誤或缺點；或
>
> （三）慫恿中國國民或香港特區居民[37]嘗試循合法途徑促致改變依法制定的事項；或
>
> （四）指出在香港特區不同階層居民間產生或有傾向產生惡感及敵意的事項，而目的在於將其消除。

4.6 在程序保障方面，第 11 條規定檢控煽動罪行必須於犯罪後 6 個月內提出，並且經律政司司長書面同意。第 12 條進一步規定，任何人不得因一名證人所作的未經佐證證供而被裁定犯煽動罪。

---

36. 原來用詞是「女皇陛下本人」。見註 10。

37. 參見註 34。

4.7 《刑事罪行條例》第 8 及 13 條訂明申請搜查令的規定，以便進入處所檢取煽惑離叛及煽動罪的證據。有關申請須向法官或裁判官提出。

4.8 《刑事罪行條例》中有關煽動活動的罪行，是根據普通法罪行而訂立的。普通法中已經清楚確立，要構成此項普通法罪行，懷有煽動目的的人必須要以引起暴力事件、擾亂公共秩序或製造公眾騷亂的手段來達到該目的。不過，此普通法罪行元素並沒有在《刑事罪行條例》中訂明，而根據一個 1952 年的香港案例，該條例的有關條文會按照本身的用語詮釋，而並非根據普通法詮釋。[38] 不過，我們現在必須在言論自由受憲制保障的前提下審視這項司法決定 —— 言論自由受《基本法》第二十七條和通過《基本法》第三十九條適用於香港的《公民權利和政治權利國際公約》第十九條所保障。因此，法庭很可能將這項普通法元素引入，以詮釋有關法例。

二、考慮事項和建議

(甲) 訂立煽動叛亂罪行的需要

4.9 我們知悉，社會上對現代刑事罪行法例應否明文懲處煽動叛亂的罪行，存有疑慮。舉例來說，有意見認為煽動叛亂罪有可能被濫用來遏止發表意見的自由或迫害政見不同人士，特別是如所訂罪行涵蓋的範圍廣泛。另外也有人認為，如規定必須具有煽惑暴力事件或擾亂公共秩序或製造公眾騷亂的意圖（上文第 4.8 段），則被告人很大可能也干犯了煽惑他人犯罪的罪行，例如煽惑他人侵害人身或財產或非法集結的罪行。因此，後述罪行已足以處理有關人士的不當行為，無須特別訂立煽動叛亂罪。

4.10 在表達自由，特別是提出不同意見的權利被一致公認是現代民主社會的基本權利的同時，基本的國家安全利益以及國家的穩定，受到口頭或書面通訊（包括電子通訊）嚴重威脅的可能性，亦廣

---

38. *Fei Yi-ming v R* (1952) 36 HKLR 133.

受肯定。這類通訊的例子包括煽動他人干犯危害國家安全利益的罪行、或發布呼籲民眾攻擊維持治安部隊的刊物。煽動行為對依法成立的政府和整體社會的安全和穩定可能造成的嚴重影響,多個世紀以來都得到確認,不容低估。世界各地的經驗與及很多司法管轄區仍將煽惑罪保留為嚴重罪行的事實,為我們保留煽動叛亂罪作為針對國家的特定罪行以保護國家和香港特區的安全和穩定,從而保障社會的整體利益,提供了強而有力的理據。這與最自由和民主的司法管轄區所採取的手法一致;問題重點是在禁制這些極具破壞性的通訊與保障發表意見自由兩者之間求取平衡。

五章)或諜報(第六章)罪行,屬叛逆及叛變性質的作為,嚴重違反軍隊成員所須具有的基本責任及效忠義務。*

(乙)煽動叛亂罪行

4.11 《基本法》第二十三條的用詞為「煽動叛亂」,一般可理解為煽動(具武裝性質的)叛亂。而《基本法》英文版的用詞 "sedition",在普通法下則普遍被理解為含有煽動他人反抗合法權力的意思。[39]因此中英文兩個用詞的意義基本上相近。在內地及香港的法律制度下,這項罪行都涉及煽惑針對合法當局的武裝或其它行動。

4.12 第二十三條的煽動叛亂罪應集中處理危害國家安全或穩定的嚴重個案,而非有限度的暴力或擾亂公共秩序的個別事件。本港法例中已有足夠的條文,處理一般的暴力或擾亂公共秩序的情況。

4.13 干犯叛國、分裂國家或顛覆罪行,顯然是最嚴重的針對合法當局及基本國家安全利益的攻擊。正如前文所述,煽動他人干犯這些實質罪行本身已構成普通法的罪行。不過,我們認為有需要在煽動叛亂罪之下將這些普通法的煽動罪行訂立為條文,以強調有關

---

* 編按:諮詢文件原文如此,見 www.info.gov.hk/archive/consult/2002/bl23-c.pdf.

39. 在普通法中,「挑戰公權」是構成罪行的必要元素,「公權」意指「擔任國家的公共職務或行使一些國家的公共職能的一些人或團體」。見 *R v Chief Metropolitan Stipendiary Magistrate, ex parte Choudhury* [1991] 1 Q.B. 429。

行為的嚴重性。同樣道理，國家及特區的整體穩定，對國家安全及「一國兩制」的實施亦極為重要，故有需要訂立特定條文保護。因此，我們建議規定煽動他人——

>（一）干犯叛國、分裂國家或顛覆罪實質罪行；或
>
>（二）製造嚴重危害國家或香港特區穩定的暴力事件或公眾騷亂，

為煽動叛亂罪行。

4.14 因此，純粹發表意見，或純粹報道或評論其他人的意見或行為，不會成為刑事罪行，除非有關意見、報道或評論煽動他人以發動戰爭、使用武力、威脅使用武力，或其他嚴重非法手段以達至危害國家的目的，或煽動嚴重危害國家或香港特區穩定的暴力或公眾騷亂。我們認為上述建議符合《公民權利和政治權利國際公約》第十九條的規定。該條文保障自由發表意見的權利，同時指出這些權利也得受必需的限制，包括為了保障公共秩序和國家安全等。

（丙）煽動刊物

4.15 《刑事罪行條例》第 10 條所涵蓋有關處理煽動刊物的行為，概念上與普通法的煽動罪行不同，因此應分開處理。以刊物為對象的罪行，在涉及的人士未必有意圖煽動針對國家的罪行時，是對表達自由的直接限制，因此必須作狹義的界定，以符合《公民權利和政治權利國際公約》所要求的必要和相稱的準則。

4.16 我們因此建議將有關罪行限於煽動叛國、分裂國家或顛覆罪行的刊物。若處理煽動刊物的行為是煽動行為的一部分時，有關行為已受上文第 4.13 段的罪行所涵蓋。此外，如果有人為謀利等其他原因而印刷刊物，但清楚知道刊物會煽動危害國家安全的罪行；我們相信這類處理煽動刊物的行為，應視作刑事罪行處理。

4.17 因此，我們建議訂立處理煽動刊物的特定罪行。為了保障不知情的代理人，我們建議此罪行應包含有知情或有合理理由懷疑的元素。如任何人——

(一) 刊印、發布、出售、要約出售、分發、展示或複製任何
刊物；或

(二) 輸入或輸出任何刊物，

而知道或有合理理由懷疑有關刊物若發布，便相當可能會煽動他
人干犯叛國、分裂國家或顛覆的罪行，即屬犯罪。考慮到在例如
學術研究或新聞報導等有合理理據處理這類刊物的情況，該罪應
容許以「合理辯解」作抗辯。

4.18 管有煽動刊物的罪行應繼續分開處理，其中應包含上文第 4.17 段
所述的犯罪意念及辯解。在訂立此段及第 4.17 段所述罪行的前題
下，《郵政署條例》第 32 (1) (h) 條有關投寄煽動性刊物的條文應
無須保留。

(丁) 保障措施

4.19 嚴格來説，既然煽動叛亂罪行的定義包含如上文所述的導致暴力
或公眾騷亂的意圖，《刑事罪行條例》第 9 條的現有免責辯護 (請參
閱第 4.5 段) 已非必要。不過，為了釋除疑慮，我們建議應繼續予
以保留。

4.20 目前，《刑事罪行條例》第 12 條規定，任何人不得因一名證人所作
的未經佐證證供而被裁定犯煽動罪。佐證規定有違刑事審訊中證
據重質不重量的一般原則，而大部分普通法司法管轄區已廢除這
項規定。不過，我們知道加拿大、澳洲和新西蘭等不少普通法司
法管轄區仍在規管煽動罪的法例中訂明類似規定。由於近年提交
法院審理的煽動罪案件為數極少，故未能參照實際經驗決定應否
廢除這項規定。因此為了釋除疑慮，我們建議應保留這項現有的
規定。

(戊) 域外適用範圍

4.21 煽動叛亂涉及煽動他人干犯針對國家或特區的罪行。表面看來，
在第三章所述的客觀地域原則和保護原則，應該大致適用。此

外，根據普通法，英國法院可對在外國作出但意圖在英國發生犯罪行為的煽惑罪行，行使司法管轄權。[40] 有見及此，我們建議香港特區可對香港永久性居民在任何地方作出的煽動叛亂罪行，行使司法管轄權；對於其他人來說，香港特區只可在該域外的行為，是意圖或相當可能在香港特區煽動叛國、分裂國家或顛覆罪行或煽動第 4.13 段所述的暴力或公眾騷亂、或與香港特區有如《刑事司法管轄權條例》所規定的「關連」時，行使司法管轄權。[41] 在上述情況以外，有關通訊便不應在香港的法例下受刑事制裁。

第五章　顛覆罪

一、現行法例

在保護國家建制的層面，顛覆活動通常是指內部或本地勢力公開或暗中圖謀推翻或破壞憲法、依憲法確立的政府、或政府制度的行為。香港特區現行法例中，並無一項稱為「顛覆」的特定罪行。不過，旨在推翻政府的行為，仍受現行有關叛逆（例如發動戰爭以「廢除君主」）的條文所涵蓋。

二、考慮事項和建議

（甲）一般情況

5.2　很多司法管轄區都訂有法例，對付推翻或破壞依憲法確立的政府、憲法及／或政府制度的行為，其細節各有不同。舉例來說，

---

40. 參見 DPP v Stonehouse [1978] AC 55, [1977] 2A11ER909, HL; Somchai Liangsiriprasert v Government of the USA [1991] 1 AC 225, [1990] 2 All ER 866 及 Archbold – Criminal Pleading, Evidence and Practice (London: Sweet & Maxwell Limited, 2002) section 33–74。

41. 見第三章第 3.12 段。

在加拿大，以武力或暴力推翻政府即屬叛國；[42]在澳洲，以革命或破壞來推翻澳洲的憲法，或以武力或暴力推翻已確立的政府，屬叛逆罪行。[43]同樣，在德國，若以暴力或威脅使用暴力破壞德國穩定，或改變由憲法確立的政府制度，則屬干犯反聯邦政府的嚴重叛國罪行。[44]

5.3　雖然在普通法司法管轄區中，被稱為「顛覆」的罪行例子不多，但「顛覆」這個概念卻毫不陌生。舉例來說，英國政府就對「顛覆」一詞採用如下定義——

>　「透過政治、工業或暴力手段，旨在推翻或破壞議會民主政制的行為」。[45]

在加拿大，「顛覆或敵對活動」一詞的其中一項定義，是「以使用或鼓勵使用武力、暴力或任何犯罪手段，旨在改變加拿大或外國政府的活動」。[46]

(乙)「顛覆」罪行

5.4　因此，訂立顛覆罪行的要義，在於保障國家的基本制度，以及根據憲法或法律成立的政府。

5.5　國家的根本制度、以及我國政府（包括全國人民代表大會、中央人民政府及其他國家機構）是國家的關鍵建制，若遭非法手段推翻

42.　參閱《加拿大刑法》第 46(2)(a) 條。

43.　參閱《1914 年澳洲刑法》第 2 部第 24AA 條。

44.　參閱《1871 年德國刑法典》第 81 條。

45.　保護國家安全，免受這些行為威脅，正是《英國保安處法令》所列明的英國保安處（軍情五處）的一項職能。根據軍情五處的官方網頁，「《英國保安處法令》沒有採用『顛覆』一詞，但界定了其意義，是指透過政治、工業或暴力手段，旨在推翻或破壞議會民主政制的行為」。

46.　《加拿大公開資料法令》有關「顛覆或敵對活動」的其他定義如下：
（一）針對加拿大或與加拿大結盟或有聯繫的任何國家的間諜活動；
（二）破壞；
（三）在加拿大或其他國家或針對加拿大或其他國家進行恐怖活動的作為，包括劫機；
（四）收集有關加拿大或與加拿大結盟或有聯繫的任何國家的資料以作情報用途的作為；或
（五）威脅在加拿大境外的加拿大國民、加拿大政府僱員或加拿大政府財產安全的作為。

或損害，應視作最嚴重的事件處理。理論上，這些行為與叛國行為相若，分別在於這些行為有可能是，也有可能不是與境外勢力聯手策動。此外，我們清楚知悉，顛覆行為不僅限於涉及使用武力的行為。事實上，隨着科技迅速發展，對國家安全和穩定的嚴重威脅可能來自採取非暴力手段，例如電子破壞等非法行為。因此，我們建議訂明，以發動戰爭、使用武力、威脅使用武力或其他嚴重非法手段[47]——

（一）脅迫中華人民共和國政府；或

（二）推翻中華人民共和國政府，或廢除憲法所確立的國家根本制度，

即屬干犯顛覆罪行。

5.6 與分裂國家罪（見第三章）一樣，我們必須確保香港特區不會被利用作為支援在內地策動或針對內地的顛覆活動的基地。第七章將討論禁制旨在危害國家安全的有組織活動。

（丙）初步或從犯行為

5.7 除實質的顛覆罪行外，企圖干犯顛覆罪等初步行為，以及與實質罪行有關的協助、教唆等從犯行為，也應加以懲處。基於這些罪行的嚴重後果，我們建議把企圖干犯、串謀、協助及教唆、慫使及促致他人干犯顛覆罪的作為，訂為法定罪行。

（丁）域外適用範圍

5.8 我們認為與分裂國家罪（第三章）的域外行為有關的原則，應同樣適用於顛覆罪。因此顛覆罪應適用於所有自願在香港特區的人，並對——

（一）香港永久性居民在香港特區以外地方作出的行為；以及

---

47. 「嚴重非法手段」一詞，應與第3.7段所建議，分裂國家罪中該詞的意義相若，並包括對受保障權利的足夠及有效的保障。

（二）　所有其他人在香港特區以外地方作出按普通法原則或
　　　　《刑事司法管轄權條例》的規定，與香港特區有「關連」
　　　　的行為，

具有域外效力。

第六章　竊取國家機密

一、現行法例：撮要

目前，國家或政府機密根據《官方機密條例》（第 521 章）受保護。
該條例所指的罪行分為兩大類，即間諜罪及非法披露受保護資料罪。

（甲）間諜活動

6.2　根據條例第 3 條（關於諜報活動），任何人如為有損中華人民共
　　　和國或香港特區[48]的安全或利益的目的而作出以下作為，即屬
　　　犯罪——

（一）　接近、察看、越過或進入「禁地」，[49]或處身毗鄰禁地
　　　　之處；
（二）　製作旨在對、可能對或擬對敵人有直接或間接用處的圖
　　　　片、圖則、模型或紀錄；或
（三）　取得、收集、記錄或發表相當可能對、可能對或擬對敵
　　　　人有直接或間接用處的任何機密的官方代碼或通行碼、
　　　　任何圖片、圖則、模型或紀錄或其他文件或資料，或將
　　　　之傳達予任何其他人。

48.　該詞原本為「聯合王國或香港」。

49.　《官方機密條例》第 2(1) 條就「禁地」一詞提供了一個頗長的定義。舉例來說，禁地包括政府的任
　　　何防衛工事、軍火庫、海軍設施或空軍設施；任何用於建造或貯存政府軍火的地方；任何被行政
　　　長官宣布為禁地的地方；以及任何被宣布為禁地的鐵路、道路、氣體、水務或電力設施。

6.3 根據第 4 條，凡窩藏已經或即將犯第 3 條所訂罪行（見上文第 6.2 段）的人，即屬犯罪。

6.4 根據第 5 條，任何人如為取得進入禁地的許可的目的或為任何其他有損國家或香港特區的安全或利益的目的，作出任何虛假陳述、偽造或未經授權而使用制服等，即屬犯罪。

6.5 第 6 條禁止為任何有損國家或香港特區的安全或利益的目的而在未經授權的情況下使用官方文件。

6.6 任何人如根據第 3 條被定罪，可判處監禁 14 年。至於其他罪行，一經循公訴程序定罪，刑罰為監禁兩年；若循簡易程序定罪，則處以第 4 級罰款及監禁 3 個月。

（乙）非法披露

6.7 第 13 條處理保安及情報部門成員違反規則的事宜。任何成員如在沒有合法權限的情況下，披露因其身為該等部門成員或其在工作過程中而管有或曾經管有關乎保安或情報的資料、文件等，即屬犯罪。

6.8 公務人員或政府承辦商如在沒有合法權限的情況下，把因其身分而管有關乎保安或情報（第 14 條）、防務（第 15 條）或國際關係（第 16 條）的資料作出具損害性披露，即屬犯罪。構成損害性披露的情況視乎所涉資料的性質而異。以保安及情報資料來說，若披露損及保安或情報部門的工作，則該披露屬具損害性。以防務資料來說，若披露損害武裝部隊執行任務的能力、導致武裝部隊成員傷亡、或引致部隊的裝備或裝置嚴重受損，則該披露屬具損害性。而對於防務及國際關係的資料來說，若披露危害國家或香港特區在其他地方的利益、對促進或保障這些利益構成嚴重妨礙、或危害中國國民【50】或香港特區永久性居民在其他地方的安全，則

---

50. 該詞原本為「英國國民」。

該披露屬具損害性。若有關的資料在未經授權下披露便相當可能會造成任何上述效果，則這些資料的披露同樣屬具損害性。

6.9 根據第 17 條，公務人員或政府承辦商如在沒有合法權限的情況下，披露把因其身分而管有的任何資料，而該披露實際上會或可能會 ——

　　　（一）　導致犯罪；

　　　（二）　利便某人逃離合法的羈押；或

　　　（三）　阻礙防止或偵查罪行，或阻礙拘捕或檢控疑犯，

即屬犯罪。

6.10 根據第 18 條，任何受第 13 至第 17 條保護的資料如因非法披露或託付而落入某人的管有，而該人知道或有合理因由相信該等向其披露的資料是受保護的資料以及一旦披露會具損害性，但仍在沒有合法權限的情況下把資料披露，即屬犯罪。

6.11 根據第 19 和第 20 條，任何人如在沒有合法權限的情況下，披露因諜報活動所得的資料或披露中央人民政府或香港特區政府[51]在機密情況下傳達予某地區、國家或國際組織的資料，即屬犯罪。

6.12 任何人如因非法披露而被定罪，可視乎罪行的類別和嚴重程度，判處監禁（三個月至兩年）及罰款（第 4 級罰款至 500,000 元）。

二、考慮事項和建議

（甲）一般情況

6.13 一個開放及行動具高透明度的政府，有助鼓勵公眾參與公共事務和提高政府的問責性。不過，為了保護國家和其人民的安全，及確保政府能夠順利運作，某些資料必須予以保密。由於這類資料對國家的安全十分重要，我們必須制訂適當的法律制裁措施，對付未經授權而取得或披露這類資料的行為。同時，為保障發表意

---

51. 該詞原本為「聯合王國政府或香港政府」。

見的自由和資訊自由，我們應只保護真正值得受保護的資料類別，以及明確界定保護方法。

6.14 為配合第二十三條的規定，我們建議集中討論保護國家機密，即那些若未經授權而被披露則會對國家構成損害的資料，而不會處理保護所有政府資料的事宜。我們認為現有《官方機密條例》的條文，已經在建立開放政府和保護國家安全的需要之間，作出了恰當及精確的平衡；而第二十三條不應被理解為國家機密以外的資料不需要受保護。我們因此建議，在根據下文作出改善後，該條例應以其現行形式保留。

（乙）需要受保護的資料類別

6.15 《官方機密條例》沒有採用「國家機密」一詞。就間諜活動而言，該條例沒有界定何種資料受到保護，但獲取資料及相關作為的目的，必須是為了損害國家或香港特區的安全或利益。就非法披露行為而言，下列類別的資料受到保護——

　　（一）　保安及情報資料；

　　（二）　防務資料；

　　（三）　有關國際關係的資料；以及

　　（四）　有關犯罪和刑事調查的資料。

6.16 基於「諜報」和「非法披露」罪行的不同性質，現行的法例以不同的手法處理這兩種活動，並不難理解。「諜報活動」一般是指設法取得一些對外國勢力有用及有損國家安全的資料，這類活動在全世界也被視為嚴重的國家安全罪行，應受重罰。相對來説，為在保護國家安全及促進開放的政府之間維持平衡，未獲授權而披露官方資料的行為，只在有關資料是屬敏感性質及該披露屬損害性時，才被認為應予刑事處罰。

6.17 另一項細節是有關受保護免被非法披露的資料。《官方機密條例》已具體訂明一些受保護的對象（見第 6.15 段）。我們認為受保護的對象全都屬於國家機密，只有一項除外，那就是有關犯罪及調查

的資料。按照現行條例，這種資料可以指與一切罪行及調查有關的資料，因此可能亦涵蓋與國家機密無關的資料。這些現行《官方機密條例》中保護關於一切罪行及調查資料的條文，雖然與現在我們以保護主權、領土完整、統一及安全為目的而進行的第二十三條立法工作並無直接關係，但有關條文肯定提供了有用的阻嚇，故應予保留。

6.18《官方機密條例》第 16 條關乎披露任何有關「國際關係」的資料等行為。根據這項條文，在回歸之前，有關香港及內地之間關係的資料是受到保護的。在回歸後，以「國際關係」的名義保護這些資料，並不恰當。為確保有關國家中央和香港特區之間的關係的資料繼續受到保護，我們建議訂立一個新的受保護類別，即「中華人民共和國中央與香港特區之間的關係」，以防止這些資料在未經授權下被披露。

6.19 因此，概括而言，我們建議——

　　(一)　就諜報活動而言，受保護的資料應包括那些可能會對敵人有用的資料，而有關資料是為了損害國家或香港特別行政區的安全或利益而取得或披露的；以及

　　(二)　就非法披露而言，以下類別的資料應受保護——

　　　　(i)　保安及情報資料；

　　　　(ii)　防務資料；

　　　　(iii)　有關國際關係的資料；

　　　　(iv)　有關中華人民共和國中央與香港特區之間關係的資料；以及

　　　　(v)　有關犯罪及刑事調查的資料。

(丙) 保護方法

6.20 第二十三條提及「竊取」國家機密。不過，就資料而言，盜竊的概念不能與其他財產的盜竊的情況同樣地應用。一般來說，盜竊的法律概念涉及永久地剝奪屬於他人的財產；但以資料來說，擁有

權和永久剝奪的問題通常並不存在，因為犯罪者可以只是「偷竊」資料而不竊取儲存或保管資料的載體。此外，記憶和知識不可以輕易被清洗。

6.21 鑑於上述的考慮因素，我們認為國家機密應採用以下方法加以保護——

> （一） 防止在未經授權下取得、轉傳或處理受保護的資料；以及

> （二） 防止在未經授權下披露受保護的資料。

《官方機密條例》所採用的手法在很大程度上已經與這個觀點一致。條例第 II 部旨在防止透過諜報活動在未經授權下取得受保護的資料。第 2 條具體列明，所謂取得或保留任何文件、紀錄等，是包括複製或安排複製這些文件、紀錄等。此外，傳達文件也包含轉移或轉傳這些文件。第 III 部旨在防止在未經授權下披露從諜報活動取得的資料及第 III 部指明的其他資料。我們認為，就諜報活動而言，現行條例給予的保護已經足夠，因為條例已涵蓋取得、轉傳、處理和披露從諜報活動取得的資料。

6.22 至於受非法披露罪保護的資料，《官方機密條例》只禁止在履行職責時管有這些資料的人或向上述人士取得這些資料的人披露這些資料，但沒有對未經授權而取得、轉傳和處理這些資料施加制裁。我們認為，目前有人可把本人或透過另一人在沒有授權的情況下取得的受保護資料，作具損害性披露這個漏洞，應予堵塞。舉例來說，某黑客可以公開把盜得的受保護資料賣給某出版商，而後者亦可以把資料出版圖利，即使有關的披露極具損害性，但該兩人均不受《官方機密條例》第 III 部的條文制裁。我們應該避免這種情況出現。因此，我們建議訂立一項新罪行，訂明凡把未經授權而（直接或間接）取得的受條例第 III 部保護的資料，作出未經授權和具損害性的披露，即屬犯罪。現行損害性披露的界定準則及條例第 18 條列明的辯解，在作出必要的修訂後，可適用於這項新訂罪行。

（丁）適用範圍

6.23 關於條例不同條文適用的對象，我們認為現行的安排大致上是適當的。舉例來説，我們留意到，第 12 條「公務人員」一詞的定義，包括任何受僱在公務員體制的人員。我們認為這項安排是適當的。《官方機密條例》第 III 部列明清晰的指引，界定在什麼情況下作出未經授權披露即屬犯罪。除了是保安及情報部門成員，披露因其職位而管有或在其工作過程中所管有的保安或情報資料外，其他的披露行為必須具有損害性，才屬犯罪。鑑於保安及情報部門成員的工作性質敏感，對他們實施較嚴格的要求是非常合理的。我們認為應繼續實施現行的安排。

6.24 我們建議引入兩項有關《官方機密條例》適用範圍的技術修訂。我們察覺到在條例第 18（2）條有一個潛在的漏洞。現時該條文只提到「公務人員或政府承辦商」而沒有提及前任公務人員或以往的政府承辦商。這與條例第 14 至 17 條不同，後者均提到「屬或曾經屬公務人員或政府承辦商的人」（強調為本文所增）。現行條文的含糊之處，在 1989 年的一宗英國案例中已清楚突顯出來。[52] 我們建議修訂第 18（2）條，清楚列明條文適用於源自現任和前任的公務人員及政府承辦商的資料。

6.25 另一項修訂建議涉及政府承辦商。對於政府承辦商一詞目前的定義[53]是否包括由警方任用以協助保安及情報工作的特工及線人，實有可堪爭議之處。這些特工及線人，有些是為了報酬而工作，有些則是純粹為了履行公民責任而提供協助。儘管收受報酬的特

---

52. 《官方機密條例》第 18(2) 條是參照《1989 年聯合王國官方機密法令》第 5(1) 條制定的。在 *Lord Advocate v The Scotsman Publications Ltd.* [1989] 3 WLR 358 一 案中，大法官 Lord Jauncey of Tullichettle 説：「第 5(1) 條並沒有像第 1(1) 及 (3) 條般包括前任英皇僱員。……假設第 5 條原擬除適用於源自現任保安部門成員的機密資料外，亦適用於源自前任保安部門成員的機密資料 —— 雖然以條文文字隱晦模糊來看，這項假設亦頗有可能不成立 ——……」

53. 《官方機密條例》第 12(2) 條界定「政府承辦商」為「任何不是公務人員，但屬為英皇香港政府〔原文如此〕……的目的，提供貨品或服務（或受僱為該等目的提供貨品或服務）的人。」

工可視為政府承辦商,但線人是否政府承辦商則有疑問。由於這些特工和線人在執行任務時可能接觸到受保護的資料,我們認為條例應明確把他們歸入「政府承辦商」的定義之內。

(戊) 域外適用範圍

6.26 涉及非法披露資料的大部分罪行已根據《官方機密條例》第 23 條具有域外效力。任何中國國民、香港特區永久性居民或公務人員,在香港特區以外地方作出一項若在香港特區作出,便屬觸犯條例第 III 部(若干條文除外)所指罪行的行為,即屬犯罪。為了涵蓋各種情況,例如香港特區政府的公務人員在海外披露受保護的資料,我們有需要繼續保留這項條文。正如第 6.24 段所指出,公務人員應包括前任公務人員。

6.27 目前並沒有明確法律條文,規定諜報罪(《官方機密條例》第 II 部)在域外適用。我們曾考慮應否作出改變。理論上,如諜報活動涉及的資料,與國家、包括香港特區的安全或利益有關,便可考慮訂明明確條文,給予此等罪行域外效力。不過,為這項罪行訂定域外效力的實際需要應不大。如諜報行為涉及通訊或非法披露資料(條例第 III 部),則域外效力已涵蓋大部分這類個案。如案件只涉及外國特工,域外效力的實際作用令人存疑。外國政府不可能向另一個政府交出自己的秘密特工接受諜報罪審訊。此外,諜報活動屬高度機密行動,加上國際關係錯綜複雜,對於完全在香港特區以外地方進行的諜報活動,香港特區實難以有足夠資料自行進行調查,並提出檢控。因此,我們並不建議域外效力涵蓋諜報罪行。相應地,諜報罪中「禁地」的定義,應限於在香港特區的地域管轄權內的地方。

第七章　外國政治性組織

一、現行法例：撮要

現時，處理外國政治性組織的主要法例是《社團條例》（第 151 章）。

7.2 根據《社團條例》第 5 條，任何本地社團或其分支機構[54]須於成立後 1 個月內，向社團事務主任申請註冊或豁免註冊。「本地社團」一詞的定義十分全面，指在香港特區組織和成立、或總部或主要的業務地點設於香港特區的任何社團。此外，如社團的任何幹事或成員在香港特區居住或身在香港特區，或該社團由任何在香港特區的人管理或協助管理或代其索取或收取金錢或社團費，則該社團也視作是在香港特區成立。不過，有關註冊（或豁免註冊）的規定並不適用於條例附表所列的個體。舉例來說，這些個體包括根據《公司條例》（第 32 章）註冊的公司、根據《合作社條例》（第 33 章）註冊的合作社及根據《職工會條例》（第 332 章）登記的職工會。[55]

7.3 若某社團是政治性團體，[56]並與外國政治性組織[57]或台灣政治性組織[58]有聯繫[59]，則社團事務主任可 ——

（一）　在諮詢保安局局長後，拒絕該社團註冊或拒絕予其豁免註冊；

（二）　在諮詢保安局局長後，取消該社團的註冊或註冊豁免；或

---

54. 下文凡對「社團」的提述均指社團及／或其分支機構。

55. 其他個體包括學生協會、依據或根據任何條例或其他法例組成的公司或組織、華人廟宇、儲蓄互助社、建築物管理法團、康樂團體和沒有成立為法團的信託。

56. 參閱下文第 7.4 段。

57. 參閱下文第 7.5 段。

58. 參閱下文第 7.6 段。

59. 參閱下文第 7.7 段。

（三）建議保安局局長作出命令，禁止該社團運作或繼續運作。

如社團事務主任合理地相信上述措施是維護國家安全或公共安全、公共秩序或保護他人的權利和自由所需要者，亦可運用這些權力。

7.4 《社團條例》界定「政治性團體」為——

（一）政黨或宣稱是政黨的組織；或

（二）其主要功能或宗旨是為參加選舉的候選人宣傳或作準備的組織。【60】

7.5 《社團條例》界定外國政治性組織為——

（一）外國政府或其政治分部；

（二）外國政府的代理人或外國政府的政治分部的代理人；或

（三）在外國的政黨或其代理人。

上文（一）項和（二）項包括外國全國性級別以下的或地方級別的政府及其代理人。

7.6 台灣政治性組織的定義為——

（一）台灣地區的政府或其政治分部；

（二）台灣地區的政府的代理人或該政府的政治分部的代理人；或

（三）在台灣的政黨或其代理人。

7.7 就屬於政治性團體的本地社團而言，「聯繫」界定為包括——

（一）該社團尋求或接受外國政治性組織或台灣政治性組織的資助、任何形式的財政上的贊助或支援或貸款；

（二）該社團附屬於外國政治性組織或台灣政治性組織；

（三）該社團的政策是由外國政治性組織或台灣政治性組織釐定；或

（四）在該社團的決策過程中，外國政治性組織或台灣政治性組織作出指示、主使、控制或參與。

---

60. 選舉包括為選出立法會議員或區議會議員而舉行的一般選舉或補選。

7.8 如社團被拒絕註冊或被拒絕豁免註冊，或其註冊或註冊豁免遭到取消，則根據《社團條例》第 5F（1）條，該社團須停止運作。凡任何社團沒有遵從該規定，該社團的每名幹事如屬首次就該項罪行被定罪，可處第 3 級罰款；如屬第二次或其後再度就該項罪行被定罪，可處第 4 級罰款及監禁 3 個月。而若該罪行持續，處以每天罰款 300 元。

7.9 如保安局局長根據社團事務主任的建議作出禁制命令（上文第 7.3（三）段），但有關社團仍繼續運作，該社團將被視為「非法社團」。非法社團的幹事可處罰款 100,000 元及監禁 3 年。非法社團的成員和贊助人等如屬首次就該項罪行被定罪，可處罰款 20,000 元及監禁 1 年，如屬第二次或其後再度就該項罪行被定罪，可處罰款 50,000 元及監禁 2 年。其他相關罪行包括：在涉及非法社團的事務上給予援助、作出煽惑和牟取款項。

7.10 根據《社團條例》第 15 條，社團事務主任可規定任何社團向他提交他為根據該條例履行他的職能而合理需要的資料。這些資料包括社團的收入、收入來源及開支。不遵從規定者可處罰款 20,000 元。

二、考慮事項和建議

7.11 我們相信現行《社團條例》的條文，尤其是界定「外國政治性組織」及「聯繫」含義的條文，在禁止外國政治性組織介入香港特區的政治事務方面，已經足夠。很多其他司法管轄區亦有類似的條文，禁止外國政治性組織對本地政治施加不當的影響或干預。這些條文應予保留。

7.12 為達到保護國家安全的目的，有需要另訂條文，以防止外國政治性組織在香港特區從事有損國家安全或統一的政治性活動，或與本地政治性組織建立有損國家安全或統一的聯繫。

7.13 事實上，危害國家安全的有組織政治性活動，不論有關的威脅是源自外國或本地的因素，都必須以有效措施禁制。《社團條例》下基於國家安全理由禁止社團運作的現有權力，已對這些活動作出

了有效的制裁。不過,由於損害國家安全活動性質上非常嚴重及應受譴責,且有關活動亦有可能伸延到香港特區以外,以至產生全國性的影響,因此必須進一步以特定的措施,應付國家安全的需要。

7.14 為此,我們建議把組織或支援被禁制組織的活動列為罪行。這項罪行須包含知情或有合理理由懷疑的元素。而「支援」這個概念,包含例如身為被禁制組織的成員;向被禁制組織提供經濟援助、其他財產或協助;執行被禁制組織的政策和指示等。

(甲) 禁制的機制

7.15 顧及上述的因素,我們建議保安局局長應獲授權,若他合理地相信禁制某組織是維護國家安全、公共安全或公共秩序所必需,便可禁制該組織。與現行《社團條例》有關名詞的釋義一樣,「公共安全」及「公共秩序」的釋義,與根據《公民權利和政治權利國際公約》適用於香港的有關規定所作的釋義相同,而「國家安全」則指保衛國家的領土完整及獨立自主。就本文而言,由兩個或以上的人為某共同目的而作出經組織的行動,不論他們是否有正式的組織架構,亦應界定為一個組織。禁制一個組織的權力只可在以下情況行使——

　　　　(一)　該組織的目的或其中一個目的,是從事任何干犯叛國、分裂國家、煽動叛亂、顛覆、或竊取國家機密罪(諜報罪)的行為;或

　　　　(二)　該組織已經作出、或正企圖作出任何干犯叛國、分裂國家、煽動叛亂、顛覆、或竊取國家機密罪(諜報罪)的行為;或

　　　　(三)　該組織從屬於某個被中央機關根據國家法律,以該組織危害國家安全為理由,在內地取締的內地組織。

7.16 對上文(三)來說,由於特區政府未必能夠斷定某組織是否對國家安全構成威脅,尤其是那些以中國內地為基地,並在香港特區設有附屬分支的組織,因此在很大程度上,特區政府應依靠中央機

關根據其掌握的全面性資料而所作的決定，作為界定有關內地組織是否涉及危害國家安全的準則。而中央政府就某個內地組織已因國家安全為理由被禁制的正式知會，應可作為該組織已被如此禁制的事實的最終證明。不過，保安局局長仍須信納有關從屬關係的證據，且必須合理地相信行使權力禁制該從屬組織，是維護國家安全、公共安全或公共秩序所必需的時候，方可行使該權力。

7.17 此外，任何組織與被禁制組織有聯繫，應可以被禁止運作。保安局局長應獲授權，在合理地相信禁止前者的運作或繼續運作，是按上文第 7.15 段提及《公民權利和政治權利國際公約》等的釋義、在維護國家安全、公共安全或公共秩序所必需時，可宣布該組織為非法。任何人管理該非法組織，或身為其幹事，即屬犯罪。因此，不論在內地或在香港特區，危害國家安全的組織都會被禁制，而在香港與其有關連的團體，可能成為非法團體。為免該罪行涵蓋範圍過於廣泛，「聯繫」的概念，應清楚定義，包括 ——

（一） 該組織尋求或接受被禁制組織的資助、任何形式的財政上的贊助或支援或貸款，或相反情況；

（二） 該組織附屬於被禁制組織，或相反情況；

（三） 該組織的政策是由被禁制組織釐定，或相反情況；或

（四） 在該組織的決策過程中，被禁制組織作出指示、主使、控制或參與，或相反情況。

類似的概念，在《社團條例》中已詳盡涵蓋。[61]

---

61. 在本地社團為政治性團體的情況下，《社團條例》（第 151 章）中「聯繫」一詞的定義為 ——
（一）該社團或該分支機構直接或間接尋求或接受外國政治性組織或台灣政治性組織的資助、任何形式的財政上的贊助或支援或貸款；
（二）該社團或該分支機構直接或間接附屬於外國政治性組織或台灣政治性組織；
（三）該社團或該分支機構的任何政策是直接或間接由外國政治性組織或台灣政治性組織釐定；或
（四）在該社團或該分支機構的決策過程中，外國政治性組織或台灣政治性組織直接或間接作出指示、主使、控制或參與。

（乙）上訴的機制

7.18 禁制及宣布一個組織為非法的決定應受上訴程序約制。為確保公平，這個程序應分為兩個層次。首先，事實的論點可向一個獨立的審裁處提出上訴。其次，法律的論點可向法院提出上訴。鑑於上訴可能涉及敏感的資料或情報，因此，上訴程序的規則在確保程序公平的同時，還須保護機密資料和資料來源免遭披露。

第八章　調查權力

一、引言

《基本法》第二十三條的要旨，是保障國家主權、領土完整、統一及安全，亦即國家的根本利益，因此具備足夠的權力調查有關罪行，是非常重要的。很多其他司法管轄區都對這項需要非常重視，並賦予額外的權力，讓其保安和情報機關調查可能危害國家重要利益的活動。與此同時，我們注意到有必要確保有關的調查權力，對被調查的罪行來說是相稱和必須的，並合乎《公民權利和政治權利國際公約》的要求。在監管機制內亦應有足夠的保障及監察程序。

二、現有權力

8.2 現時《警隊條例》（第 232 章）中已訂有一些基本的調查權力，除個別條例另行規定外，這些權力適用於所有罪行。這些權力包括搜查和檢取涉嫌財產等。此外，有些條例有特別條文，規定在可根據該條例行使某些調查權力的情況，例如《刑事罪行條例》（第 200 章）第 8 條和第 14 條，以及《官方機密條例》（第 521 章）第 11 條訂明應使用搜查手令的情況。

8.3 我們檢討了現行《刑事罪行條例》及《官方機密條例》中就調查叛逆、煽動及官方機密罪行的權力，認為有關權力基本上切合所需，應予繼續保留，但須作某些修訂。例如在《刑事罪行條例》第

14 條下，沒有法庭手令而移走煽動刊物的權力，不應單純取決於有關刊物是否從公眾地方可見。相反地，這權力只應在非常緊急的情況下才可以行使，不論公眾是否可以看見有關刊物。有關權力將按下文第 8.4 段的方針修訂。

三、新增權力

(甲) 緊急進入、搜查及檢取的權力

8.4　基於一些第二十三條罪行的特別性質，現行的調查權力在有些情況下未必足夠應付所需。例如，根據普通法，警務人員為制止罪案發生，可在沒有搜查手令的情況下進入私人處所等；但在調查罪案方面並沒有緊急進入及搜查的權力，這對調查第二十三條下較嚴重的罪行來說，很可能是一大弱點。懷疑已發生罪行的關鍵證據，可能因未能及時取得搜查手令而被銷毀。

8.5　因此我們建議警方可在調查一些第二十三條的罪行時，具備緊急進入、搜查和檢取的權力，而有關權力只可由高級的警務人員（例如警司）有合理理由相信——

　　　　（一）有人已經觸犯或正在進行有關罪行；

　　　　（二）若不採取即時行動，可能會失去對調查該罪行有重要作用的證據；及

　　　　（三）對有關罪行的調查會因而受嚴重損害

的情況下行使。

(乙) 財務調查權力

8.6　若不能及時取得有關的財務資料，調查所需要的關鍵證據可能會被銷毀。因此，針對那些特別可能涉及非法財務支援的第二十三條罪行，我們建議應提供緊急財務調查的權力。警務處處長應獲授權，在特別緊急的情況，以及為了國家安全（保衛國家的領土完整及獨立自主）或公眾安全利益的條件下，若有合理懷疑有人已經

觸犯或正在進行有關罪行，可要求銀行或接受存款公司披露與調查有關的資料。

（丙）有組織及嚴重罪行條例的權力

8.7 有些較嚴重的第二十三條罪行很可能涉及有組織性的元素，例如顛覆或分裂國家罪行，以個人之力不大可能成功干犯。因此，《有組織及嚴重罪行條例》（第 455 章）中的額外權力，應用以對付這些罪行。我們建議在該條例的附表 1 中加入個別的第二十三條罪行，讓下述額外法律權力可用以對付有關罪行——

（一）証人令

根據《有組織及嚴重罪行條例》第 3 條，律政司司長可向原訟法庭提出單方面申請，命令某人就與某項調查合理地看來有關的事情回答問題或提交物料。

（二）提交物料令

根據《有組織及嚴重罪行條例》第 4 條，律政司司長或獲授權人員可向原訟法庭提出單方面申請，命令某人交出指定的、與調查相當可能有關的物料，或授權他取覽該物料。

（三）搜查手令

根據《有組織及嚴重罪行條例》第 5 條，若就某指明的處所發出的証人令或提交物料令未予遵從，獲授權人員可向原訟法庭或區域法院申請手令，為調查的目的而搜查該指明的處所。

此外，該條例亦訂明其他權力，例如就犯罪得益所作出的限制令及押記令，及加重判刑等。

四、需要增加調查權力的罪行

8.8 附件 1 表列上述第 8.4 至 8.7 段建議增加調查權力的個別第二十三條罪行，及建議所需的權力。

第九章　程序及其他事項

一、引言

本章探討處理第二至七章建議訂立的罪行的程序及其他事項。

二、非法誓言及非法操練

9.2 《刑事罪行條例》第 15 至 17 條處理為干犯叛逆、煽動等罪行的非法誓言監誓或作出非法誓言的行為。至今無人曾被控干犯該等條文所訂罪行，因此該等條文是否仍然有用實在值得商榷。若作出誓言的人具有構成串謀或煽動干犯第二十三條罪行所需的犯罪意念時，應就有關的罪行提出撿控；若沒有上述犯罪意念，該人不應被視作已干犯罪行。因此，我們認為，就叛逆及煽動罪或其他罪行而言，該等條文並無必要，並建議應予以廢除。

9.3 另一項相關的法例條文是《刑事罪行條例》第 18 條。根據該條文，任何人未經行政長官或警務處處長准許而訓練他人或接受他人訓練使用武器或進行軍事練習，即屬犯罪。雖然第 18 條並沒有指明這類訓練的目的，但該條文的上文下理已清楚顯示該條文擬管制為干犯反國家罪行而進行的軍事訓練。該條文仍然有用，因此我們建議應予以保留。

三、程序

9.4 《刑事訴訟程序條例》（第 221 章）列明一般適用於所有案件的程序，個別條例另有規定者除外。關於個別條例的規定，我們曾檢討現行規管處理叛逆、煽動和官方機密等罪行的程序的條文，以研究是否需要改善。

（甲）提出檢控的時限

9.5 《刑事罪行條例》第 4（1）和 11（1）條分別規定，對叛逆罪的檢控須於罪行發生後 3 年內提出；而對煽動罪的檢控則須於罪行發生後

6個月內提出。但是，普通法沒有規定檢控公訴罪行的時限，而法例亦很少訂明檢控公訴罪行的法定時限。原則上，我們質疑若因檢控時限屆滿而「註銷」一宗嚴重刑事罪行，做法是否正確。叛國和煽動叛亂罪應受嚴斥，這些罪行的嚴重性不會隨時間減輕。此外，建議的叛國和煽動叛亂罪遠較現行條文所訂明者嚴謹，因此應有足夠保障不被濫用。因此，我們建議廢除檢控叛國或煽動叛亂罪現行的時限規定。

（乙）律政司司長的同意

9.6 目前，就煽動及非法披露受保護資料等罪行提出檢控前，必須先取得律政司司長的同意。這項保障措施可保障被告人免遭不恰當的檢控，例如無理纏擾的私人檢控或針對輕微事件的檢控。該項措施也確保可在中央層面監察刑事法在敏感及可能引起爭議的範疇的應用情況，並確保就有關罪行作出的檢控決定，充分顧及公共政策的重要考慮因素，而且做法連貫一致。

9.7 目前，律政司司長可在任何階段接手進行私人檢控所提起的法律程序；如認為有需要，更可中止該等法律程序。由於律政司司長已獲賦予這項權力，有人可能會認為並無必要訂明就煽動叛亂罪或第二十三條所訂其他罪行提出檢控前，必須徵求律政司司長同意。不過，由於該等罪行的性質敏感，因而可能涉及重大的公眾利益，我們建議在提出有關檢控前必須先取得律政司司長同意這項規定，應對所有在《刑事罪行條例》及《官方機密條例》中針對國家的罪行，以及其他建議的第二十三條罪行適用。

四、刑罰

9.8 由於針對國家的罪行可能對國家的穩定及存亡具有非常重大的影響，因此其他司法管轄區通常就該等罪行訂定極為嚴厲的刑罰。我們也應該有同樣的考慮。我們訂定的刑罰必須適當反映該等罪行的嚴重性及社會對該等罪行的反感程度，否則便可能失去阻嚇

作用。當然，法定刑罰只定出可判處的最高刑罰。法庭完全有權在法律所定的範圍內，視乎每宗案件的情況，就有關案件判處適當刑罰。

9.9　考慮到第二十三條所訂罪行的嚴重性、現行刑罰（如適用），以及適當地參考了類似罪行的罰則，我們建議就該等罪行訂定載於附件 2 的罰則。

附件 1
建議的額外調查權力

有關的第二十三條罪行【62】

罪行	緊急進入、搜查及檢取的權力	緊急財務調查權力	納入有組織及嚴重罪行條例附表 1	理由及註釋
叛國	是	是	是	最嚴重的罪行。沒有緊急權力，很可能失去證據。很可能涉及組織及隱蔽的財務交易。
分裂國家	是	是	是	威脅領土完整，以至國家存亡。沒有緊急權力，很可能失去證據。很可能涉及組織及隱蔽的財務交易。
煽動叛亂：煽動干犯叛國、分裂國家和顛覆罪	是	是	是	考慮因素與實質罪行相同。
煽動叛亂：煽動嚴重危害國家或香港特區穩定的暴力或公眾騷亂	是	是	是	對社會穩定造成很嚴重威脅。沒有緊急權力，很可能失去證據。很可能涉及組織及隱蔽的財務交易。
處理煽動刊物	是（修訂現行權力）	是	是	造成干犯叛國、分裂國家或顛覆罪的後果，對國家安全造成很嚴重威脅。很可能涉及組織及隱蔽的財務交易。
顛覆	是	是	是	嚴重威脅國家安全及穩定。沒有緊急權力，很可能失去證據。很可能涉及組織及隱蔽的財務交易。

---

62. 只有建議增加調查權力的有關罪行，才在本附件列出。所有第二十三條罪行的簡要列表，在附件 2。

罪行	緊急進入、搜查及檢取的權力	緊急財務調查權力	納入有組織及嚴重罪行條例附表 1	理由及註釋
組織或支援被禁制組織	是	是	是	威脅國家安全及領土完整，以至國家存亡。沒有緊急權力，很可能失去證據。很可能涉及組織及隱蔽的財務交易。
非法操練	否	否	是	為叛國、分裂國家等嚴重罪行作預備。很可能涉及組織。
叛國、分裂國家和顛覆的初步和從犯罪行（企圖、串謀等）	權力與實質罪行相同。			考慮因素與實質罪行相同。

附件 2
建議的罪行罰則

罪行	現行刑罰（如適用的話）	建議刑罰
叛國		
叛國	終身監禁（第 200 章第 2（2）條）	保留現有刑罰，即終身監禁。
叛逆性質的罪行	終身監禁（第 200 章第 3（1）條）	不適用—建議廢除此類罪行。
企圖干犯，以及串謀、協助、教唆、慫使和促致他人干犯叛國罪	現時並無訂立特定法定罪行，但通常企圖、串謀等，會判處與實質罪行相同的刑罰。（第 200 章 159C 及 159J 條，第 221 章第 89 條）	按照慣常做法，把刑罰訂於與實質罪行相同的水平。
隱匿叛國	現為普通法罪行，並無法定刑罰。《刑事訴訟程序條例》（第 221 章）第 101I（1）條規定，任何人被裁定犯了一項可公訴罪行，而除第 101I（1）條外，並無任何條例訂定該罪的刑罰，則可處監禁 7 年及罰款。	我們建議處以監禁 7 年及不設限額罰款，以貫徹第 221 章第 101I（1）條的精神。

罪行	現行刑罰 （如適用的話）	建議刑罰
有代價地對叛逆罪不予檢控	現為普通法罪行，並無法定刑罰 —— 監禁 7 年及罰款 （第 221 章第 101I（1）條）	不適用一建議廢除這項罪行。
分裂國家		
分裂國家	無直接對應的刑罰，但可參考叛逆罪下發動戰爭的刑罰 —— 終身監禁	鑑於這項罪行直接威脅國家領土的完整，性質嚴重，我們建議處以終身監禁。
企圖干犯，以及串謀、協助、教唆、慫使和促致他人干犯分裂國家罪行	不適用	按照慣常做法，刑罰與實質罪行相同。
煽動叛亂		
煽動他人干犯叛國、分裂國家或顛覆罪	不適用	按照慣常做法，把刑罪訂於與實質罪行相同的水平。
煽動嚴重危害國家或香港特區穩定的暴力或公眾騷亂	無直接對應的刑罰，但可參考煽動罪的刑罰 第一次定罪 —— 禁 2 年及罰款 5,000 元 其後定罪 —— 監禁 3 年 （第 200 章第 10（1）條）	由於「煽動意圖」訂於相當高的標準（嚴重危害國家或香港特區穩定），因此須訂立更嚴屬刑罰。我們建議處以監禁 7 年及不設限額罰款。
處理煽動刊物	與煽動罪相同，有關刊物會被沒收 （第 200 章第 10（1）及（3）條）	由於煽動刊物可能會帶來嚴重後果，因此現行刑罰過輕。我們建議處以監禁 7 年及罰款 500,000 元，以收阻嚇作用。有關刊物應被沒收。
管有煽動刊物	第一次定罪 —— 監禁 1 年及罰款 2,000 元，有關刊物會被沒收 其後定罪 —— 監禁 2 年，有關刊物會被沒收 （第 200 章第 10（2）（3）條）	現行監禁刑期適當，但應把罰款提高至第 5 級（現為 50,000 元），以加強阻嚇作用。有關刊物應被沒收。

罪行	現行刑罰 （如適用的話）	建議刑罰
投寄煽動刊物	監禁 6 個月及罰款 20,000 元 （第 98 章第 32（1）（h）條）	不適用－建議廢除這項罪行
顛覆		
顛覆	無直接對應的刑罰，但可參考叛逆罪下發動戰爭的刑罰 —— 終身監禁 （第 200 章第 2（2）條）	這項罪行可引致國家根本制度或依法成立的政府被非法推翻，為反映罪行的嚴重性，我們建議處以終身監禁。
企圖干犯，以及串謀、協助、教唆、慫使和促致他人干犯顛覆罪行	不適用	按照慣常做法，刑罰與實質罪行相同。
竊取國家機密		
諜報活動	監禁 14 年 （第 521 章第 3 和 10（1）條）	保留現有刑罰。
窩藏、未經授權而使用制服、未經授權而使用官方文件、妨礙、未能提供資料等	循公訴程序定罪，可處監禁 2 年 循簡易程序定罪，可處監禁 3 個月和第 4 級罰款（現為 25,000 元） （第 521 章第 4 至 8 條和 10（2）條）	鑑於這類罪行的嚴重程度可以很懸殊，因此宜保留循公訴程序定罪和循簡易程序定罪兩種方法。為更準確反映罪行潛在的嚴重性，我們建議把循公訴程序定罪的刑罰訂為監禁 5 年，循簡易程序定罪的刑罰則訂為監禁 6 個月和第 6 級罰款（現為 100,000 元）。
未經授權而披露憑藉公職身分或因未經授權的披露等所得的受保護資料	循公訴程序定罪，可處監禁 2 年和罰款 500,000 元 循簡易程序定罪，可處監禁 6 個月和第 5 級罰款（現為 50,000 元） （第 521 章第 13 至 20 條和 25（1）條）	鑑於未經授權而披露資料可造成重大破壞，循公訴程序定罪的現行監禁刑期似乎過輕。我們建議把監禁刑期增至 5 年。其他現行刑罰予以保留。

罪行	現行刑罰 （如適用的話）	建議刑罰
未經授權而披露未獲授權取得的受保護資料	不適用	與未經授權而披露憑藉公職身分或因未經授權的披露等所得的受保護資料的建議刑罰相同。
未能保障受保護資料或交回文件	監禁 3 個月和第 4 級罰款（現為 25,000 元）（第 521 章第 22 和 25（2）條）	保留現行刑罰。
違反國家安全的有組織罪行		
組織或支援被禁制的組織，或運作被禁的非法組織	不適用	處以監禁 7 年和不設限額罰款。
其他		
非法操練或軍事訓練	提供訓練者 —— 可處監禁 7 年（第 200 章第 18（1）條）接受訓練者 —— 可處監禁 2 年（第 200 章第 18（2）條）	保留現行刑罰。
非法宣誓	終身監禁或監禁 7 年（第 200 章第 15 至 16 條）	不適用一建議廢除這項罪行。

附錄三

《國家安全（立法條文）條例草案》

❦❦❦❦❦❦❦❦❦❦❦❦❦❦

（2003 年 2 月 14 日）

目錄

條次

第 1 部
導言

1. 簡稱
2. 生效日期

第 2 部
對《刑事罪行條例》的修訂

3. 修訂第 I 部標題
4. 取代條文

    2. 叛國

    2A. 顛覆

    2B. 分裂國家

    2C. 第 159A 及 159G 條適用於串謀或企圖在香港境外作出若干作為

    2D. 煽惑叛國、顛覆或分裂國家只構成第 9A 條所訂罪行

5. 修訂第 II 部標題
6. 加入條文

    9A. 煽動叛亂

    9B. 煽惑煽動叛亂並非罪行

    9C. 處理煽動性刊物

    9D. 若干作為並非煽惑

7. 加入第 IIA 部

第 IIA 部

關於第 I 及 II 部所訂的若干罪行的執行條文

18A. 第 I 及 II 部及本部的執行等須符合《基本法》

18B. 調查權力

18C. 需獲律政司司長同意

18D. 若干罪行須由陪審團審訊

18E. 被控犯第 9A(2)(b) 或 9C 條所訂罪行可選擇由陪審團審訊

第 3 部

對《官方機密條例》的修訂

8. **釋義**

9. **加入條文**

   12A. 第 III 部的執行等須符合《基本法》

10. **加入條文**

    16A. 關於中央管理的香港事務的資料

11. 因未經授權的披露或違法取覽所得的資料或在機密情況下託付的資料

12. 加入條文

    24A. 選擇由陪審團審訊

第 4 部

對《社團條例》的修訂

13. 釋義

14. 加入條文

    2A. 執行等須符合《基本法》

15. 加入條文

    8A. 取締危害國家安全的組織

    8B. 取締的程序規定

    8C. 禁止參加受取締組織的活動

8D. 上訴反對取締

8E. 終審法院首席法官可為上訴訂立規則

第 5 部
其他修訂

16. 相關、附帶及相應修訂

附表　相關、附帶及相應修訂

本條例草案

旨在

依據《中華人民共和國香港特別行政區基本法》第二十三條所委予的責任，修訂《刑事罪行條例》、《官方機密條例》及《社團條例》，以及為相關、附帶及相應修訂訂定條文。

由立法會制定。

第 1 部
導言

1. **簡稱**

本條例可引稱為《國家安全（立法條文）條例》。

2. **生效日期**

本條例自保安局局長以憲報公告指定的日期起實施。

第 2 部
對《刑事罪行條例》的修訂

3. **修訂第 I 部標題**

《刑事罪行條例》（第 200 章）第 I 部的標題現予廢除，代以「叛國、顛覆及分裂國家」。

4. **取代條文**

第 2 條現予廢除，代以──

203

「2. 叛國

（1）任何中國公民——

　　（a）懷有——

　　　　（i）　推翻中央人民政府；

　　　　（ii）恐嚇中央人民政府；或

　　　　（iii）脅逼中央人民政府改變其政策或措施，

　　　　的意圖而加入與中華人民共和國交戰的外來武裝部隊或作為其中一分子；

　　（b）鼓動外來武裝部隊以武力入侵中華人民共和國；或

　　（c）懷有損害中華人民共和國在戰爭中的形勢的意圖，藉着作出任何作為而協助在該場戰爭中與中華人民共和國交戰的公敵，

　　即屬叛國。

（2）任何中國公民叛國，即屬犯罪，一經循公訴程序定罪，可處終身監禁。

（3）第（1）及（2）款亦就任何屬香港永久性居民的中國公民在香港境外作出的第（1）款提述的任何作為而適用於他。

（4）就本條而言——

　　（a）「外來武裝部隊」指——

　　　　（i）　屬於某外國的武裝部隊；

　　　　（ii）受某外國的政府指示或控制的武裝部隊；或

　　　　（iii）並非以中華人民共和國為基地亦不屬於中華人民共和國的武裝部隊；

　　（b）「與中華人民共和國交戰的公敵」指——

　　　　（i）　與中華人民共和國交戰的某外國的政府；或

　　　　（ii）與中華人民共和國交戰的外來武裝部隊；

　　（c）當——

　　　　（i）　武裝部隊之間發生公開武裝衝突；或

　　　　（ii）已作出公開宣戰，

　　　　戰爭狀態即告存在，而「交戰」須據此解釋。

(5) 隱匿叛國此項普通法罪行現予取消。

(6) 收受代價而不檢控叛國此項普通法罪行現予取消。

2A. 顛覆

(1) 任何人藉使用嚴重危害中華人民共和國的穩定的武力或嚴重犯罪手段,或藉進行戰爭 ——

    (a) 廢止《中華人民共和國憲法》所確立的中華人民共和國根本制度;

    (b) 推翻中央人民政府;或

    (c) 恐嚇中央人民政府,

即屬顛覆。

(2) 任何人顛覆,即屬犯罪,一經循公訴程序定罪,可處終身監禁。

(3) 第 (1) 及 (2) 款亦就任何香港永久性居民在香港境外作出的第 (1) 款提述的任何作為而適用於他。

(4) 就本條而言 ——

    (a) 「進行戰爭」一詞須參照第 2 (4) (c) 條中「交戰」一詞的涵義而解釋;

    (b) 「嚴重犯罪手段」指符合以下說明的任何作為 ——

        (i) 危害任何人 (作出該作為的人除外) 的生命;

        (ii) 導致任何人 (作出該作為的人除外) 受嚴重損傷;

        (iii) 嚴重危害公眾人士或某部分公眾人士的健康或安全;

        (iv) 導致對財產的嚴重破壞;或

        (v) 嚴重干擾電子系統或基要服務、設施或系統 (不論屬於公眾或私人) 或中斷其運作,

    而且 ——

        (vi) 是在香港作出並屬香港法律所訂罪行的;或

        (vii) (A) 是在香港境外任何地方作出;

（B）屬該地方的法律所訂罪行；及

（C）假使在香港作出便會屬香港法律所訂罪行的。

2B. 分裂國家

（1）任何人籍——

（a）使用嚴重危害中華人民共和國領土完整的武力或嚴重犯罪手段；或

（b）進行戰爭，

而將中華人民共和國的某部分自中華人民共和國的主權分離出去，即屬分裂國家。

（2）任何人分裂國家，即屬犯罪，一經循公訴程序定罪，可處終身監禁。

（3）第（1）及（2）款亦就任何香港永久性居民在香港境外作出的第（1）款提述的任何作為而適用於他。

（4）就本條而言——

（a）「進行戰爭」一詞須參照第 2（4）（c）條中「交戰」一詞的涵義而解釋；

（b）「嚴重犯罪手段」的涵義與該詞在第 2A（4）（b）條中的涵義相同。

2C. 第 159A 及 159G 條適用於串謀或企圖
在香港境外作出若干作為

（1）如任何人在香港與任何其他人（不論該其他人在香港或其他地方）達成作出某項行為的協議，而該項協議如按照他們的意圖得以落實，該項行為必會構成或涉及（由協議的一方或多於一方）在香港境外作出的假使在香港作出便會屬第 2A（顛覆）或 2B（分裂國家）條所訂罪行的作為，則——

（a）第 159A 條就該項協議而適用於該人，猶如該作為是該條所指的罪行；及

      (b) 第 159B 至 159E 條據此而具有效力。

  (2) 如任何人在香港作出某項作為（「前者」），而前者已超乎只屬在香港境外作出的假使在香港作出便會屬第 2A（顛覆）或 2B（分裂國家）條所訂罪行的作為（「後者」）的預備作為，而他是懷有作出後者的意圖而作出前者的，則 ——

      (a) 第 159G 條就前者而適用於該人，猶如後者是該條所適用的罪行；及

      (b) 第 159H 至 159K 條據此而具有效力。

2D. 煽惑叛國、顛覆或分裂國家只構成
第 9A 條所訂罪行

煽惑他人犯第 2（叛國）、2A（顛覆）或 2B（分裂國家）條只構成第 9A 條（煽動叛亂）所訂罪行。」。

5.   **修訂第 II 部標題**

第 II 部的標題現予修訂，廢除「反英皇」而代以「危害國家的安全」。

6.   **加入條文**

現加入 ——

「9A. 煽動叛亂

  (1) 在不抵觸第 9D 條的條文下，任何人 ——

      (a) 煽惑他人犯第 2（叛國）、2A（顛覆）或 2B（分裂國家）條所訂罪行；或

      (b) 煽惑他人在香港或其他地方進行會嚴重危害中華人民共和國的穩定的公眾暴亂，

即屬煽動叛亂。

  (2) 任何人 ——

      (a) 藉作出第（1）(a) 款提述的作為而煽動叛亂，即屬犯罪，一經循公訴程序定罪，可處終身監禁；

      (b) 藉作出第（1）(b) 款提述的作為而煽動叛亂，即屬犯罪，一經循公訴程序定罪，可處罰款及監禁 7 年。

9B. 煽惑煽動叛亂並非罪行

煽惑他人犯第9A條（煽動叛亂）所訂罪行並非罪行。

9C. 處理煽動性刊物

(1) 在本條中，「煽動性刊物」指相當可能導致犯第2（叛國）、2A（顛覆）或2B（分裂國家）條所訂罪行的刊物。

(2) 在不抵觸第9D條的條文下，任何人懷有藉着任何煽動性刊物而煽惑他人犯第2（叛國）、2A（顛覆）或2B（分裂國家）條所訂罪行的意圖，而——

    (a) 發表、售賣、要約售賣、分發或展示該煽動性刊物；

    (b) 印製或複製該煽動性刊物；或

    (c) 輸入或輸出該煽動性刊物，

即屬犯罪，一經循公訴程序定罪，可處罰款 $500,000 及監禁 7 年。

9D. 若干作為並非煽惑

(1) 為施行第9A條，任何人不得僅因他作出訂明作為，而被視為煽惑他人——

    (a) 犯第2（叛國）、2A（顛覆）或2B（分裂國家）條所訂罪行；或

    (b) 進行會嚴重危害中華人民共和國的穩定的公眾暴亂。

(2) 為施行第9c條，任何人不得僅因他懷有只作出訂明作為的意圖而作出第9C（2）（a）、（b）或（c）條所提述的任何作為（「後者」），而被視為懷有煽惑他人犯第2（叛國）、2A（顛覆）或2B（分裂國家）條所訂罪行的意圖而作出後者。

(3) 在本條中，「訂明作為」指——

    (a) 顯示中央人民政府或香港特別行政區政府在其任何措施上被誤導或犯錯誤；

    (b) 以矯正中華人民共和國或香港特別行政區的——

        (i) 管治或憲制；

        (ii) 法律；或

        (iii) 司法，

    中的錯誤或缺失為出發點，指出該等錯誤或缺失；

(c) 慫恿中華人民共和國或香港特別行政區的公眾人士嘗試以合法手段，促致改變中華人民共和國或香港特別行政區（視屬何情況而定）的法律所規定的任何事宜；或

(d) 以消除任何在或傾向在中華人民共和國或香港特別行政區人口中不同組別之間製造怨恨或敵意的任何事宜為出發點，指出該事宜。」。

7. 加入第 IIA 部

現加入——

「第 IIA 部
關於第 I 及 II 部所訂的若干罪行的執行條文

18A.第 I 及 II 部及本部的執行等須符合《基本法》

第 I 及 II 部及本部的條文須以符合《基本法》第三十九條的方式而解釋、適用及執行。

18B.調查權力

(1) 如職級在總警司級或以上的警務人員合理地相信 ——

(a) 有人已犯或正犯第 2（叛國）、2A（顛覆）、2B（分裂國家）、9A（煽動叛亂）或 9C（處理煽動性刊物）條所訂罪行；

(b) 在任何處所、地方或運輸工具中，有任何相當可能屬或相當可能包含對該罪行的調查具有重大價值的證據的物品；及

(c) 若然不即時採取行動，該等證據將會喪失，因而會導致對該罪行的調查造成嚴重損害，

他可指示任何警務人員就該處所、地方或運輸工具行使第 (2) 款所賦予的權力。

(2) 根據按第 (1) 款就某處所、地方或運輸工具發出的指示行事的警務人員 ——

    (a) 可進入該處所或地方，如有必要，並可為該目的破開該處所或地方的任何門戶或窗戶；

    (b) 可截停並登上該運輸工具；

    (c) 可搜查該處所、地方或運輸工具，或對任何在其內發現的人進行搜身；

    (d) 可檢取、扣押或移走在該處所、地方或運輸工具內發現並且他覺得屬或包含第 2 (叛國)、2A (顛覆)、2B (分裂國家)、9A (煽動叛亂) 或 9C (處理煽動性刊物) 條所訂罪行的證據的任何物品；

    (e) 可在他行使 (c) 或 (d) 段所賦予的權力所需的時間內，扣留該運輸工具；及

    (f) 可用武力移走妨礙他行使本款所賦予的任何權力的人或物品。

(3) 如遇到要求，警務人員須在行使第 (2) 款所賦予的任何權力之前，出示其警察委任證。

(4) 根據第 (2) (c) 款對某人進行搜身，只可由性別與該人相同的警務人員進行。

(5) 為免生疑問，現宣布《釋義及通則條例》(第 1 章) 第 83 條及該條例第 XII 部其他條文適用於第 (2) 款及該款所賦予的任何權力。

(6) 就本條而言 ——

    (a) 「運輸工具」指任何車輛、纜車、電車、鐵路列車、船隻或飛機；

    (b) 「處所」包括任何構築物。

18C.需獲律政司司長同意

對第 I 或 II 部任何條文所訂的罪行的檢控須由律政司司長提起，或在獲得律政司司長書面同意的情況下提起，否則不得提起。

18D.若干罪行須由陪審團審訊

為免生疑問，被控犯第 2（叛國）、2A（顛覆）、2B（分裂國家）或 9A（2）（a）（因煽惑叛國、顛覆或分裂國家而屬煽動叛亂）條所訂罪行的被控人須於原訟法庭受審。

18E. 被控犯第 9A（2）（b）或 9C 條所訂罪行可選擇由陪審團審訊

（1） 為第 9A（2）（b）（因煽惑公眾暴亂而屬煽動叛亂）或 9c（處理煽動性刊物）條所訂罪行而會在裁判官席前受審的被控人，可於聆訊展開前通知該裁判官，選擇在原訟法庭受審。

（2） 凡 ——

（a） 被控人在裁判官席前被控以第 9A（2）（b）（因煽惑公眾暴亂而屬煽動叛亂）或 9C（處理煽動性刊物）條所訂罪行；而

（b） 已有申請根據《裁判官條例》（第 227 章）第 88 條提出，要求作出命令將有關案件移交區域法院，

被控人可於該命令作出前通知該裁判官，選擇在原訟法庭受審。

（3） 為第 9A（2）（b）（因煽惑公眾暴亂而屬煽動叛亂）或 9C（處理煽動性刊物）條所訂罪行而會在區域法院受審的被控人，可於聆訊展開前通知法官，選擇在原訟法庭受審。

（4） 就第（1）及（3）款而言，凡證據因應被控人對控罪或控罪中的任何一項表示不認罪而獲收取或聽取，聆訊即告展開。」。

第 3 部
對《官方機密條例》的修訂

8. **釋義**

(1)《官方機密條例》（第 521 章）第 12（1）條現予修訂 ——

(a) 在「公務人員」的定義中，廢除（a）、（b）及（c）段而代以 ——

「（a）任何擔任《退休金利益條例（設定職位）令》（第 99 章，附屬法例）附表 1 第 2 欄指明的職位的人；

（b）任何擔任香港特別行政區政府轄下受薪職位的人，不論該職位屬永久或臨時性質；」；

(b) 加入 ——

「『國家安全』（national security）指保衞中華人民共和國的領土完整及獨立自主；」。

(2) 第 12（2）（a）條現予修訂，廢除「英皇香港政府、第（1）款所述的任何部門、部隊或團體」而代以「香港特別行政區政府」。

9. **加入條文**

現加入 ——

「12A. **第 III 部的執行等須符合《基本法》**

本部的條文須以符合《基本法》第三十九條的方式而解釋、適用及執行。」。

10. **加入條文**

現加入 ——

「16A. **關於中央管理的香港事務的資料**

(1) 屬或曾經屬公務人員或政府承辦商的人如在沒有合法權限的情況下，作出一項具損害性的披露，而所披露的是 ——

(a) 關乎與香港特別行政區有關並且根據《基本法》是由中央管理的事務；及

(b) 憑藉他作為公務人員或政府承辦商的身分而由或曾經由他管有，

的資料、文件或其他物品，他即屬犯罪。

(2) 就第 (1) 款而言，如 ——

(a) 披露危害國家安全；或

(b) 有關的資料、文件或物品的性質屬若被未經授權而披露便相當可能會危害國家安全者，

披露即屬具損害性。

(3) 被控犯本條所訂罪行的人如證明在指稱的罪行發生時，他既不知道亦無合理理由相信 ——

(a) 有關的資料、文件或物品屬第 (1)(a) 款所述者；或

(b) 披露會屬第 (2) 款所指的具損害性，

即可以此作為免責辯護。」。

11. 因未經授權的披露或違法取覽所得的資料或在機密情況下託付的資料

(1) 第 18 (2) 條現予修訂 ——

(a) 在 (b) 段中，廢除末處的「或」；

(b) 在 (c) 段中，廢除句號而代以「；或」；

(c) 加入 ——

「(d) 它藉着（不論被該有關人士或另一人）違法取覽而被取得，

而就 (a) 及 (b) 段而言，『公務人員或政府承辦商』在有關資料、文件或物品是在某前任公務人員或前任政府承辦商仍是公務人員或政府承辦商期間落入他的管有的情況下，包括該前任公務人員或前任政府承辦商。」。

(2) 第 18 條現予修訂，加入 ——

「(5A) 就第(2)款而言,如有以下情況,有關的人即屬違法取覽資料、文件或物品——

(a) 有關的資料、文件或物品(視屬何情況而定)憑藉該人就該資料、文件或物品(視屬何情況而定)所犯的下列罪行,而落入他的管有或維持由他管有——

(i)《電訊條例》(第 106 章)第 27A 條(藉電訊而在未獲授權下取用電腦資料)所訂罪行;

(ii)《刑事罪行條例》(第 200 章)第 161 條(有犯罪或不誠實意圖而取用電腦)所訂罪行;或

(iii)《盜竊罪條例》(第 210 章)第 9(盜竊罪)、10(搶劫罪)或 11(入屋犯法罪)條所訂罪行;或

(b) 有關的資料、文件或物品(視屬何情況而定)以一項利益作為交換而落入他的管有或維持由他管有,而提供或接受該項利益屬《防止賄賂條例》(第 201 章)第 4 條(賄賂)所訂罪行。」。

(3) 第 18(6)(a)條現予修訂,廢除「或防務或國際關係」而代以「、防務、國際關係或與香港特別行政區有關而根據《基本法》是由中央管理的事務」。

(4) 第 18(6)條現予修訂,廢除「至 16」而代以「至 16A」。

12. **加入條文**

現加入——

「**24A. 選擇由陪審團審訊**

(1) 為第 13、14、15、16、16A、17、18、19 或 20 條所訂罪行而會在裁判官席前受審的被控人,可於聆訊展開前通知該裁判官,選擇在原訟法庭受審。

(2) 凡——

(a) 被控人在裁判官席前被控以第 13、14、15、16、16A、17、18、19 或 20 條所訂罪行;而

(b) 已有申請根據《裁判官條例》（第 227 章）第 88 條提
出，要求作出命令將有關案件移交區域法院，

被控人可於該命令作出前通知該裁判官，選擇在原訟法
庭受審。

(3) 為第 13、14、15、16、16A、17、18、19 或 20 條所訂罪
行而會在區域法院受審的被控人，可於聆訊展開前通知
法官，選擇在原訟法庭受審。

(4) 就第（1）及（3）款而言，凡證據因應被控人對控罪或控
罪中的任何一項表示不認罪而獲收取或聽取，聆訊即告
展開。」。

<h3 style="text-align:center">第 4 部</h3>
<h3 style="text-align:center">對《社團條例》的修訂</h3>

13. **釋義**

(1)《社團條例》（第 151 章）第 2（1）條現予修訂，加入 ——

「『受取締組織』（proscribed organization）指根據第 8A 條被取締
的組織；」。

(2) 第 2（2）條現予修訂，在「本」之前加入「除在與根據第 8A 條
取締組織有關連的情況下，」。

14. **加入條文**

現加入 ——

「2A. **執行等須符合《基本法》**

本條例的條文須以符合《基本法》第三十九條的方式而解釋、適用
及執行。」。

15. **加入條文**

現加入 ——

「8A. **取締危害國家安全的組織**

(1) 保安局局長如合理地相信為國家安全利益的目的，取締
本條適用的任何本地組織是必要的，並合理地相信取締

該本地組織與該目的是相稱的，則可藉命令取締該本地組織。

(2) 凡任何本地組織——

    (a) 的宗旨或其中一項宗旨是進行叛國、顛覆、分裂國家或煽動叛亂或犯諜報活動罪；

    (b) 已作出或正企圖作出叛國、顛覆、分裂國家或煽動叛亂，或已犯或正企圖犯諜報活動罪；或

    (c) 從屬於某內地組織，而該內地組織已遭中央基於保障中華人民共和國安全的理由，根據中華人民共和國法律禁止（該項禁止已藉明文禁令正式宣布）運作，

本條適用於該本地組織。

(3) 凡有證明書——

    (a) 由中央人民政府或代表中央人民政府發出；及

    (b) 述明某內地組織已遭中央基於保障中華人民共和國安全的理由，根據中華人民共和國法律禁止運作，而該項禁止已藉明文禁令正式宣布，

該證明書即為該項禁止的確證。

(4) 一份宣稱是第 (3) 款所提述的證明書的文件——

    (a) 須在任何法律程序中獲接受為證據，而無需進一步證明；及

    (b) 除在有相反證明的情況外，須當作是上述證明書。

(5) 就本條而言——

    (a) 「叛國」指屬《刑事罪行條例》（第 200 章）第 2 條所訂罪行的作為；

    (b) 「顛覆」指屬《刑事罪行條例》（第 200 章）第 2A 條所訂罪行的作為；

    (c) 「分裂國家」指屬《刑事罪行條例》（第 200 章）第 2B 條所訂罪行的作為；

(d)「煽動叛亂」指屬《刑事罪行條例》（第 200 章）第 9A
條所訂罪行的作為；

(e)「諜報活動罪」指《官方機密條例》（第 521 章）第 3 條
所訂罪行；

(f)「本地組織」指——

　　(i)　任何已根據或須根據本條例註冊的社團，或獲豁
免而無需根據本條例註冊的社團；或

　　(ii)　附表所列的任何團體；

(g)「內地組織」指——

　　(i)　在中華人民共和國任何部分（台灣、香港及澳門
除外）組成或成立的團體；或

　　(ii)　總部或主要業務地點設於中華人民共和國任何部
分（台灣、香港及澳門除外）的團體；

(h)　如以下條件符合，一個本地組織（「前者」）即屬從
屬於一個內地組織（「後者」）——

　　(i)　前者為其運作直接或間接尋求或接受後者的可觀
的財政上的資助、任何種類的可觀的財政上的補
助或可觀的財政上的支援或數額可觀的貸款；

　　(ii)　前者直接或間接受後者指示或控制；或

　　(iii)前者的政策或前者的任何政策是直接或間接由後
者釐定。

8B. 取締的程序規定

(1)　保安局局長在根據第 8A 條取締某組織前，必須向該組織
給予機會，讓它就何以它不應被取締而——

　　(a)　陳詞；或

　　(b)　作出書面申述，

視乎它認為何者合適而定。

(2) 如保安局局長合理地相信向有關組織給予機會陳詞或作出書面申述，在該個案的情況下並非切實可行，則第 (1) 款不適用。

(3) 保安局局長在根據第 8A (1) 條作出命令後，必須在切實可行範圍內盡快 ——

(a) 將該命令的文本一份送達有關組織；

(b) (如該組織佔用或使用任何建築物或處所) 在以下地方以顯眼方式張貼一份該命令的文本 ——

(i) 保安局局長覺得屬該組織佔用或使用作為集會地點的建築物或處所；及

(ii) 該建築物或處所所在的警區中最近的警署；

(c) 在憲報刊登該命令；及

(d) 在每日於香港行銷的兩份中文報章及每日於香港行銷的一份英文報章上刊登該命令。

(4) 即使已經有或可能有任何上訴根據第 8D 條針對某項取締而提出，根據第 8A (1) 條作出的命令 ——

(a) 如 ——

(i) 同日根據第 (3) (c) 及 (d) 款刊登，則於該日生效；

(ii) 於不同日子根據第 (3) (c) 及 (d) 款刊登，則於其中的最後一日生效；或

(b) 於其內指明的較後日期 (如有的話) 生效。

8C. 禁止參加受取締組織的活動

(1) 任何人 ——

(a) 身為受取締組織的幹事或以受取締組織幹事身分行事，或自稱是或聲稱是受取締組織的幹事；

(b) 管理受取締組織或協助管理受取締組織；

(c) 身為受取締組織的成員或以受取締組織成員身分行事；

(d) 參與受取締組織的集會；或

(e) 向受取締組織支付金錢或給予其他形式的援助，

即屬犯罪，一經定罪，可處第 6 級罰款及監禁 3 年。

(2) 被控犯第（1）款所訂罪行的人如證明在指稱的罪行發生時，他既不知道亦沒有理由相信有關組織已根據第 8A 條被取締，即可以此作為免責辯護。

(3) 在不損害第（2）款的原則下——

(a) 就身為受取締組織的幹事或以受取締組織幹事身分行事而被控犯第（1）款所訂罪行的人如證明他已採取所有合理步驟，以終止該幹事身分；

(b) 就身為受取締組織的成員或以受取締組織成員身分行事而被控犯第（1）款所訂罪行的人如證明他已採取所有合理步驟，以終止該成員身分，

即可以此作為免責辯護。

8D. 上訴反對取締

(1) 凡有組織根據第 8A 條被取締，任何因該項取締而感到受屈的該組織的幹事或成員可在該項取締生效後 30 天內，針對該項取締向原訟法庭提出上訴。

(2) 根據第(1)款提出上訴及作出任何附帶作為不得就第 8C 條而言視為以幹事或成員身分行事。

(3) 凡有人根據第（1）款針對某項取締提出上訴，原訟法庭——

(a) 如信納以下事項，須推翻該項取締——

(i) 保安局局長沒有在該項取締中正確地應用法律；

(ii) 有關證據不足以證明有關組織符合第 8A（2）（a）、（b）或（c）條；或

(iii) 有關證據不足以令到相信——

(A) 為國家安全利益的目的，該項取締是必要的；及

（B）該項取締與該目的是相稱的，

屬有理可據的合理信念；或

(b) 如不信納以上事項，須駁回該宗上訴。

(4) 根據第（3）款被推翻的取締，須當作從來沒有作出。

(5) 如在任何於原訟法庭進行的法律程序的過程中，原訟法庭應律政司司長的申請而信納將會在該法律程序的過程中提出的證據或作出的陳述若被發表，便可能會損害國家安全，原訟法庭可命令所有公眾人士或任何部分的公眾人士在聆訊的任何部分中不得在場，以避免該等發表。

(6) 在聆訊上訴時，原訟法庭可接納根據第 8E 條訂立的規則所規定的證據。

8E. 終審法院首席法官可為上訴訂立規則

(1) 終審法院首席法官可訂立規則，就以下事宜作出規定 ——

(a) 第 8D 條所指的上訴的提出、聆訊和撤回；

(b) 關於該等上訴的訟費；

(c) 關乎該等上訴的聆訊的實務和程序；

(d) 證據的可接納與否；及

(e) 該等上訴的聆訊所附帶的或引起的其他事宜。

(2) 在根據本條訂立規則時，終審法院首席法官尤須顧及 ——

(a) 確使屬上訴標的之取締獲妥善覆核的需要；及

(b) 確使資料不致在損害國家安全的情況下被披露的需要。

(3) 根據本條訂立的規則可訂定條文 ——

(a) 令法律程序可在上訴人沒有獲提供有關的取締的理由的全部細節的情況下進行；

(b) 令原訟法庭可在任何人（包括上訴人或他委任的任何法律代表）缺席的情況下進行法律程序；及

(c) 令原訟法庭可向上訴人提供一份在他缺席時獲取的證據的撮要。

(4) 凡根據本條訂立的規則令原訟法庭可在上訴人或他委任的任何法律代表缺席的情況下進行法律程序，該等規則須就以下事宜訂定條文——

(a) 委任一名法律執業者為上訴人的利益而行事的權力；及

(b) 該法律執業者的職能及責任。」。

第 5 部
其他修訂

16. **相關、附帶及相應修訂**

附表指明的成文法則按附表所列方式修訂。

附表 ［第 16 條］
相關、附帶及相應修訂
《釋義及通則條例》

1. **詞語和詞句的釋義**

《釋義及通則條例》（第 1 章）第 3 條現予修訂，加入——

「『中央人民政府』（Central People's Government）指中華人民共和國中央人民政府；」。

《公司條例》

2. **加入條文**

《公司條例》（第 32 章）現予修訂，在第 291A 條之後加入——

「291AAA.處長須將受取締公司的名稱

　　　　自登記冊中剔除

(1) 凡某公司根據《社團條例》（第 151 章）第 8A 條被取締，處長須——

(a) 將該公司的名稱自登記冊中剔除；及

(b) 在憲報刊登有關該項除名的公告，

而當憲報刊登該公告時，該公司即告解散。

(2) 如處長信納針對該項取締採取法律行動的權利尚未用盡，他可押後根據第 (1) 款採取行動。」。

《退休金條例》

3. **經定罪等後退休金、酬金或津貼可予取消、暫停支付或扣減**

《退休金條例》(第 89 章) 第 15 (1) (a) (iii) 條現予修訂，廢除「條所訂的叛逆罪」而代以「(叛國)、2A (顛覆)、2B (分裂國家) 或 9A (2) (a) (因煽惑叛國、顛覆或分裂國家而屬煽動叛亂) 條所訂罪行」。

《郵政署條例》

4. **禁寄物品**

《郵政署條例》(第 98 章) 第 32 (1) (h) 條現予廢除。

《退休金利益條例》

5. **經定罪等後退休金利益可予取消、暫停支付或扣減**

《退休金利益條例》(第 99 章) 第 29 (1) (c) 條現予修訂，廢除「條所訂的叛逆」而代以「(叛國)、2A (顛覆)、2B (分裂國家) 或 9A (2) (a) (因煽惑叛國、顛覆或分裂國家而屬煽動叛亂) 條所訂罪行」。

《社團條例》

6. **修訂詳題**

《社團條例》(第 151 章) 的詳題現予修訂，在「作」之後加入「、取締某些組織」。

7. **釋義**

   第 2 (1) 條現予修訂，在「幹事」的定義中，在末處的分號之前加入「，而『幹事』就第 8A 條所指的本地組織而言，亦須以相同方式解釋」。

8. **將社團從名單上刪除**

   第 14A 條現予修訂，加入 ——

   「(4) 凡任何社團或分支機構成為受取締組織，社團事務主任須在該項取締生效後，在切實可行範圍內盡快將該社團或分支機構從根據第 11 條備存的名單上刪除，但如該項取締其後根據第 8D (3) 條被推翻，則社團事務主任須在切實可行範圍內盡快將該社團或該分支機構重新列入該名單內。」。

9. **容許非法社團或受取締組織在處所內集會的人**

   第 21 (1) 條現予修訂，廢除「或非法社團」而代以「、受取締組織、非法社團成員或受取締組織」。

10. **煽惑他人成為非法社團或受取締組織成員等的罰則**

    第 22 (1) 條現予修訂，在所有「社團」之後加入「或受取締組織」。

11. **為非法社團或受取締組織牟取社團費或會費或援助的罰則**

    第 23 (1) 條現予修訂，廢除「的目的而向他人牟取或企圖為非法社團的目的而向他人牟取社團」而代以「或受取締組織的目的，或企圖為非法社團或受取締組織的目的，而向他人牟取社團費或會」。

12. **修訂附表**

    附表現予修訂 ——

    (a) 廢除「［ 第 2 條 ］」而代以「［ 第 2 及 8A (5) (f) 條 ］」；

    (b) 在標題中，在「本」之前加入「除在與取締組織有關連的情況下」。

《刑事罪行條例》

13. **廢除條文**

    《刑事罪行條例》（第 200 章）第 3、4、5、9、10、11、14、15、16 及 17 條現予廢除。

14. **證據**

    第 12 條現予修訂，廢除「10」而代以「9A 或 9C」。

15. **搜查令**

    第 13 條現予修訂，廢除兩度出現的「10」而代以「9A 或 9C」。

《刑事訴訟程序條例》

16. **關於常規與程序的規則及命令**

    《刑事訴訟程序條例》（第 221 章）第 9（3）條現予修訂，廢除「逆罪或隱匿叛逆」而代以「國」。

17. **在特別情況下可拒絕被控人保釋**

    第 9G（10）（b）條現予修訂，廢除「條所訂的叛逆罪」而代以「、2A、2B 或 9A（2）（a）條所訂罪行」。

18. **在移交的法律程序中文件的送達**

    第 10A 條現予修訂，加入 ——

    「（7）本條就依據第 13C（1）條進行的法律程序而適用，猶如 ——

    （a）在第（1）款中，在『條提起』之前的所有字句由下文取代 ——

    「（1）凡依據第 13C（1）條有任何法律程序移交法院審訊而律政司司長已依據第 14（1）（a）；

    （b）在第（2）款中，兩度出現的「區域法院法官」均由「裁判官」取代；及

    （c）在第（4）款中，「區域法院法官或法官應在區域法院或」由『裁判官應向他作出的申請或法官應在』取代。」。

19. **加入條文**

在緊接第 14 條之前加入 ——

「13C. **關於《刑事罪行條例》第 18E 條及**

《官方機密條例》第 24A 條

的法律程序

(1) 凡被控人根據《刑事罪行條例》（第 200 章）第 18E（1）或（2）條或《官方機密條例》（第 521 章）第 24A（1）或（2）條選擇在原訟法庭受審 ——

    (a) 有關案件須在猶如他是根據《裁判官條例》（第 227 章）第 80C（4）條被交付審訊的情況下進行；

    (b) 第 10 條不適用於該案件；及

    (c) 被控人如被裁定犯該罪行，須由主審法官判刑，但主審法官判處的刑罰，不得重於假使被控人被裁判官裁定犯該罪行該裁判官便可判處的刑罰。

(2) 凡被控人根據《刑事罪行條例》（第 200 章）第 18E（3）條或《官方機密條例》（第 521 章）第 24A（3）條選擇在原訟法庭受審 ——

    (a) 有關案件須在猶如已有命令根據《區域法院條例》（第 336 章）第 77A（4）條作出將有關法律程序移交原訟法庭的情況下進行；及

    (b) 被控人如被裁定犯該罪行，須由主審法官判刑，但主審法官判處的刑罰，不得重於假使被控人被區域法院裁定犯該罪行區域法院法官便可判處的刑罰。」。

20. **罪行的審訊**

(1) 第 14A（1）（a）條現予廢除。

(2) 第 14A（2）（a）條現予廢除。

21. **罪行的審訊**

第 51（2）條現予修訂，廢除「叛逆罪」而代以《刑事罪行條例》（第 200 章）第 2、2A、2B 或 9A（2）（a）條所訂罪行」。

22. **法律程序的移交**

第 65F 條現予修訂，加入 ——

「（4A）如有關被控人反對移交，法官須拒絕根據第（1）款提出的將就《刑事罪行條例》（第 200 章）第 9A（2）（b）或 9C 條或《官方機密條例》（第 521 章）第 13、14、15、16、16A、17、18、19 或 20 條所訂罪行進行的法律程序移交的申請。」。

23. **隱瞞罪行的罰則**

第 91（4）條現予修訂，廢除「（叛逆罪除外）」。

24. **已婚婦女遭丈夫脅迫的推定的廢除**

第 100 條現予修訂，廢除「叛逆罪或謀殺罪」而代以「謀殺罪或《刑事罪行條例》（第 200 章）第 2、2A、2B 或 9A（2）（a）條所訂罪行」。

《刑事案件法律援助規則》

25. **極刑案件的法律援助**

《刑事案件法律援助規則》（第 221 章，附屬法例）第 13（1）條現予修訂，廢除所有「叛逆或使用暴力的海盜行為」而代以「使用暴力的海盜行為或《刑事罪行條例》（第 200 章）第 2（叛國）、2A（顛覆）、2B（分裂國家）或 9A（2）（a）（因煽惑叛國、顛覆或分裂國家而屬煽動叛亂）條所訂罪行」。

《裁判官條例》

26. **修訂附表 2**

（1）《裁判官條例》（第 227 章）附表 2 第 I 部第 4 及 5 項現予廢除。

（2）附表 2 第 III 部第 4 及 5 項現予廢除。

《教育條例》

27. **取消校董註冊的理由**

《教育條例》（第 279 章）第 31（1）（a）條現予修訂，廢除在「如該」之後的所有字句而代以 ——

「人 ——

(i) 在任何社團或分支機構中擔任《社團條例》（第 151 章）第 2 條所界定的幹事，而 ——

(A) 該社團或分支機構的註冊或註冊豁免已根據該條例第 5D 條取消；或

(B) 該社團或分支機構的運作或繼續運作已被保安局局長根據該條例第 8 條禁止；或

(ii) 在任何組織中擔任該條例第 2 條所界定的幹事，而該組織已根據該條例第 8A 條被取締；」。

《退休金利益（司法人員）條例》

28. 經定罪等後退休金利益可予取消、
暫停支付或扣減

《退休金利益（司法人員）條例》（第 401 章）第 31（1）（c）條現予修訂，廢除「條所訂的叛逆」而代以「（叛國）、2A（顛覆）、2B（分裂國家）或 9A（2）（a）（因煽惑叛國、顛覆或分裂國家而屬煽動叛亂）條所訂罪行」。

《有組織及嚴重罪行條例》

29. 搜查的權限

《有組織及嚴重罪行條例》（第 455 章）第 5 條現予修訂，加入 ——

「（9）第（8）款並不就屬以下條文所訂罪行的有組織罪行或指明的罪行而適用 ——

(a) 《社團條例》（第 151 章）第 8c 條（參加受取締組織的活動）；

(b) 《刑事罪行條例》（第 200 章）第 2（叛國）、2A（顛覆）、2B（分裂國家）、9A（煽動叛亂）或 9C（處理煽動性刊物）條；或

(c) 《官方機密條例》(第 521 章) 第 13、14、15、16、16A、17、18、19 或 20 條,

據此,根據本條進行的關於該等有組織罪行或指明的罪行的進入、搜查、搜身或檢取,均受《釋義及通則條例》(第 1 章) 第 83 條及該條例第 XII 部其他條文規限。」。

30. **與「有組織罪行」及「指明的罪行」的定義有關的罪行**

(1) 附表 1 現予修訂,在第 9 段中 ——

(a) 在 ——

「第 19 條　對非法社團職員等的懲罰」

之前加入 ——

「第 8C 條　參加受取締組織的活動」;

(b) 在第二次及第三次出現的「非法社團」之後加入「或受取締組織」。

(2) 附表 1 現予修訂,在第 11 段中,在 ——

「第 24 條　蓄意威脅他人」

之前加入 ——

「第 2 條　　叛國

第 2A 條　顛覆

第 2B 條　分裂國家

第 9A 條　煽動叛亂

第 9C 條　處理煽動性刊物

第 18 條　非法操練」。

《監管釋囚規例》

31. **指明罪行**

《監管釋囚規例》(第 475 章,附屬法例) 附表 1 現予修訂,在第 3 項中,在與「第 21(1)、(2) 條」及「第 22(1)、(2) 條」相對之處,

在「非法社團」之後加入「或受取締組織」，以及在與「第 23（1）、（2）條」相對之處，廢除「牟取社團」而代以「或受取締組織牟取社團費或會」。

《官方機密條例》

32. 釋義

《官方機密條例》（第 521 章）第 12（1）條現予修訂，在「國際關係」的定義的（b）段中，廢除在「關乎」之後的所有字句而代以「香港特別行政區與中華人民共和國以外任何地方的關係的事宜。」。

33. **因未經授權的披露或違法取覽所得的**
 資料或在機密情況下託付的資料

 （1） 第 18（3）條現予修訂，廢除「16」而代以「16A」。

 （2） 第 18（4）條現予修訂，廢除「或 16」而代以「、16 或 16A」。

34. **在機密情況下託付予地區、國家**
 或國際組織的資料

 第 20（4）條現予修訂，廢除「或 16」而代以「、16 或 16A」。

其他條例

35. **提述叛國之處包括顛覆等**

 以下條文現予修訂，廢除所有「叛逆罪」而代以「《刑事罪行條例》（第 200 章）第 2（叛國）、2A（顛覆）、2B（分裂國家）或 9A（2）（a）（因煽惑叛國、顛覆或分裂國家而屬煽動叛亂）條所訂罪行」——

 (a)《香港藝術發展局條例》（第 472 章）第 3（6）（m）條；

 (b)《立法會條例》（第 542 章）第 39（1）（c）及 40（1）（b）（iii）（C）條；

 (c)《區議會條例》（第 547 章）第 14（1）（c）、19（1）（c）、21（1）（c）及 24（1）（c）條；及

 (d)《行政長官選舉條例》（第 569 章）第 14（g）條。

摘要説明

依據《基本法》第二十三條委予香港特別行政區的責任，本條例草案為下列事項訂定條文 ——

(a) 叛國罪、顛覆罪、分裂國家罪及煽動叛亂罪；

(b) 禁止未經授權披露某些官方資料；及

(c) 為保障國家安全而取締若干組織。

對《刑事罪行條例》（第 200 章）的修訂

2. 條例草案建議廢除該條例第 I 部的條文（草案第 4 條及附表第 13 段）。

3. 新的第 2 條關乎叛國罪。根據該條，只有中國公民才可能犯叛國罪，而屬香港永久性居民的中國公民可因其在香港境外作出的叛國作為而犯該罪。該條亦建議廢除隱匿叛國及收受代價而不檢控叛國兩項普通法罪行。

4. 新的第 2A 及 2B 條分別就顛覆罪及分裂國家罪訂定條文。如在香港犯該兩項罪行，觸犯者無論屬任何國籍均屬犯法。由香港永久性居民在香港境外作出的作為亦受該兩條規管。新的第 2C 條禁止任何人在香港串謀或企圖在香港境外作出任何假使在香港作出便會構成顛覆罪或分裂國家罪的作為。

5. 新的第 2D 條訂明，煽惑他人犯叛國罪、顛覆罪或分裂國家罪只構成新的第 9A 條所訂的罪行。有關的普通法罪行並不適用。

6. 條例草案建議廢除該條例的第 II 部（第 6、7、8、12、13 及 18 條除外）（附表第 13 段）。

7. 新的第 9A 條為煽動叛亂罪訂定條文。根據該條，煽動叛亂罪針對兩項作為，而該兩項作為會招致不同的刑罰。煽惑他人犯叛國罪、顛覆罪或分裂國家罪構成煽動叛亂罪，新的第 9B 條列明煽惑他人煽動叛亂並不構成罪行。

8. 新的第 9C 條將若干與處理煽動性刊物有關的作為列為刑事罪行。

9. 　新的第 9D 條實際上保留了現有的第 9（2）條，以將若干作為排除於煽動叛亂罪及處理煽動性刊物罪的範圍之外。

10. 草案第 7 條加入一個新部分（第 IIA 部），以就與執行第 I 及 II 部條文有關的事宜訂定條文。

11. 現有的第 13 條授權裁判官批出搜查令。新的第 18B 條則賦權警務人員在無搜查令的情況下進行搜查。但只有在職級在總警司或以上的警務人員相信若不即時採取行動，便會喪失具有重大價值的證據的情況下，警方才可運用該權力。

12. 根據新的第 18D 條，因煽惑他人犯叛國罪、顛覆罪或分裂國家罪而被控以該等罪行及煽動叛亂罪的人，須由陪審團審訊。根據新的第 18E 條，如某人因煽惑其他人進行公眾暴亂或處理煽動性刊物而被控以煽動叛亂罪，而他將會在裁判官席前或在區域法院法官席前接受審訊，他便可選擇將案件移交高等法院原訟法庭，並由陪審團審訊。如被控人由陪審團審訊後被定罪，他被處以的刑罰不得重於假使他被裁判官或區域法院法官（視何者屬適當而定）定罪可被處的刑罰。

13. 條例草案建議廢除現有的第 4 及 11 條的效果，是撤銷就第 I 及 II 部罪行提出檢控的時間限制。但有關檢控須獲得律政司司長的同意方可提出（新的第 18C 條）。

對《官方機密條例》（第 521 章）的修訂

14. 草案第 8 條加入「國家安全」的定義，以及修改「公務人員」的定義。

15. 新的第 16A 條（草案第 10 條）禁止公務人員及政府承辦商（在該條例中界定）就關乎與香港有關並根據《基本法》是由中央管理的事務的資料，作出具損害性的披露。披露如會危害國家安全，則屬具損害性。

16. 草案第 11 條修訂現有的第 18 條，以規定任何人在知道或有合理因由相信某項受保護資料乃藉着違法取覽而被取得，及在沒有合法

權限的情況下，披露該項資料，即屬犯罪。「違法取覽」的定義只包括擅自入侵電腦、盜竊、搶劫、入屋犯法及賄賂。

17. 被控以關乎在沒有合法權限下作出披露的若干罪行的人，可選擇由陪審團審訊。有關安排與建議的在《刑事罪行條例》（第 200 章）中新的第 18E 條訂明的相類似，而該等安排已在本摘要說明第 12 段闡述。

對《社團條例》（第 151 章）的修訂

18. 條例草案第 4 部對該條例作出修訂，以賦予保安局局長取締本地組織的權力。保安局局長如在新的第 8A（1）條所訂明的情況下，合理地相信為國家安全（在該條例第 2（4）條中界定）的目的，取締某本地組織是必要的，並合理地相信取締該組織與該理由是相稱的，才可行使取締本地組織的權力。其中一種取締本地組織的情況是該組織是從屬於某內地組織，而該內地組織已遭中央以保障中華人民共和國安全的理由依法取締。

19. 新的第 8B 條列明取締的程序規定。新的第 8C 條禁止參加受取締組織的活動。新的第 8D 條就向原訟法庭提出上訴反對取締的權利訂定條文。新的第 8E 條賦予終審法院首席法官就上訴訂立規則的權力。

其他修訂

20. 條例草案於《刑事罪行條例》（第 200 章）（草案第 7 條中新的第 18A 條）、《官方機密條例》（第 521 章）（草案第 9 條中新的第 12A 條）及《社團條例》（第 151 章）（草案第 14 條中新的第 2A 條）中加入條文，以清晰訂明有關條文的解釋、適用及執行均須符合《基本法》第三十九條。《基本法》第三十九條訂明適用於香港的兩項國際人權公約須予實施。

21. 新加入的《刑事罪行條例》（第 200 章）第 18B 條（草案第 7 條）及現有的《有組織及嚴重罪行條例》（第 455 章）第 5 條所賦予警務人員的搜查權力，均受《釋義及通則條例》（第 1 章）第 XII 部（附表第 29 段）規限。因此，就新聞材料（在《釋義及通則條例》（第 1 章）第 82 條中界定）而言，該等搜查權力並不可在沒有法院手令的情況下行使。

22. 在現有的法律下，被控以或被裁定犯叛國罪的人須面對若干後果。條例草案建議修訂若干條例，令被控以或被裁定犯顛覆罪、分裂國家罪及煽動叛亂罪的人亦須面對同樣後果。該等修訂如下。

　　(a)　公務員或司法人員的退休金可予取消、暫停支付或扣減（附表第 3、5 及 28 段）。

　　(b)　被定罪者會被取消擔任若干公職的資格（附表第 35 段）。

　　(c)　就對被控該等罪行的人提供法律援助的條文適用（附表第 25 段）。

23. 附表第 2 段訂定根據《社團條例》（第 151 章）取締的公司，將會自公司登記冊中被剔除。

24. 附表第 4 段廢除《郵政署條例》（第 98 章）中關於投寄煽動性刊物的罪行。新的《刑事罪行條例》（第 200 章）第 9c 條（草案第 6 條）將涵蓋有關的被禁行為。

25. 附表第 6 至 12 段對《社團條例》（第 151 章）作出附帶及相應的修訂。

26. 附表第 16 至 24、26、29、30 及 31 段對《刑事訴訟程序條例》（第 221 章）、《裁判官條例》（第 227 章）、《有組織及嚴重罪行條例》（第 455 章）及《監管釋囚規例》（第 475 章，附屬法例）作出相應修訂。該等修訂是鑑於建議加入新的罪行、取消普通法罪行，以及加入可選擇由陪審團審訊的權利而須作出的。

附錄四

立法會《國家安全（立法條文）條例草案》委員會文件目錄

~~~~~~~~~~~~~~~~~~~~~~~~~

一、法案委員會文件

(1) 有關條例草案的背景資料

(2) 有關在執行方面須符合《基本法》的文件

(3) 有關叛國的文件

(4) 有關顛覆及分裂國家的文件

(5) 有關煽動叛亂的文件

(6) 有關域外效力的條文的事項

(7) 有關調查權力的文件

(8) 有關檢控時限的事項

(9) 有關法律適應化條例草案的文件

(10) 有關未經授權披露受保護資料的文件

(11) 有關取締本地組織的文件

(12) 其他

(13) 意見書

(14) 政府當局就意見書作出的回應

---

* 來源：香港立法會官網（各具體文件請參閱網站）

www.legco.gov.hk/yr02-03/cn/bc/bc55/papers/bc55_ppr.htm

二、保安事務委員會和司法及法律事務委員會聯席會議文件

（1）　政府當局提交的文件
（2）　涂謹申議員提出的問題及政府當局就該等問題作出的回應
（3）　立法會秘書處擬備的文件
（4）　保安事務委員會和司法及法律事務委員會聯席會議的紀要

附錄五

英國御用大律師彭力克對23條立法諮詢文件的意見書

～～～～～～～～～～～～～

引言

　　香港特別行政區政府的律政司委託我，就《諮詢文件》（二零零二年九月發表）所載實施《香港特別行政區基本法》第二十三條的立法建議，與《基本法》第二十七條、第三十九條及《公民權利和政治權利國際公約》所保障的發表自由、和平集會自由、結社自由及其他權利是否相符，提供意見。

　　基於下開理由，我認為建議的內容符合有關人權的法律，但我想強調，當制定的條文落實執行時，必須確保就個別個案的具體情況而言，符合基本自由，這點至為重要。

《基本法》的有關條文

　　《基本法》第二十三條規定：

　　「香港特別行政區應自行立法禁止任何叛國、分裂國家、煽動叛亂、顛覆中央人民政府及竊取國家機密的行為，禁止外國的政治性組織或團體在香港特別行政區進行政治活動，禁止香港特別行政區的政治性組織或團體與外國的政治性組織或團體建立聯繫。」

---

*　來源：立法會 CB(2)375/02-03(01) 號文件附件
　　www.legco.gov.hk/yr02-03/cn/panels/ajls/papers/ajlssecb2-375-1c.pdf

《基本法》第二十七條規定：

「香港居民享有言論、新聞、出版的自由，結社、集會、遊行、示威的自由，組織和參加工會、罷工的權利和自由。」

《基本法》第三十九條規定：

「《公民權利和政治權利國際公約》、《經濟、社會與文化權利的國際公約》和國際勞工公約適用於香港的有關規定繼續有效，通過香港特別行政區的法律予以實施。

香港居民享有的權利和自由，除依法規定外不得限制，此種限制不得與本條第一款規定抵觸。」

《諮詢文件》

香港特區政府已發表一份實施《基本法》第二十三條的《諮詢文件》，就叛國、分裂國家、煽動叛亂、顛覆、竊取國家機密、外國的政治性組織及附帶事宜提出立法建議。

《諮詢文件》摘要第 5 段及正文第 1.11 段敍明，確保為實施第二十三條而制定的實質條文，符合第二十七條所保障的權利和第三十九條所訂明的國際責任，是主要方針之一。

憲法的有關原則

第二十七條、第三十九條及《公民權利和政治權利國際公約》所賦予的權利，不是絕對的；我們須在個人利益與其他利益（後者指他人利益和社會利益）之間取得平衡。一貫以來，基本權利的落實均須切合一項大原則，就是：法院應力求「…… 在維護社會整體利益與保障個人基本權利之間取得合理的平衡。」（參看 *Sporrong and Lonnroth v. Sweden* 一案（1982）5 EHRR 35, 52，歐洲人權法庭的判詞第 69 段。）在 *Procurator Fiscal v. Brown* 一案中 [2001] 2 WLR817, 839D-H（英國樞密院司

法委員會），Steyn 大法官指出：「個人的基本權利固然十分重要，但這些權利並非是毫無限制的：我們置身的社會，是由眾多的個人組成，他們亦有本身的權利。」

上星期，英國上議院上訴委員會在審理一宗有關禁止反社會行為令的案件時強調，引用人權公約時須平衡各方面的利益。（參看 *Clingham v. Royal Borough of Kensington and Chelsea*（2002 年 10 月 17 日）一案，尤其是 Steyn 大法官在第 18 段的判詞、Hope 大法官在第 41 段的判詞及 Hutton 大法官在第 113 段的判詞。）最近有一宗有關政府僱員披露官方機密的案例，可看到法院在權衡各方面的利益後，裁定政府大幅限制發表自由的做法是合法的（參看 *R v. Shayler* 一案 [2002] 2 WLR 754（英國上議院））。

評估是否取得合理的平衡，很難在一個空泛的情況下進行。一切均視乎每宗個案的事實，和該等建議如獲通過立法，當局如何行使法例賦予的酌情權執法而定。至於法例條文內容在某些情況下有執行不公的可能性，法庭不會憑空裁決。事實上，同樣的批評，我們可就任何法例提出。（參看 *Hakansson v. Sweden* 一案（1990）13 EHRR 1, 11-12，歐洲人權法庭的判詞第 46 段。）在執行該等新法例時，必須審慎考慮個別個案的特有實際情況和背景。

如有人對當局就個別案件執行為落實第二十三條而制訂的新法例有所憂慮，法庭解釋和應用該等法例，會致力符合第二十七條及第三十九條所訂基本權利。不只原則上會是這樣，特別是諮詢文件中已強調法例須符合各項基本權利的意向。有關這項「合法原則」，即是法庭解釋法例時，會致力與基本權利相符，不會有所抵觸，請參看 *R v. Secretary of State for the Home Department ex parte Simms* 一案 [2000] 2 AC 115, 130D-G（Steyn 大法官）及 131E-132B（Hoffmann 大法官）。

在這些原則下，我認為諮詢文件所載建議全沒有抵觸基本權利。不過，將來在個別個案的情況下，必須確保所行使的權力是相稱的，並符合基本自由。

特定事項

我曾經被要求注意以下幾項諮詢文件內的建議：

（1） 第二十三條所涵蓋的其中一項事宜，是對外國的政治性組織的禁制。諮詢文件第 7.15 段建議授權保安局局長，若他合理地相信禁制某組織是維護國家安全、公共安全或公共秩序所必需，便可禁制該組織。不過，該組織必須屬於指定類別，保安局局長才可行使這項權力；其中一個類別是，該組織從屬於在內地被中央機關取締的內地組織。我認為這項建議本身並無任何不妥之處。有關組織必須在內地已被取締這一點，只是行使上述權力的先決條件。在這種情況下，一如在任何其他情況下，保安局局長必須合理地相信禁制某組織是維護國家安全、公共安全或公共秩序所必需，才可行使該項權力。保安局局長若純粹基於某組織在內地已被取締而禁制該組織，或未有確定這項行動是否必需而行事，則其行動顯然違法（假定諮詢文件所載準則獲通過成為法例）。若保安局局長應用錯誤的驗證標準，或達致明顯不合理的結論，則可以進行司法覆核作出補救。在 *R v. Shayler* 一案 [2002] 2 WLR 754，774C-776C，Bingham 大法官（代表英國上議院上訴委員會）強調，若有人指稱基本權利被侵犯，司法覆核這項程序必須嚴緊進行至為重要。我認為該等建議合法，是基於假定保安局局長會合法地行事，或法庭會就不法行為作出補救。

（2） 第二十三條所涵蓋的另一項事宜，是分裂國家行為。諮詢文件第 3.6 段指出，以發動戰爭、使用武力、威脅使用武力或其他嚴重非法手段損害國家領土完整的行為，會威脅國家的統一和安全。第 3.7 段旨在界定「嚴重非法手段」的含義，並把該詞界定為包括「嚴重干擾或嚴重擾亂基要服務、設施或系統（不論是公共或私人的）」。

有人擔心「非法手段」的定義可能涵蓋在內地作出但受基本權利保障的行為，例如罷工行動或和平示威。若屬實，則在香港煽動這種行為的人便會觸犯法例。不過，我認為出現這種情況的可能性不大：

（a）　諮詢文件第 3.7 段有以下補充：

> 「而《基本法》所保障的示威、集會等自由，例如和平集會及提出主張等，亦應在條文中受到足夠及有效的保障。」

（b）　這一點可在法例內清楚訂明，即使不訂明，無論如何亦會隱含在條文之內，而法庭亦會基於上文第 10 段載述的理由，採取這個方針。為免生疑問，宜在新法例中概括訂明，其條文不會抵觸《基本法》第二十七條或三十九條，而其中的限制只在符合《基本法》有關條文的情況下適用。

有人表示擔心《基本法》第二十三條會凌駕第二十七條和第三十九條，但我認為就解釋《基本法》而言，不可能得出這樣的結論。第二十三條訂明，香港特別行政區有責任就明確規定事宜制定法律，但沒有敍明這些法例的內容，也沒有顯示香港有權在這方面凌駕《基本法》第三章（特別是第二十七條及第三十九條）所賦予的權利。我認為，就解釋《基本法》而言，為實施第二十三條而制定的法例，不受第二十七條及第三十九條限制的説法，是毫無根據的。

結論

基於上述原因，我認為《諮詢文件》載述的建議，在法律原則上並無不恰當之處；但我想強調，在執行制定的條文時，必須符合人權，這點至為重要。

David Pannick, QC（彭力克）
Blackstone Chambers,
Temple,
London EC4Y 9BW
二〇〇二年十月二十四日

附錄六

《刑事罪行條例》第I、II部

⊱⊰⊱⊰⊱⊰⊱⊰⊱⊰⊱⊰⊱⊰⊱⊰

第I部
叛逆

（格式變更 —— 2017 年第 4 號編輯修訂紀錄）

2. 叛逆

(1) 任何人有下述行為，即屬叛逆 ——

(a) 殺死或傷害女皇陛下，或導致女皇陛下身體受傷害，或禁錮女皇陛下，或限制女皇陛下的活動；

(b) 意圖作出 (a) 段所述的作為，並以公開的作為表明該意圖；

(c) 向女皇陛下發動戰爭 ——

(i) 意圖廢除女皇陛下作為聯合王國或女皇陛下其他領土的君主稱號、榮譽及皇室名稱；或

(ii) 旨在以武力或強制手段強迫女皇陛下改變其措施或意見，或旨在向國會或任何英國屬土的立法機關施加武力或強制力，或向其作出恐嚇或威嚇；

(d) 鼓動外國人以武力入侵聯合王國或任何英國屬土；

(e) 以任何方式協助與女皇陛下交戰的公敵；或

(f) 與他人串謀作出 (a) 或 (c) 段所述的事情。

(2) 任何人叛逆,即屬犯罪,一經循公訴程序定罪,可處終身監禁。*(由 1993 年第 24 號第 2 條修訂)*

[*比照 1351 c. 2 U.K.;比照 1795 c. 7 s. 1 U.K.;比照 1817 c. 6 s. 1 U.K.*]

3. 叛逆性質的罪行

(1) 任何人意圖達到以下任何目的,即 ——
  (a) 廢除女皇陛下作為聯合王國或女皇陛下其他領土的君主稱號、榮譽及皇室名稱;
  (b) 在聯合王國或任何英國屬土境內向女皇陛下發動戰爭,旨在以武力或強制手段強迫女皇陛下改變其措施或意見,或旨在向國會或任 何英國屬土的立法機關施加武力或強制力,或向其作出恐嚇或威嚇;或
  (c) 鼓動外國人以武力入侵聯合王國或任何英國屬土,並以任何公開的作為或以發布任何印刷品或文件表明該意圖,即屬犯罪,一經循公訴程序定罪,可處終身監禁。

[*比照 1848 c. 12 s. 3 U.K.*]

(2) 就根據本條提出的控罪而言,即使被控人經證實的作為足以構成第 2 條所指的叛逆,亦不得以此作為免責辯護;但被裁定本條所訂罪行罪名成立或罪名不成立的人,以後不 得根據相同事實就第 2 條所指的叛逆被檢控。

[*比照 1848 c. 12 s. 7 U.K.*]

4. 對叛逆等的審訊的限制

(1) 除非檢控是在犯罪後 3 年內開始進行,否則任何人不得就第 2 或 3 條所訂的罪行被檢控。

[*比照 1695 c. 3 s. 6 U.K.*]

(2) 若案件中所指稱公開的作為是殺死女皇陛下或直接企圖危害女皇陛下的生命,則本條對該案並不適用。

[比照 1800 c. 93 s. 1 U.K.]

(3) 叛逆或隱匿叛逆的審訊程序,與審訊謀殺的程序相同。

[比照 1967 c. 58 s. 12 (6) U.K.]

5. 襲擊女皇

任何人故意 ——

(a) 在女皇陛下附近拿出或有任何武器或具破壞性或危險性的物品,意圖用以傷害女皇陛下;

(b) (i) 用任何武器向女皇陛下或其附近發射,或以武器指向、瞄準或對着女皇陛下或其附近;

(ii) 導致任何爆炸品在女皇陛下附近爆炸;

(iii) 襲擊女皇陛下;或

(iv) 將任何物品投向或投中女皇陛下,

意圖使女皇陛下受驚或受傷,或意圖激使社會安寧遭破壞,或因而相當可能會導致社會安寧遭破壞,

即屬犯罪,一經循公訴程序定罪,可處監禁 7 年。

[比照 1842 c. 51 s. 2 U.K.]

第 II 部
其他反英皇罪行
（格式變更 —— 2017 年第 4 號編輯修訂紀錄）

6. 煽惑叛變

任何人明知而企圖 ——

    （a）勸誘中國人民解放軍人員放棄職責及放棄向中華人民共和國效忠；或 *（由 2012 年第 2 號第 3 條代替）*

    （b）煽惑上述任何人 ——

        （i）作出叛變的作為或作出叛逆或叛變性質的作為；或

        （ii）召開或試圖召開叛變性質的集會，

即屬犯罪，一經循公訴程序定罪，可處終身監禁。

[比照 1797 c. 70 s. 1 U.K.]

7. 煽惑離叛

（1）任何人明知而企圖勸誘 ——

    （a）*（由 2012 年第 2 號第 3 條廢除）*

    （b）*（由 1997 年第 20 號第 25 條廢除）*

    （ba）政府飛行服務隊的成員；*（由 1992 年第 54 號第 19 條增補）*

    （c）警務人員；或

    （d）皇家香港輔助警察隊的成員，

放棄職責或放棄向女皇陛下效忠，即屬犯罪。

[比照 1934 c. 56 s. 1 U.K.]

（1A）任何人明知而企圖勸誘中國人民解放軍人員放棄職責或放棄向中華人民共和國效忠，即屬犯罪。*（由 2012 年第 2 號第 3 條增補）*

(2) 任何人 ——

(a) 知道第 (1) 或 (1A) 款所述的成員、官員或人員行將棄職或擅離職守，仍協助該人作該行動；或 *（由 2012 年第 2 號第 3 條修訂）*

(b) 知道該成員、官員或人員是棄職者或擅離職守者，仍藏匿該人、協助該人藏匿或協助將該人從羈押中救出，

即屬犯罪。

(3) 任何人意圖犯第 (1) 或 (1A) 款所訂罪行，或意圖協助、教唆、慫使或促致犯第 (1) 或 (1A) 款所訂罪行，而管有某種性質的文件，且將該種性質的文件的文本派發予第 (1) 或 (1A) 款所述的成員、官員或人員是會構成第 (1) 或 (1A) 款所述罪行的，即屬犯罪。*（由 2012 年第 2 號第 3 條修訂）*

〔比照 1934 c. 56 s. 2 (1) U.K.〕

(4) 任何人犯本條所訂罪行，一經循公訴程序定罪，可處第 2 級罰款及監禁 2 年。*（編輯修訂 —— 2021 年第 4 號編輯修訂紀錄）*

〔比照 1934 c. 56 s. 3 (1) U.K.〕

(5) 如某人由某法庭或在某法庭席前被裁定犯本條所訂罪行，該法庭可命令毀滅或按照命令所指明的其他方式處理與該罪行有關的文件；但在提出上訴的期限屆滿前不得毀滅任何文件，而如有人提出上訴，則在上訴獲最終裁定或被放棄前，不得毀滅任何文件。

〔比照 1934 c. 56 s. 3 (4) U.K.〕

(6) 未經律政司司長同意，不得就本條所訂罪行提出檢控。*（由 1997 年第 362 號法律公告修訂）*

〔比照 1934 c. 56 s. 3 (2) U.K.〕

8. 搜查及防止發生第 7 條所訂罪行的權力

(1) 如法官根據經宣誓而作的告發，信納有合理理由懷疑有人犯第 7 條所訂罪行，並信納會在告發所指明的處所或地方發現犯該罪證據，可批出搜查令，授權一名不低於督察職級的警務人員，連同任何其他警務人員 ——

   (a) 於搜查令簽發日期起計 1 個月內隨時進入該處所或地方，在有需要時並可使用武力進入；

   (b) 搜查該處所或地方，及搜查在場所發現的任何人；及

   (c) 檢取在該處所或地方或在上述任何人身上發現，而該警務人員有合理理由懷疑是屬犯該罪行證據的任何物品。

(2) 依據第 (1) 款批出的搜查令對任何女子作搜查，只可由另一名女子進行。

(3) 儘管有第 (1) 款的規定 ——

   (a) 該款所述的搜查令，只可就懷疑在提起告發前 3 個月內所犯的罪行批出；

   (b) 如根據第 (1) 款批出的搜查令已就某處所執行，則進行或指示進行搜查的警務人員 ——

      (i) 須通知佔用人已進行搜查，並須應要求向該佔用人提供一份從該處所移走的文件或其他物件的列表；及

      (ii) 如曾從其他人身上移走任何文件，須向該人提供一份該等文件的列表；

   (c) 根據第 (1) 款檢取的物品，可保留一段不超逾 1 個月的期間，而倘在該段期間內已開始進行第 7 條所訂罪行的法律程序，則可保留至該等法律程序終結為止；及

   (d) 《刑事訴訟程序條例》（第 221 章）第 102 條（該條就處置與罪行有關的財產作出規定）適用於根據本條已歸警方管

有的財產，猶如該條適用於在該條所述的情況下歸警方管有的財產一樣。

〔比照 1934 c. 56 s. 2（2）U.K. 〕

9. 煽動意圖

（1） 煽動意圖是指意圖 ——

（a） 引起憎恨或藐視女皇陛下本人、其世襲繼承人或其他繼承人，或香港政府，或女皇陛下的領土其他部分的政府，或依法成立而受女皇陛下保護的領域的政府，或激起對其離叛；或 *（由 1938 年第 28 號第 2 條代替）*

（b） 激起女皇陛下子民或香港居民企圖不循合法途徑促致改變其他在香港的依法制定的事項；或

（c） 引起對香港司法的憎恨、藐視或激起對其離叛；或

（d） 引起女皇陛下子民間或香港居民間的不滿或離叛；或

（e） 引起或加深香港不同階層居民間的惡感及敵意；或

（f） 煽惑他人使用暴力；或 *（由 1970 年第 30 號第 2 條增補）*

（g） 慫使他人不守法或不服從合法命令。*（由 1970 年第 30 號第 2 條增補）*

（2） 任何作為、言論或刊物，不會僅因其有下列意圖而具有煽動性 —— *（由 1938 年第 28 號第 2 條修訂）*

（a） 顯示女皇陛下在其任何措施上被誤導或犯錯誤；或

（b） 指出依法成立的香港政府或香港憲制的錯誤或缺點，或法例或司法的錯誤或缺點，而目的在於矯正該等錯誤或缺點；或

（c） 慫恿女皇陛下子民或香港居民嘗試循合法途徑促致改變在香港的依法制定的事項；或

(d) 指出在香港不同階層居民間產生或有傾向產生惡感及敵意的事項,而目的在於將其消除。*(由 1938 年第 28 號第 2 條修訂)*

(3) *(由 1992 年第 74 號第 2 條廢除)*

(將 1938 年第 13 號第 3 條編入)

10. 罪行

(1) 任何人 ——

(a) 作出、企圖作出、準備作出或與任何人串謀作出具煽動意圖的作為;或

(b) 發表煽動文字;或

(c) 刊印、發布、出售、要約出售、分發、展示或複製煽動刊物;或

(d) 輸入煽動刊物(其本人無理由相信該刊物屬煽動刊物則除外),

即屬犯罪,第一次定罪可處第 2 級罰款及監禁 2 年,其後定罪可處監禁 3 年;煽動刊物則予以沒收並歸予官方。*(將 1938 年第 13 號第 4 條編入。由 1950 年第 22 號附表修訂;由 1970 年第 30 號第 3 條修訂;編輯修訂 —— 2021 年第 4 號編輯修訂紀錄)*

(2) 任何人無合法辯解而管有煽動刊物,即屬犯罪,第一次定罪可處第 1 級罰款及監禁 1 年,其後定罪可處監禁 2 年;該等刊物則予以沒收並歸予官方。*(將 1938 年第 13 號第 4 條編入。由 1950 年第 22 號附表修訂;編輯修訂 —— 2021 年第 4 號編輯修訂紀錄)*

(3) 凡任何人就煽動刊物而被根據第(1)或(2)款定罪後,法庭可命令檢取及沒收由下列的人管有的任何該等煽動刊物文本 ——

(a) 上述被定罪的人;或

(b) 命令內載明名稱的其他人（如法庭根據經宣誓後作出的證供，信納該人管有的刊物文本是供上述被定罪的人使用的）。*（將 1971 年第 60 號第 19 條編入）*

[*比照 1819 c. 8 ss. 1 & 2 U.K.*]

(4) 根據第 (3) 款檢取的刊物文本，須按照法庭指示處置；但在提出上訴的期限屆滿前不得毀滅該等刊物文本，或如有人提出上訴，則在上訴獲最終裁定或被放棄前，不得毀滅該等刊物文本。*（將 1971 年第 60 號第 19 條編入）*

(5) 在本條中 ——

煽動文字（seditious words）指具煽動意圖的文字；

煽動刊物（seditious publication）指具煽動意圖的刊物。*（將 1938 年第 13 號第 2 條編入）*

11. 法律程序

(1) 就第 10 條所訂罪行提出的檢控，只可於犯罪後 6 個月內開始進行。

(2) 未經律政司司長書面同意，不得就第 10 條所訂罪行提出檢控。*（由 1997 年第 362 號法律公告修訂）*

（將 1938 年第 13 號第 5 條編入）

12. 證據

任何人不得因一名證人所作的未經佐證證供而被裁定犯第 10 條所訂的罪行。

（將 1938 年第 13 號第 6 條編入）

13. 搜查令

如裁判官根據經宣誓而作的告發，信納有合理因由相信有人已經或行將犯第 10 條所訂罪行，可批出搜查令，授權警務人員，在所需協

助下及在有需要時使用武力下進入搜查令所載明的處所或地方，及搜查該處所或地方和每名在場所發現的人，並檢取在該處所或地方發現而該警務人員有合理理由懷疑是屬犯第 10 條所訂罪行證據的任何物品。

（將 1938 年第 13 號第 7 條編入）

14. 移走煽動刊物的權力

（1）任何警務人員或公職人員均可——

    （a）進入任何處所或地方；

    （b）截停及登上任何車輛、電車、火車或船隻，

並從該處移走或清除任何煽動刊物。

（2）任何警務人員或公職人員均可——

    （a）破啟其根據本條獲授權進入的處所或地方的外門或內門；

    （b）以武力驅逐或移走妨礙其根據本條獲授權行使移走或清除權力的人或物品；

    （c）扣留任何車輛、電車、火車或船隻，直至從該處將煽動刊物全部移走或清除為止；

    （d）在移走或清除煽動刊物時，將任何人驅離任何車輛、電車、火車或船隻。

（3）儘管有第（1）（a）款的規定，如有關的煽動刊物並非從公眾地方可見，則只有在符合下列情況下，方可行使該款所賦予的權力——

    （a）事先取得有關處所或地方佔用人的准許；或

    （b）根據及按照裁判官為此目的而發出的手令。

（將 1970 年第 30 號第 4 條編入）

15. 為犯死刑罪而作的非法誓言

任何人——

    （a）為任何誓言或屬誓言性質的協定而監督或在場並同意有關監督，而該等誓言或屬誓言性質的協定其意是約束作

出該等誓言或協定的人必須犯謀殺、叛逆或有暴力的海
盜行為的罪行的;或 *(由 1993 年第 24 號第 3 條修訂)*

(b) 並非被強迫而作出上述誓言或協定,

即屬犯罪,一經循公訴程序定罪,可處終身監禁。

[比照 1812 c. 104 ss. 1 & 6 U.K.]

16. 為犯罪而作的其他非法誓言

任何人 ——

(a) 為任何誓言或屬誓言性質的協定而監誓或在場並同意有
關監誓,而該等誓言或屬誓言性質的協定其意是約束作
出該等誓言或協定的人必須作出下列任何作為 ——

(i) 參加任何叛變或煽動性質的計劃;

(ii) 犯任何非可懲處死刑的罪行;

(iii) 激使社會安寧遭破壞;

(iv) 隸屬任何為作出第 (i)、(ii) 或 (iii) 節所述的作為而
組成的任何聯會或社團;

(v) 服從並非依法設立的委員會或團體的命令或指揮,
或服從法律上無此權限的領導者或指揮者或其他人
的命令或指揮;

(vi) 不告發或不提出證據指證任何有關連者或其他人;

(vii) 不揭發或透露任何非法聯會或社團或任何已作出或
將會作出的非法作為、由其本人或其他人監誓或作
出或向其本人或向其他人提出的非法誓言或協定,
或該等誓言或協定的意義;或

(b) 並非被強迫而作出上述誓言或協定,

即屬犯罪,一經循公訴程序定罪,可處監禁 7 年。

[比照 1797 c. 123 ss. 1 & 5 U.K.]

17. 被強迫作非法誓言

就根據第 15 或 16 條提出的控罪而言，即使被控人被強迫作出第 15 或 16 條所述的誓言或協定，亦不得以此作為免責辯護，除非 ——

(a) 在作出該誓言或協定後 14 天內；或

(b) 如被強行阻止或受疾病所阻，在阻礙消失後 14 天內，

該被控人 ——

(i) 藉在裁判官席前宣誓而作的告發；或

(ii) 如實際服役於英軍，則藉該項告發或給予其指揮官員的通知，

聲明其就該事項知道的一切事情，包括為誓言或協定而監督或作出誓言或協定的、時間、地點和在場的人。

[比照 1797 c. 123 s. 2 U.K.；比照 1812 c. 104 s. 2 U.K.]

18. 非法操練

(1) 任何人 ——

(a) 未經總督或警務處處長准許而訓練或操練他人使用武器或進行軍事練習或變陣演習；或

(b) 出席未經總督或警務處處長准許舉行的聚會，而該聚會旨在訓練或操練他人使用武器或進行軍事練習或變陣演習，

即屬犯罪，一經循公訴程序定罪，可處監禁 7 年。

(2) 任何人 ——

(a) 在第 (1) 款所述的聚會中接受訓練或操練使用武器或進行軍事練習或變陣演習；或

(b) 出席任何該等聚會，旨在接受該等訓練或操練，

即屬犯罪，一經循公訴程序定罪，可處監禁 2 年。

[比照 1819 c. 1 s. 1 U.K.]